LE NOUVEAU 4
SANS FRONTIÈRES

MÉTHODE DE FRANÇ,

GW00455007

CAHIER D'EXERCICES

JACKY GIRARDET

CHANTAL PLUM-DE VRIES

CLE INTERNATIONAL

27, rue de la Glacière – 75013 PARIS

Vente aux enseignants : 18, rue Monsieur-le-Prince – 75006 PARIS

© NATHAN CLE INTERNATIONAL 1993, ISBN 2.09.033482.6

Sommaire

INDEX DES EXERCICES

• *L'index suivant permet :*
– de rechercher un exercice en fonction d'un besoin (par exemple enrichir le vocabulaire de la psychologie – travailler les expressions imagées – réviser l'expression de l'antériorité),
– d'articuler les exercices du cahier sur les dossiers du livre de l'élève.

• *Mode de lecture des renvois :*
Amour – 119 : **2**
On trouvera un exercice ou une activité sur le thème de l'amour à l'exercice 119 du cahier d'exercices. Cette activité peut se faire dans le prolongement d'un texte du dossier **2** du livre de l'élève (par exemple les poèmes d'amour de L.-S. Senghor ou P. Eluard).

THÈMES

Amour – 119 : **2**
Animaux – 11 ; 12 : **1**
Arts plastiques – 48 ; 11 ; 120 : **2, 3, 6, 8**

Beauté – 46 ; 47 : **1**

Civilisation – 112 ; 113 ; 118 : **12**
Commerce – 110 : **5**
Contes – 124 : **4**
Couples – 114 : **3**

Écologie – 118 : **4**
Enseignement – 115 ; 116 : **10**
Existence – 29 : **6**

Fêtes – 16 : **2**
Forces – 53 : **11**

Hasard – 52 : **6**
Histoire – 119 : **4**
Humour – 24 à 28 : **12**

Idées reçues – 17 : **9**
Illusions – 30 : **1**
Immigration – 116 : **12**
Informatique – 112 : **9**
Intelligence – 123 : **10**

Jeunes – 118 : **10**

Matière – 13 : **3**
Médias – 121 : **1**
Mode – 23 : **2**
Morale – 40 ; 41 ; 43 : **5**
Musique – 50 : **5, 11**

Nouveau roman – 117 : **7**

Organisation – 32 : **6**

Peinture – 48 : **2, 3, 6, 8**
Philosophie – 39 : **7**
Politique – 14 ; 114 ; 118 : **8**
Psychanalyse – 35 ; 36 : **3**
Psychologie – 34 ; 36 ; 37 ; 38 : **3**

VOCABULAIRE

GRAMMAIRE ET STYLE

INTRODUCTION

Ce cahier d'exercices est à la fois un complément au livre de l'élève le *Nouveau Sans Frontières IV*
et un outil de préparation au compte rendu et à la synthèse de textes. Dans cette dernière
optique il peut être utilisé indépendamment du livre.

Il comporte trois parties ayant pour objectif la maîtrise d'un discours d'analyse et de commentaire dans les domaines culturels :

■ *Vocabulaire.* Travail sur la signification (polysémie, charge culturelle des mots, registres de
langue, expression métaphorique). Exploration des thèmes et des champs lexicaux nécessaires
à une expression riche et nuancée du discours d'analyse et de commentaire.

■ *Grammaire et style.* Révision des points grammaticaux qui peuvent encore être sources de
problèmes au niveau IV. Activités à objectifs rhétoriques (caractérisation, démonstration, mise
en valeur stylistique, etc.) ˙

■ *Comptes rendus et synthèses.* Acquisition des compétences d'analyse et d'expression nécessaires
pour rendre compte d'un texte ou d'un ensemble de textes en vue de la prépartion au DELF
– DALF : recherche et synthèse des informations – analyse de l'organisation des textes – repé-
rage des intentions de l'auteur et des références culturelles – commentaire sur la forme, etc.

VOCABULAIRE

LES MOTS ET LEUR HISTOIRE

1. LE DICTIONNAIRE DE LANGUE FRANÇAISE

Étudiez ces trois articles du dictionnaire *Le Robert*.

Relevez et classez toutes les informations que vous apportent ces articles :

- étymologie ;
- différents sens du mot. Relevez la date de l'apparition de ces sens ;
- emploi dans des expressions figurées ou imagées ;
- caractérisations de ces emplois (ces caractérisations sont souvent en abrégé : Mod = moderne, Pop = populaire, etc.) ;
- synonyme.

Essayez de donner une explication des changements ou des extensions de sens qui sont intervenus à partir de l'étymologie.

ORCHESTRE [ɔʀkɛstʀ(ə)]. *n. m.* (1520 ; gr. *orkhêstra*).
I. ♦ 1° *Antiq.* Dans les théâtres antiques, Espace compris entre le public et la scène. **♦ 2°** (1665). *Mod.* Partie contiguë à la scène et un peu en contrebas, où peuvent prendre place des musiciens. *Fosse d'orchestre. Les pupitres de l'orcheste.* **♦ 3°** *Cour.* Dans une salle de spectacle, Ensemble des places du rez-de-chaussée les plus proches de la scène ou de l'écran. *Fauteuil d'orchestre.* Par ext. *Louer deux orchestre(s).* ◊ Le public qui occupe ces places. Il «*saluait de nouveau en souriant sous les applaudissements de l'orchestre*» (MAUPASS.).
II. (v. 1750). Groupe d'instrumentistes qui exécute ou qui est constitué en vue d'exécuter de la musique polyphonique. *Orchestre de trois, de soixante exécutants. Grands et petits orchestres.* **V. Concert, ensemble, formation, octuor, quatuor, quintette, septuor, trio.**

1. COR [kɔʀ]. *n. m.* (*Corn*, 1080 **V. Corne** ; lat. *cornu*).
I. ♦ 1° (1080). *Ancienn.* Instrument à vent (formé à l'origine d'une corne évidée, percée) servant à faire des signaux, des appels. **V. Corne, trompe.** *Le cor de Roland.* **V. Olifant. ♦ 2°** *Mod.* Instrument à vent en métal, contourné en spirale et terminé par une partie évasée. *Le pavillon, l'embouchure d'un cor. Cor de chasse* (lang. cour.) ; les chasseurs disent *Trompe.* «*J'aime le son du cor, le soir au fond des bois*» (VIGNY). ◊ *Loc. Chasser à cor et à cri*, avec le cor et les chiens. — Fig. À cor et à cri. *Réclamer, demander, vouloir qqch. à cor et à cri* : en insistant. ◊ Mus. *Cor d'harmonie* : instrument d'orchestre en ut, qui peut changer de tonalité (par corps de rechange). *Cor à piston ou cor chromatique, en fa. Classe de cor au Conservatoire.* — Par ext. Corniste. **♦ 3°** (1810). *Cor anglais* : hautbois* alto.
— *Cor de basset*, clarinette basse.
II. (v. 1375). *Plur.* Ramifications des bois du cerf. **V. Andouiller, bois.** *Un cerf de dix cors.* Ellipt. *Le cerf dix cors a atteint sept ans.* Absolt. *Un vieux dix cors.*
2. COR [kɔʀ]. *n. m.* (1753 ; du précéd. «dur comme la corne»). Petite tumeur dure siégeant en général au-dessus des articulations des phalanges des orteils.
V. Callosité, durillon, oignon. *Cor au pied. Cor entre les doigts de pied.* **V. Œil-de-perdrix.**

1. FRAISE [fʀɛz]. *n. f.* (*Freise*, XIIᵉ ; de l'a. fr. *fraie*, d'apr. *frambeise* «framboise» ; lat. pop. •*fraga*, plur. neutre de *fragum*, pris comme fém. sing.). ♦ 1° Fruit du fraisier. *La fraise est un fruit composé, dont la partie comestible n'est, en réalité, qu'un réceptacle floral, épanoui en une masse charnue, contenant les akènes. Fraises des bois. Fraises de culture* (dites *fraises*, absolt.). *Compote, confiture, gelée, marmelade de fraises. Tarte aux fraises. Fraises melba. Eau-de-vie de fraise* (ellipt. *de la fraise*). ◊ *Adj.* De la nuance de rouge propre à la fraise. *Des rubans fraise, fraise écrasée.* ♦ 2° *Fraise des arbres* ou *fraise d'écorce :* nom d'un champignon parasite de l'écorce. — *Fraise du désert :* fruit d'un cactus. ♦ 3° Terme courant désignant certaines lésions de la peau. **(V. Angiome, nœvus).** ♦ 4° Loc. fig. *Aller aux fraises :* aller cueillir des fraises, et aussi *plaisant.* Aller dans les bois en galante compagnie ; ou encore, flâner. — Pop. *Sucrer les fraises :* être agité d'un tremblement. «*Je tremble de partout, regardez mes mains, je sucre les fraises*» (AYMÉ). *Par ext.* Être gâteux. *Il commence à sucrer les fraises.* ◊ (XXᵉ) Fam. *Aux fraises,* au printemps. «*Dix-huit ans aux fraises, et mignonne comme une poupée*» (DEVAL). ♦ 5° *Pop.* Figure. «*Je lui rabats deux baffes en pleine fraise*» (AYMÉ). *Ramener sa fraise :* se manifester hors de propos.

2. FRAISE [fʀɛz]. *n. f.* (*Froise*, XIIᵉ ; probabl. dér. au sens d'«enveloppe» de *fraiser* 1). *Bouch.* Membrane qui enveloppe les intestins du veau et de l'agneau. **V. Mésentère.** *Fraise de veau en blanquette.*

3. FRAISE [fʀɛz]. *n. f.* (XVIᵉ ; o. i. ; probabl. empl. fig. du précéd.). ♦ 1° Collerette plissée et empesée à plusieurs doubles que portaient hommes et femmes au XVIᵉ et au début du XVIIᵉ s. *Fraise à l'espagnole, à la Médicis.* ♦ 2° *Par anal.* Membrane charnue, granuleuse et plissée d'un rouge violacé, qui pend sous le bec du dindon. **V. Caroncule.**

4. FRAISE [fʀɛz]. *n.f.* (1676 ; métaph. des précéd., à cause des découpures faites par l'outil). *Techn.* Petit outil d'acier, de forme conique ou cylindrique, servant à évaser circulairement l'orifice d'un trou, percé dans le métal ou le bois. — *Chir.* Instrument muni de dents tranchantes, agissant par rotation, utilisé pour percer des trous dans un os ou évider les parties cariées d'une dent. **V. Foret, roulette.**

Le Petit Robert, **1978.**

2. LE DICTIONNAIRE ÉTYMOLOGIQUE

Lisez ces articles, extraits d'un dictionnaire étymologique de la langue française. Quelles réflexions pouvez-vous faire :

- sur l'origine des mots de la langue française ;
- sur l'évolution de leur sens dans l'Histoire ;
- sur les relations entre les différentes langues ?

ASSIETTE. Lat. pop. *assedita*, fém. pris substantiv., d'un part. passé *asseditus*, qui a remplacé *assisus*, du verbe *assedere*, v. **asseoir**, propr. «manière d'être assis, posé». Seulement fr. *assiette*, au sens de «pièce de vais-selle», est attesté depuis 1507 et dérive du sens anc. «action de placer les convives à table», XIVᵉ, d'où «services d'un repas», 1378.

BALAI, XIIe. Du gaulois **banatlo* (cf. Ie gallois *banadl* «genêt» et le breton *benal, bonal*), devenu par métathèse **balaino,* dont la terminaison anormale a été adaptée, cf. toutefois l'a. fr. *balain(s),* XIIe, et des formes analogues *balan, balain,* de la région lyonnaise ; s'emploie encore au sens de «genêt» dans de nombreux parlers septentrionaux, et notamment autour de Lyon. Au sens de «balai», qui vient de l'emploi du genêt à cet usage, *balai* a supplanté de bonne heure le représentant du lat. *scopa,* dont il existe de faibles traces en a. fr., v. **écouvillon** (mais it. *scopa,* esp. *escoba*).

CHIRURGIE, XIIe (écrit *cirurgie*). Empr. du lat. *chirurgia* (du grec *kheirourgia,* propr. «travail manuel», d'où «opération chirurgicale», de *kheirourgos* «qui fait un travail manuel», d'où «chirurgien»). — Dér. : **chirurgien,** XIIe (écrit *cir-*).

CHOCOLAT, 1666, antér. *-ate,* 1643 : *chocholate,* 1591. Empr. de l'esp. *chocolate,* empr. lui-même de l'aztèque *chocolatl.* — Dér. : **chocolatier,** 1706 ; **chocolatière,** 1680.

CHOUETTE, oiseau, XIIe. Altération de l'a. fr. *çuete,* mot d'origine onomatopéique d'après le cri de l'oiseau (cf. de même l'it. *civetta*), par croisement avec l'a. fr. *choe,* oiseau du même genre, de l'anc. francique **kawa* «corneille», cf. le néerl. *kauw,* id. ; la nature onomatopéique de ces mots apparaît dans l'angl. *to caw* «coasser». *Chouette* est aujourd'hui le terme dominant des parlers gallo-romans ; *choue* survit dans quelques parlers septentrionaux ; les parlers méridionaux ont des formes variées dont quelques-unes semblent formées comme l'a. fr. *çuete.*

CITÉ. Lat. *civitàtem,* acc. de *civitas,* propr. «ensemble des citoyens» ; n'a conservé en lat. pop. que le sens de «ville» (avec, en plus, la notion de «groupement organisé»). Le sens nettement politique a été repris au lat. au XVIe s. Certains emplois : *cités ouvrières, cités-jardins* sont récents. —Dér. : **citoyen,** XIIe (alors *citeien,* XIIe, d'abord au sens de «citadin» ; d'où **concitoyen,** 1290, d'après le lat. de basse ép. *concivis*).

O. Bloch et W. von Wartburg, *Dictionnaire étymologique de la langue française,* PUF, 1968

Existe-t-il dans votre langue maternelle des mots qui ressemblent à des mots français ? Recherchez :

• des mots qui ont le même sens que les mots français similaires ;

• des mots qui ont un sens différent. Recherchez dans un dictionnaire étymologique l'origine et les causes de ces évolutions divergentes.

3. L'ÉTYMOLOGIE

a. Voici des couples de mots issus d'un même mot latin.

Dans chaque couple le premier mot a un sens très proche de son étymologie. Le second mot a un sens différent.

Essayez d'expliquer ce changement de sens.

Exemple : *doter* / douer (doué) : être doué, c'est être doté par la nature de certaines aptitudes intellectuelles (doué pour les mathématiques), manuelles (doué pour le dessin), etc.

1. hôtel / hôpital
2. potion (breuvage médicamenteux) / poison
3. bure (étoffe grossière) / bureau
4. pédestre (relatif à la marche à pied) / piètre (médiocre, dérisoire)
5. libérer / livrer
6. échelle / escale

b. Voici des mots qui ont complètement perdu leur sens étymologique.

Faites des hypothèses sur l'évolution de leur sens.

Exemple : *le foie* : du latin «ficatum» = figue. Les Anciens consommaient le foie d'oies gavées avec des figues.

1. *le diable* : du grec «diabolos» = qui désunit.
2. *un secrétaire* : du latin «secretus» = lieu secret. Jusqu'au XVIIe siècle : confident, dépositaire d'un secret.
3. *un dîner* : forme du verbe latin «disjejunare» = déjeuner.
4. *un scrupule* : du latin «scrupules» = petit caillou.
5. *le climat* : du grec «klima» = inclinaison.

c. Certains noms communs trouvent leur origine dans un nom de pays ou de ville. Trouvez les noms de lieu qui sont à l'origine des mots suivants. Imaginez une explication à cette étymologie.

Exemple : *cordonnier* : Cordoue. La ville de Cordoue était, dès le Moyen Âge, réputée pour le travail du cuir.

un cordonnier – une cravate – un esclave – une galerie – un gitan – une hermine – un (blue) jean – une macédoine – un maroquin – une sardine	l'Arménie – Cordoue (Espagne) – la Croatie – l'Égypte – la Galilée – Gênes (Italie) – la Macédoine – le Maroc – la Sardaigne – les pays slaves

4. LA POLYSÉMIE

a. Un mot polysémique est un mot qui a plusieurs sens.

Dans chacune des phrases suivantes :

• donnez les sens du mot en italique ;

• trouvez, le cas échéant, d'autres sens possibles à ce mot ;

• essayez de découvrir s'il s'agit de deux emplois différents d'un même mot ;

(même étymologie) ou de deux mots différents (deux étymologies différentes).

– Un *vol* de bijoux a été commis dans l'avion pendant le *vol* Paris-New York du 22 avril.

– Quand la fillette eut fini d'apprendre sa *table* de multiplication, elle mit la *table* pour aider sa mère.

– Il donna un coup de *botte* dans la *botte* de paille.

– Pendant le *cours* d'histoire, le professeur a expliqué les mécanismes complexes du *cours* des monnaies.

– Dès *l'aube,* le prêtre revêtait son *aube* pour dire la messe du matin.

– Il entra dans le théâtre où on jouait une *pièce* de Feydeau et donna une *pièce* à l'ouvreuse qui le conduisit à sa place.

– Elle retira son *dé* à coudre, posa son ouvrage et vint jouer aux *dés* avec le reste de la famille.

b. Donnez les différents sens de ces six mots polysémiques.

– *Bras*
1. Le *bras* d'un fleuve
2. Les *bras* d'un fauteuil
3. Il a pris le problème à *bras le corps*
4. L'agriculture manque de *bras*

– *Dent*
1. Les *dents* d'une scie
2. Jacques *a une dent contre* moi
3. Les guerriers *étaient armés jusqu'aux dents*
4. Il *a les dents longues*

– *Pied*
1. Le *pied* de la lampe
2. André me *casse les pieds*
3. Il m'*a coupé l'herbe sous les pieds*
4. Dans la discussion elle *a perdu pied*

– *Tête*
1. La *tête* du lit
2. Il est *à la tête* de l'organisation
3. Une *tête* d'affiche
4. Il *a tenu tête* à son adversaire

– *Corps*
1. Un *corps* de bâtiment
2. Un *corps d'armée*
3. Le *corps* d'un article de presse
4. Il s'est jeté *à corps perdu* dans l'aventure

– *Front*
1. Le *front* de mer
2. Le *front* national de libération
3. Les soldats sont partis au *front*
4. Elle a abordé le problème *de front*

5. LES EMPRUNTS AUX AUTRES LANGUES

a. Recherchez les mots du texte (p. 13) correspondant aux définitions suivantes :

1. Qui n'est interdit par aucune loi.
2. Caution, soutien.
3. Linguiste spécialisé dans l'étude du vocabulaire.
4. Digne d'admiration et d'estime.
5. Sens particulier d'un mot.
6. Remplaçant.

b. Relevez les mots appartenant au vocabulaire de l'économie. Donnez leur sens.

c. Pour quelles raisons le mot «holding» est-il entré dans la langue française ?

d. Voici quelques mots anglais entrés récemment dans le dictionnaire de langue française. Quel mot français pourrait-on utiliser à leur place ?

1. Les soldats écoutent le *briefing* du capitaine.
2. Elle a un *look* extraordinaire.
3. Le festival est *sponsorisé* par un grand industriel.
4. Elle achète ses foulards chez Gladys', c'est un *must*.
5. Les jeux à la télévision, maintenant, c'est *l'overdose*.

LA COTE DES MOTS
Holding

[...] l'anglicisme *holding* est employé licitement – avec l'aval des lexicographes des dictionnaires les plus usuels et les plus récemment parus, tel le *Dictionnaire essentiel* Hachette 1993 – au masculin ou bien au féminin. (Mais dans un livre, dans une revue, dans un journal, on s'en tiendra à un seul genre, par souci – louable – d'«unification»...)

Abréviation pour *holding company* (*to hold* : «tenir»), *holding* désigne une société anonyme qui gère, qui contrôle, grâce à ses participations financières, des entreprises aux activités semblables liées ainsi par des intérêts communs. Au fil des décennies, l'acception s'est élargie, et le terme s'applique plus généralement à une société de portefeuille (ce dernier mot restant «figé» au singulier dans toutes les expressions : *effets en portefeuille, investissement(s) de portefeuille, gestionnaire(s) de portefeuille, clientèle(s) de portefeuille*, etc.) qui gère un avoir constitué de valeurs mobilières, d'actions...

Cet anglicisme a pour lui sa brièveté, qui a permis sa rapide propagation à travers les médias. Aucun substitut n'a été officiellement proposé à ce jour, semble-t-il, hormis, dans quelques dictionnaires, un... *trust* tout aussi anglo-saxon ! Cela parce que *holding trust* désigne (de même qu'*investment trust*) une société de placement qui gère un portefeuille de valeurs mobilières.

Mais, outre le péché de venir d'outre-Atlantique et d'outre-Manche, *trust* est surtout compris de tous au sens d'«entreprise, ou groupe d'entreprises, qui domine sans partage un secteur de l'économie» – ce qui ne correspond pas vraiment à l'acception, même multiforme, de *holding*.

Il paraît difficile d'avancer un équivalent français qui ne serait formé que d'un terme ou de deux termes...

Jean-Pierre Colignon, *Le Monde,* 1.9.1992

2

LES STYLES ET LES PARLERS

6. LES STYLES

Voici des adjectifs qui servent à caractériser des discours oraux ou écrits.

Classez ces mots :

• selon qu'ils se réfèrent à une norme socio-culturelle et à une échelle de valeurs (exemple : argotique) ;

• selon qu'ils se réfèrent à une situation de communication spécifique. Définissez cette situation.

Exemple : *administratif* → lettres, rapports et souvent discours oraux propres aux échanges dans l'administration, l'entreprise, etc.

Classement selon une norme socioculturelle	Classement selon les situations de communication
argotique	administratif

> un style…
> administratif – argotique – châtié – courant – didactique – élevé – enfantin – ésotérique – familier – jargonnant – noble – poétique – populaire – recherché – relâché – sophistiqué – soutenu – spécialisé – technique – trivial – oratoire – télégraphique – vulgaire

7. LE VOCABULAIRE SOUTENU, COURANT, FAMILIER

a. Dans chacun des groupes suivants, les trois mots ont le même sens.

Dites s'ils appartiennent au registre soutenu (S), courant (C), familier (F),

argotique (A), enfantin (E), administratif (AD), vulgaire (V).

une voiture… C   une piaule…   la porte…
une bagnole… A   une maison…   l'huis…
un véhicule… AD   une demeure…   la lourde…

les vêtements… un emploi… un plumard…
les fringues… une travail… une couche…
les effets… un boulot… un lit…

le bruit… le désordre… bosser…
le boucan… la pagaille… travailler…
le vacarme… le bordel… vaquer à ses occupations…

dormir… se hâter… malpropre…
faire dodo… se dépêcher… dégueulasse…
roupiller… se grouiller… sale…

b. Réécrivez le texte suivant dans un style familier et vulgaire, puis, dans un style soutenu.

Il arrêta sa voiture devant la maison des Berthaud. Quand il ouvrit la porte il découvrit une pièce où régnait le plus grand désordre. Des vêtements sales traînaient un peu partout. La télévision faisait un bruit épouvantable. Un homme d'une quarantaine d'années dormait dans un lit au beau milieu de la pièce. Une femme d'âge indéfinissable faisait la cuisine. Jacques Berthaud était là. Il finissait de s'habiller et s'apprêtait à aller travailler.

8. LES EUPHÉMISMES

Les mots que l'on choisit pour exprimer une réalité ou une idée permettent soit d'atténuer (euphémisme) soit de renforcer certains aspects de cette réalité ou de cette idée.

a. Trouvez les formulations atténuées des expressions suivantes du langage politique.

1. C'est un espion …quelques petites divergences a
2. De basses manœuvres électorales …un agent de renseignement b
3. Une cassure irrémédiable entre les deux partis …un ajustement des prix c
4. Un compromis inacceptable avec les syndicats …une stratégie d
5. Il fait preuve d'une ambition démesurée …un accord satisfaisant e
6. Une inflation galopante …une vocation et un grand dévouement f

b. Trouvez les formulations renforcées des euphémismes suivants :

1. C'est un homme politique …les alliés du moment
2. Le gouvernement a pris des mesures …de sévères mesures d'expulsion
   d'apaisement pour désamorcer les conflits …un politicien

3. Il a pris des mesures d'encouragement à
l'égard des chômeurs
4. Les pays les plus démunis
5. Les émigrés seront reconduits à la frontière
6. Mes amis politiques

...quelques maigres subventions
...une reculade du gouvernement incapable
de...
...dans la misère

9. LES REGISTRES FAMILIERS ET VULGAIRES

Les mots soulignés appartiennent au registre familier ou au registre
vulgaire. Donnez leur sens dans le texte et, le cas échéant, les autres sens
qu'ils peuvent avoir.

Faites la liste des «gros mots» qui peuvent être utilisés comme jurons.

N.B. : si ces mots doivent être compris par un étranger qui souhaite bien connaître la langue
française, nous conseillons de ne les utiliser qu'après avoir acquis une parfaite maîtrise de la
langue et des situations où ils peuvent être prononcés.

*Franck, un policier, s'est vu abandonné par sa femme Lili.
Celle-ci revient un jour en compagnie de leur fille Carol et
annonce à Franck qu'elle veut divorcer. Franck, qui avait
espéré que Lili reviendrait vivre avec lui, est effondré.*

Il disparut dans la cuisine. C'était ce qu'il avait craint
le plus au monde mais il s'était pas <u>étalé</u>, ce bon vieux
Franck avait pas titubé sous le coup, il avait pas bron-
ché. Tout de suite, il avait pensé tu crois ça, tu crois vraiment ça, <u>bon Dieu</u> laisse-moi le temps de remplir ces
verres, on va parler, j'ai toute la nuit, ça fait que
commencer, <u>merde</u> tu crois ça.
Carol prit Lili sous le bras et l'entraîna vers le canapé.
– <u>Mince</u>, tu l'as <u>scié</u>, elle dit. T'es formidable.
– J'aimerais bien être ailleurs, ça n'a pas de sens, pour
moi. Peut-être que je lui dois ça, non, je <u>déconne</u>, oouuu
quel <u>bordel</u>, j'ai pas envie de parler, j'écouterais bien
de la musique.
Carol lui caressa la joue.
– Qu'est-ce que tu veux ? elle demanda.
– Je sais pas, y a pas grand-chose ici.
Carol fouilla dans la pile de disques. Franck, avec
son goût <u>dégueulasse</u>, il achetait des disques en faisant
les courses, en même temps que la <u>bouffe</u>, il avait sa
<u>con</u> de chaîne, comme tout le monde, alors il se payait
des disques, il les écoutait jamais, la musique le faisait
<u>chier</u>, il choisissait simplement la pochette avec une
préférence pour les <u>nanas</u> et les couchers de soleil, les
bouquins c'était pareil et tout un tas de choses, il y en
avait plein comme lui dans les rues. Elle finit par tomber
sur un vieux disque de Lennon soldé, elle posa le <u>truc</u>
sur l'appareil en pensant mon vieux Lennon, tout ce
qu'il avait <u>embarqué</u> dans la tombe, mais le disque était
pas fameux.
Elle glissa aux pieds de Lili, posa sa tête sur ses
genoux, le monstre était pas encore revenu de sa <u>putain</u>
de cuisine, peut-être qu'il allait les empoisonner ou bien
ouvrir le gaz, elle demanda :
– Dis, tu veux que je reste ? Tu veux rester seule avec
lui ?
Lili lui caressa la tête. Elle savait pas trop ce qu'elle
voulait ou si elle voulait quelque chose, parfois <u>le shit</u>
vous rend léger, il vous coupe de tout et bon, elle arrivait pas à se secouer.
– Bah, j'en sais rien. Sûrement qu'il voudra <u>baiser</u>, je
sais pas quoi lui dire.

Philippe Djian, *Bleu comme l'enfer*,
Éditions Bernard Barrault, 1983.

10. LE JEU SUR LES REGISTRES DE LANGUE

Les chansons sur un rythme de rap sont souvent des expressions populaires qui évoquent les problèmes des banlieues et le mal-être des émigrés et des exclus. Maître dans l'art de la parodie, le groupe de comédiens humoristes « Les Inconnus » a imaginé un rap des beaux quartiers de Paris (Neuilly-Auteuil–Passy), où les fils de bourgeois privilégiés racontent leur malaise existentiel.

Étudiez le jeu sur les niveaux de langue. Relevez les mots ou expressions :

- propres au langage populaire,
- propres au langage soutenu des beaux quartiers.s

Le RAP Neuilly-Auteuil-Passy

Hé, mec, je me présente : Charles-Henri Dupré.
J'habite à Neuilly dans un quartier paumé.
Je suis fils unique dans un hôtel particulier.
C'est la croix, la bannière, pour se sustenter.
Huber-Frédéric-Patrick-Stanislas, duc de Montmorency.
À cinq ans et demi, j'avais déjà ma Ferrari.
As-tu saisi, mon pote, notre envie de révolte ?
J'ai envie de crier zut, flûte, crotte, chi-ier !
Neuilly-Auteuil-Passy, c'est pas du gâteau.
Neuilly-Auteuil-Passy, tel est notre ghetto.
Salut *(bises)*, tu-vas-biên*… ?
Y en a marre de Fauchon, de Hédiard*,
Du saumon, du caviar.
Mon avenir à moi est déjà tout tracé :

Lycée privé, Sciences-po, ENA* ou HEC*.
Et dans le pire des cas reprendre la boîte de papa !
Salut *(bises)*, tu-vas-biên ?
Nous sommes issus d'une famille qui n'a jamais souffert.
Nous sommes issus d'une famille qu'on ne peut plus souffrir.

Les Inconnus,
chanson créée par les Inconnus, D.R.

biên : imitation de l'accent des beaux quartiers
Fauchon, Hédiard : épiceries de luxe
ENA : École nationale d'administration.
HEC : École pour les hautes études commerciales

3

LES MOTS ET LA CULTURE

11. LES MOTS ET LES IMAGES CULTURELLES

Aux mots d'une langue sont associées des idées et des images qui peuvent être propres à cette langue. Dans les phrases suivantes, relevez les images et les idées associées au mot «coq».

1. Tous les matins il se réveillait au chant du coq.
2. De loin, on apercevait l'église, son clocher et son coq.
3. Regardez-le, ce jeune coq, avec toutes ces filles autour de lui !
4. Depuis qu'il est retourné vivre chez sa mère, il est comme un coq en pâte.
5. Nous avons mangé un excellent coq au vin.
6. En rugby, les All Black ont écrasé les coqs gaulois.
7. Quand elle a reçu le cadeau, elle était rouge comme un coq.
8. On parle à bâtons rompus et on passe du coq à l'âne sans s'en rendre compte.

12. LES ANIMAUX ET LES IMAGES CULTURELLES

a. À quelles idées ou images les noms d'animaux employés dans les phrases suivantes sont-ils associés ?

1. Tu as déjà fini ton travail ? Tu as mangé du *lion* aujourd'hui ?
2. Madame Dubois, c'est une mère *poule* pour ses enfants.
3. Ce prof est une peau de *vache*. Il punit tout le monde.
4. Il mange comme un *cochon*.
5. Cet élève ne travaille pas, n'apprend rien. C'est un *âne*.
6. Il n'était pas le seul coupable mais c'est lui qui a été puni. Il a servi de *bouc* émissaire.
7. C'est un *rat* de bibliothèque.
8. Il est sale comme un *pou*.

b. Complétez avec un nom d'animal. Précisez l'image culturelle qui est liée au nom de cet animal.

1. Ils ont tous obéi à leur chef et l'ont suivi comme ....

2. C'est une hypocrite. Ses pleurs, c'étaient des larmes de ....

3. Le gouvernement fait semblant de ne pas voir les vrais problèmes et parle d'autre chose. C'est la politique de ....

4. Regardez-les ! Aucun n'a réagi aux propos scandaleux. Je me demande s'il se passe quelque chose dans leur tête. Tous des ...... !

5. Vous voyez ces grands bâtiments où s'entassent les pauvres gens. Moi, j'appelle ça des cages à ....

6. Il est rusé, malin. Méfiez-vous de lui ! C'est un vieux ....

13. LA MATIÈRE ET LA QUALITÉ

Continuez les phrases suivantes en utilisant le mot entre parenthèses.

Exemple : Il a rencontré un obstacle important… (un os)
→ Il est tombé sur un os.

1. Il dirige son entreprise d'une manière très autoritaire… (le fer)
2. Sa théorie est sans fondement… (du sable)
3. Il est ruiné, sans ressources… (la paille)
4. Il faut aller faire ce travail pénible… (le charbon)
5. Cette affaire va nous rapporter gros… (de l'or)
6. Son discours ne manque pas d'allusions piquantes… (le sel)
7. Ce livre dénonciateur et scandaleux va faire beaucoup d'ennemis à son auteur… (le soufre)

14. LES MOTS ET L'ACTUALITÉ

Certains mots peuvent avoir des connotations particulières pendant une durée limitée. Le journaliste Alain Schifres présente ceux qui ont marqué les années 80 (la décennie Mitterrand). Lisez le début de son article p. 20.

a. Retrouvez les allusions à la réalité politique des années 80.

• L'affiche de la campagne électorale de François Mitterrand en 1981 (slogan, image, symbole du parti socialiste).
• Le titre d'un ouvrage de F. Mitterrand.
• Les surnoms donnés à F. Mitterrand par l'hebdomadaire satirique *Le Canard enchaîné*. Le surnom qui était donné au général de Gaulle.
• La date et les circonstances de la fête de la Musique, manifestation créée par Jack Lang, ministre sous F. Mitterrand.

• La date, le lieu, le déroulement, les circonstances de la promenade que F. Mitterrand fait rituel-lement chaque année près d'un site préhistorique proche de Mâcon.

b. Analysez les procédés humoristiques d'Alain Schifres.

La force tranquille des mots

En une décennie, la France a sacrément enrichi son vocabulaire. Du slogan fondateur à la métaphore divine, parlez-vous le mitterrandien ?

La Mitterrandie, terre de légendes, regorge de symboles et de formules magiques. En voici l'inventaire pas du tout raisonné. Les mots de la décennie sont en italique. Le mythe fondateur est la *force tranquille*. S'appuyer sur les travailleurs et se donner un village pour emblème, *a priori*, c'est gonflé. Issue d'une nation qui a longtemps vécu à la campagne, la Mitterrandie est un pays essentiellement peuplé de provinciaux. Elle sent la paille et le grain. Giscard lit le «Financial Times», mais Mitterrand sait quand il va pleuvoir. Un chapeau sur la tête, une rose au poing, des racines au pied, le président laisse le temps au temps. La force tranquille est là, dans ce socialisme potager. Grâce à quoi «l'homme de la IVᵉ» a pu devenir *Dieu* en passant par le stade du *Tonton*. Fatale à de Gaulle et à Giscard, la dignité de roi lui fut épargnée.

Folklore. Comme toutes les circonscriptions rurales, la Mitterrandie vit au rythme des saisons. Les rites agraires y ont leur place. Le solstice d'été est célébré par une *fête de la Musique*. Au son des tambourins, tous les ensembles typiques du métro gagnent la surface. (C'est un moment faste pour l'usager.) À la Pentecôte, le président enfile son bourgeron et se rend au pèlerinage de *Solutré*. C'est un jour de fièvre pour les servants de messe, qui dépouillent en hâte leur costume Lassance et passent des frusques achetées la veille au Vieux Campeur. Revenant de la montagne sacrée, Tontonix, notre druide, tombe inexorablement, mais, à sa grande surprise, sur une meute de journalistes assoiffés. Il les maudit, selon le rite, puis il leur donne du blanc à boire, et à manger des *petites phrases*. Assemblée à la main par tout ce qui compte dans le pays en vue du journal de 20 heures, la petite phrase est devenue, ces années-là, un fleuron de l'artisanat local.

A. Schifres, *L'Express*, 18.4.1991.

15. LES TICS DE LANGAGE

La langue contemporaine a tendance à associer des adjectifs particuliers à certains noms. Complétez le texte en choisissant parmi les adjectifs de la liste.

– Comment sont les tendances ? – Profondes.
– Et les forces ? – ......
– Et le contenu ? – ......
– Et l'antagonisme ? – ......
– Et la logique ? – ......
– Et le courant ? – ......
– Et le retour au passé ? – ......
– Et la volonté ? – ......
– Et la recherche ? – ......
– Et la perspective ? – ......

efficient – exclusif – fondamental – global – inébranlable – interne – intrinsèque – irréversible – sclérosant – vif (vive)

D'après R. Beauvais, *L'hexagonal tel qu'on le parle*.

16. LES MOMENTS DE L'ANNÉE ET LES IMAGES CULTURELLES

Tout comme l'hiver évoque la neige, le froid, les sports d'hiver, etc. certains moments de l'année éveillent chez la plupart des Français un ensemble d'images communes à tous. Retrouvez ces images dans la colonne de droite.

Noël Le 1er janvier L'Épiphanie La chandeleur Mardi-gras Le 1er avril Pâques Le 1er mai Le 14 juillet Le 11 novembre La Toussaint	l'armée – un bal populaire – une bûche – un cadeau – le carnaval – une carte de vœux – du champagne – des chrysanthèmes – le cimetière – les cloches – la crèche – les crêpes – un défilé – un déguisement – une farce – un feu d'artifices – du foie gras – une galette des rois – des huîtres – un masque – la messe de minuit – *Minuit chrétien* (air célèbre) – le monument aux morts – le muguet – les œufs en chocolat – un pétard – un poisson – le réveillon – un sapin

17. LES IDÉES REÇUES ET LES LIEUX COMMUNS

Dans les conversations de café, dans les brefs échanges que l'on a avec son voisin de palier, de train ou d'autobus, mais aussi dans les médias, les lieux communs fleurissent. Flaubert avait rassemblé ceux de son époque dans son *Dictionnaire des idées reçues* (Posth, 1923), et Pierre Daninos fit de même dans *Le Jacassin* (1962). Les journalistes de *L'Événement du jeudi* en ont collecté quelques-uns.

Académie française : on y laisse entrer n'importe qui.
Agriculteurs : trop endettés. Polluent les rivières.
Allemands : peuple discipliné et travailleur, amateur de bière. Ont-ils conjuré leurs vieux démons ?
Amis : il n'y en a ni en politique ni dans le travail.
Amie (meilleure) : ne pas coucher avec son mari.
Animal : remède contre la solitude.
Anglais : font beaucoup de sport à l'école.
Aveugle : devenir aveugle, c'est terrible pour un peintre.
Avocats : ruinent leurs clients. Ignorent les dossiers.
Beauté : les femmes belles sont idiotes. (Les femmes idiotes ne sont pas toujours belles.)
Campagnes : se désertifient.
Chaleur : toujours insupportable. Boire chaud quand il fait chaud. Ou encore : ne pas boire quand il fait chaud.

L'Événement du jeudi, 3.9.1992.

Recherchez, en groupes, les idées reçues et les lieux communs que véhiculent certains mots que vous aurez choisis.

4

LA COMMUNICATION

18. LES VERBES DE PAROLE

Complétez avec le synonyme de «dire» qui vous paraît le plus approprié.

Exemple : 1. *Reconnaître* ses torts.

1. .~... ses torts
2. expo.~.. un secret
3. déclarer.. ses droits
4. annonce.... une bonne nouvelle
5. clamer.. son innocence
6. présenter.... un avis favorable
7. proférer... des excuses
8. prononcer... son amour
9. émettre... des insultes
10. relater... les circonstances d'un accident
11. ...... des ragots
12. dénoncer... des idioties
13. ...... une conversation
14. ...... des calomnies
15. ...... ses arguments
16. ...... un discours
17. réciter.. un poème
18. ...... une leçon
19. ...... une injustice
20. ...... une nouvelle tenue secrète

annoncer – clamer – colporter – débiter – déclamer – déclarer – dénoncer – ébruiter – émettre – exposer – présenter – prononcer – proférer – reconnaître – relater – révéler – revendiquer – rapporter – réciter – répandre

19. LES INTENTIONS DE COMMUNICATION

a. Voici 32 verbes qui expriment des intentions de communication.
Formez 16 couples dans lesquels les deux verbes
ont presque le même sens.

Exemple : accepter – consentir

accepter – acquiescer – approuver – autoriser – avertir – commander – conseiller – consentir – convaincre – défendre – demander – démentir – dire oui – s'engager à – être d'accord – exiger – interdire – insulter – invectiver – mettre en garde – nier – permettre – proposer – promettre – persuader – rassurer – recommander – refuser – rejeter – revendiquer – suggérer – tranquilliser

b. Notez toutes les intentions de communication que révèlent les phrases du dialogue suivant :

Exemple : «Pardon de te déranger...» → excuse – *formulation implicite d'un souhait de conversation.*

Un homme qui vient de sortir de prison a demandé à son frère de lui prêter de l'argent.

– Pardon de te déranger. Tu as pensé à ce que je t'ai demandé ?
– Ma réponse est non !
– Mais, je suis ton frère. Je t'en prie. Tu ne veux tout de même pas que je replonge !
– Ça m'est égal mon vieux. Tu as la mémoire courte. Quand tu avais de l'argent, avant, tu ne m'as jamais aidé. Non ?
– Et bien j'ai eu tort. Je n'agirais plus ainsi si c'était à refaire. Je veux recommencer ma vie, tu comprends ?
– Trop tard.
– Fais attention, Gabriel ! Ne m'oblige pas à recourir aux grands moyens.
– Mais quels moyens as-tu, pauvre imbécile ? Ta femme ni tes enfants ne veulent plus te revoir. La police te surveille. Tu n'es qu'un pauvre type.
– Et toi un salaud. Tu auras bientôt de mes nouvelles.
– Sors d'ici immédiatement et que je ne te revoie plus !

---

c. Voici des points de départ de conversation. Imaginez ce qui va être dit et, sans rédiger les dialogues, notez la succession des actes de communication.

Exemple : 1. Le maire *donne la parole* à l'architecte. L'architecte *décrit, montre, commente, met en valeur...* Un des conseillers *intervient, demande une explication, critique,* etc.

1. Devant le maire d'une ville et ses conseillers, un architecte présente son projet de nouveau théâtre.
2. Le patron et les représentants syndicaux se retrouvent à la table des négociations après une semaine de grève.
3. Une jeune fille de seize ans annonce à ses parents qu'elle est enceinte.
4. Trois naufragés viennent d'échouer sur un îlot du Pacifique.

20. LES SIGNES

Continuez, comme dans l'exemple, en utilisant les mots de la liste

Exemple : Un ciel dégagé le matin… c'est un *signe* de beau temps.

1. Une poussée de fièvre…
2. Un panneau sur lequel est écrit «Stop»…
3. Un cheveu blond sur le corps d'une victime brune…
4. Les déclarations d'un témoin direct de l'assassinat…
5. Une hirondelle qui vient nicher sous votre toit…
6. Un superbe bijou offert à Christine…
7. Des yeux bridés…
8. Une flèche sur un sentier de grande randonnée…
9. La pâleur et les tremblements…
10. Un télégramme de la tante Yvonne…

une annonce
une caractéristique
une indication
un indice
une manifestation
une marque
un présage
une preuve
un signal
un symptôme

21. LA SIGNIFICATION

Complétez avec les verbes de la liste.

1. La boussole …… le nord.
2. Le mot anglais «man» …… «homme».
3. Dans le calendrier musulman, l'an I de l'Hégire …… à l'an 622 de l'ère chrétienne.
4. J'ai vu récemment l'opéra de Verdi *La Force du destin* dans une nouvelle mise en scène. Normalement, l'action se passe au XVIIIᵉ siècle, mais là, par les costumes et les décors, le réalisateur a voulu …… la guerre civile espagnole. Il a voulu …… qu'un opéra du XIXᵉ siècle pouvait nous faire réfléchir sur des événements relativement récents. Ce type de mise en scène …… d'une volonté de dépoussiérer et de réactualiser les œuvres classiques.
5. Le fait que Charrier ne soit pas venu à la réunion du conseil d'administration …… son désintérêt total pour l'entreprise. Cela …… sans doute que les revendications qu'il a formulées auprès du directeur général n'ont pas été prises en compte. À mon avis son absence …… à une démission.

correspondre à…
équivaloir à…
évoquer
impliquer
indiquer
marquer
signifier
suggérer
témoigner (de…)
vouloir dire

22. LA SYMBOLIQUE

a. Analysez le symbolisme du laurier. Relevez les mots qui sont en relation avec l'idée de symbolisme et avec l'idée de «mise en relation».

LAURIER

1. Le laurier est lié, comme toutes les plantes qui demeurent vertes en hiver, au symbolisme de l'immortalité ; symbolisme qui n'était sans doute pas perdu de vue par les Romains lorsqu'ils en firent l'emblème de la gloire, aussi bien des armes que de l'esprit. Le laurier passait en outre, autrefois, pour protéger de la foudre.

Ce symbolisme d'immortalité est également connu en Chine : la lune, assure-t-on, contient un laurier et un Immortel. C'est au pied du laurier (plante médicinale) que le lièvre de la lune broie les simples, dont il extrait la drogue d'immortalité.

2. Arbuste consacré à Apollon, il symbolise l'immortalité acquise par la victoire. C'est pourquoi son feuillage sert à couronner les héros, les génies et les sages. Arbre apollonien, il signifie aussi les conditions spirituelles de la victoire, la sagesse unie à l'héroïsme.

En Grèce, avant de prophétiser, la Pythie et les devins mâchaient ou brûlaient du laurier qui, consacré à Apollon, possédait des qualités divinatoires. Ceux qui avaient obtenu de la Pythie une *réponse favorable s'en retournaient chez eux avec une couronne de laurier sur la tête.*

Le laurier symbolisait les vertus apolloniennes, la participation à ces vertus par le contact avec la plante consacrée et, en conséquence, une relation particulière avec le dieu, qui assurait sa protection et communiquait une partie de ses pouvoirs.

J. Chevalier et A. Gheerbrant,
Dictionnaire des symboles, Robert Laffont, 1969.

b. Complétez en utilisant le vocabulaire de la liste.

1. L'iconographie religieuse comporte de nombreuses ...... des saints. On peut identifier ces saints grâce aux ...... que les peintres respectent. Ainsi, la clé est ...... de saint Pierre et le lion est celui de l'évangéliste saint Marc.

2. La fleur de lys était ...... des rois de France.

3. Les ...... de la mort présentent trois femmes d'âges différents (les Parques) filant, déroulant et coupant un fil ou bien un squelette de femme brandissant une faux. Le fil ...... la vie. Les ciseaux de la vieille Parque et la faux ...... le moment de la mort.

une allégorie
un attribut
une convention
un emblème
une représentation
matérialiser
symboliser

23. LES MODES

a. Lisez cet article dans lequel Alain Schifres se moque de l'engouement des Français pour les nouveaux sports et les nouveaux équipements sportifs.

On se ruait naguère sur les courts et les pistes. L'offensive terrestre est terminée. Le sport ne soulève plus les masses comme avant. Il n'a pas fini en revanche de titiller les individus.

«Le public ne demande plus du sport mais une idée du sport», dit un professionnel. Les vieux enfilent des joggings, mais ils dévorent des cassoulets. Les bébés arborent des casquettes de base-ball, mais c'est surtout un genre qu'ils se donnent.

Le sport, comme du sable, est allé se nicher partout. Prenez vos chaussures de compétition. Vous les mettez pour faire vos courses plutôt que des tours de piste. Ne niez pas, c'est prouvé. Or les tatanes sont d'une sophistication croissante. Leaders engagés dans une lutte au couteau, Nike et Reebok ne cessent d'en rajouter. De l'air surtout, appellation générique du vent. Dans le talon. 50 % d'air *en plus*, c'est le dernier modèle de Nike. Attention : grâce à des transparences, il s'agit d'un air *visible*, comme les «éléments superactifs» chez les marchands de lessive. Vous voyez des petits mômes avec, aux pieds, des engins qui tiennent du fer à vapeur et de la navette spatiale. On attend le premier qui va décoller.

Comment continuer à vendre du sport quand les fervents sont déjà suréquipés et que la populace revient aux andouillettes ? Le problème vous empêche de dormir et moi aussi. Une première solution a donc été trouvée par nos marchands de chaussures : il s'agit d'appeler «sport» ce qui encore ne l'était pas. J'avais coutume de me promener en forêt, les mains au dos, parmi les trials, les VTT, les 4 x 4 et les lapins de garenne particulièrement robustes, jusqu'au jour où j'ai découvert avec stupeur que je faisais en réalité du *walking* et que ça réclamait des groles *ad hoc*. «Reebok fait de la marche un nouveau sport », nous dit le slogan. Très pointilleux sitôt qu'il s'agit du droit à la paresse, je ne mets plus le nez dehors. Je me contente de respirer. Mais respirer, de nos jours, c'est encore de l'exercice. Ça s'éduque. Le new age, cette espèce de Moyen Âge fin de siècle, nous apporte la vogue des «gyms douces» et même, cela ne s'invente pas, des «arts martiaux doux». Au début de l'aérobic, il fallait absolument se poiler tout en accomplissant des efforts monstrueux. Aujourd'hui, on doit faire des abdominaux tout en regardant la télé. Dans la société omnisports qui nous guette, tout loisir est actif. S'étirer, se réunir entre copains, ne penser à rien, cela ne va plus sans risques. Cela peut vous conduire à «faire du stretching», à «pratiquer la dynamique de groupe» et à «maîtriser son mental».

Comment tirer le meilleur parti d'un sport nouveau ? Plusieurs méthodes : 1. *Le raffiner à outrance* (on sent, dans les perfectionnements de la planche à voile, l'émouvant désir d'arriver à l'invention du bateau). 2. *Le simplifier à l'excès* (le monoski nous donne une idée de ce qu'était le monde avant la mise au point du deuxième ski ; le *barefoot* est une espèce de ski nautique sans skis : une fois le bateau supprimé, on sera capable de rééditer l'exploit du lac de Tibériade, qui marque le vrai début des sports de glisse). 3. *Sortir les engins de l'eau et les poser dans la neige* (snow-board), ou encore balancer dans la flotte tout ce qui traîne par terre (rugby-piscine, javelot en immersion), sans oublier de mettre des scooters à la mer, des vélos dans les Alpes, des motos dans les sables et des 4 x 4 dans le Sentier. Découvrant un beau paysage immaculé, l'amoureux de la nature dit : «Oh, le beau paysage immaculé». L'adepte de la glisse pense : «Ça peut toujours être utile». Le fun justifie les moyens : «Je déteste la campagne, m'a expliqué un fervent. Avec la glisse, elle sert enfin à quelque chose. — À quoi ? ai-je demandé — À prendre son pied», il a répondu. 4. *Mettre tous les sports en vrac et les mélanger dans un chapeau* : au contraire des espèce vivantes, les chercheurs se sont aperçus que les genres sportifs se croisaient à volonté. Ainsi aurai-je eu la chance de connaître avant de mourir le jorky-ball (foot + squash) et l'ineffable karatébic.

Alain Schifres, *L'Express*, 19.04.1991.

b. Faites la liste des comportements dont se moque A. Schifres.

Énumérez les techniques utilisées par les entreprises qui «vendent du sport» pour attirer les clients.

Analysez les effets comiques du style d'A. Schifres. Relevez :

- un effet d'opposition
- un effet de parallélisme
- des tournures amusantes
- des comparaisons et des images inattendues
- des mises en relations incongrues
- des citations
- des changements de registres de langue

c. Appliquez les recettes utilisées pour relancer l'intérêt pour le sport à d'autres domaines :

la cuisine – le tourisme – l'éducation scolaire

5

L'HUMOUR ET LE LANGAGE

24. LES JEUX SUR LES LETTRES

Sigles. L'utilisation des sigles remonte à l'Antiquité. Si les premiers chrétiens avaient le poisson pour symbole et signe de reconnaissance, c'est parce qu'en grec «poisson» se dit *ichthus* et que les lettres de ce mot servaient d'initiales aux mots de la phrase «Iêsus CHristos THêou Uios, Sôter» (Jésus-Christ, de Dieu, fils et sauveur).

Les sigles peuvent être un moyen de faire de l'humour.

Longtemps l'administration des P.T.T. (Postes Télégraphes Téléphones, aujourd'hui réduit à P et T) fut qualifiée de Petit Travail Tranquille. Si l'on veut se moquer de l'état de délabrement de certaines H.L.M. (Habitation à Loyer Modéré), on traduira le sigle : Habitation Laide et Malodorante.

On peut également créer des sigles. En 1988 apparut, pour peu de temps, un mouvement anarchiste dirigé contre les mouvements d'extrême-droite : le S.C.A.L.P. (Section Carrément Anti-Le Pen). La même année, un groupe de jeunes trouvant qu'être B.C.B.G. (Bon Chic Bon Genre), C.P.C.H. (Collier de Perles, Carré Hermès) ou N.A.P. (Neuilly, Auteuil, Passy) était une «douloureuse expérience», créa le C.A.C.A's club (Club des Analphabètes Cons mais Attachants) ayant pour devise : «La crise est affreuse. Il faut rire et ne penser qu'à la fête.» À noter aussi la très sérieuse création du G.R.O.G. (Groupe Régional d'Observation de la Grippe).

Créez des sigles amusants et imaginez d'autres définitions amusantes
pour les sigles que vous connaissez :

P.-D.G. (Président-Directeur Général)
S.N.C.F. (Société Nationale des Chemins de fer Français)
E.N.A. (École Nationale d'Administration)
etc.

25. LES JEUX DE MOTS

Grâce à leur valeur polysémique, les mots produisent des effets qui peuvent être involontaires et inattendus. Par exemple, une dame rejoint des amis au restaurant. Tout le monde admire sa tenue : chemisier blanc, pantalon noir bouffant et bottines. Mais quelqu'un s'avise de faire remarquer «qu'un pantalon bouffant, c'est particulièrement approprié pour aller au restaurant…» Et les autres de sourire. La plaisanterie repose sur le double sens de «bouffant» : (1) ample, (2) participe présent du verbe familier «bouffer» qui signifie «manger».

a. Complétez ce texte en choisissant un mot qui évoque un sens opposé de celui du mot qui précède ou qui suit.

Dieu que ma belle-fille est ⌐laide¬ pensait l'aïeule qui, du haut de l'escalier, regardait monter ses …… . Heureusement que mes petits-enfants sont …… !
C'est alors que la …… bonne laissa tomber le chaud-…… de volaille qu'elle portait dans un …… creux.

M. Laclos, *Jeux de lettres, jeux d'esprit*, J.-C. Simoën, 1977.

b. Avec quelles professions les phrases suivantes pourraient-elles provoquer des jeux de mots ?

1. C'est une jeune fille piquante.	le boulanger
2. Il est au courant de tout.	la couturière
3. Avec lui, ça presse toujours.	l'électricien
4. Il pourra vous donner un bon tuyau.	le journaliste
5. Il s'exprime en langue de bois.	le menuisier
6. C'est une bonne pâte.	le photographe
7. Il a des pellicules dans les cheveux.	le professeur de latin
8. Il est très malade et a beaucoup décliné depuis ma dernière visite.	le plombier

26. LES NOMS PROPRES ET LES JEUX DE MOTS

Beaucoup de noms de personnages de bandes dessinées ou de romans humoristiques sont bâtis sur des jeux de mots. Étudiez comment les noms suivants ont été produits et créez des noms amusants.

1. *BD Astérix :* le barde Assurancetourix, le doyen du village Agecanonix.
2. *BD Achille Talon :* le commerçant Vincent Poursant, l'ami Hilarion Lefuneste, Achille Talon.
3. *Roman de San Antonio :* les deux frères Alain et Alex Terrieur, Jean Aimar, le baron Clotaire de Bruyère Empot.

27. LE JEU SUR LES SÉRIES LEXICALES

a. Montrez comment le comique de cette BD est fondé sur une exploitation intensive du vocabulaire appartenant à la thématique du feu. Relevez et classez tous les mots et expressions qui appartiennent à ce thème (emplois au sens propre, emplois métaphoriques, expressions imagées).

Un commerçant tente, en plein été, de vendre un appareil de chauffage à Achille Talon.

Greg, *Pas de pitié pour Achille Talon*, Dargaud, 1975, p. 10.

28. LE JEU SUR LES REGISTRES DE LANGUE

a. Dans cette évocation de la mythologie, relevez tout ce qui vous paraît incongru et décalé par rapport au style habituel de ce type de texte (choix des mots, remarques). Qu'est-ce qui fait l'humour de ce texte ?

Le cheval remonte à la plus haute Antiquité. Pégase, pour un oui pour un non, transportait les poètes à des hauteurs terribles, avec leur lyre et leur calvitie, et galopait dans les étoiles des nuits entières. Ils en revenaient tout échevelés, tout essoufflés, tout agités de grands sentiments, écorchés par le trot assis, et saisis d'une fureur sacrée. C'était un phénomène sublime propre à l'Antiquité classique. Cybèle, quand elle était dans des états semblables, au maximum de la mélancolie, courait çà et là par les champs, dans un grand désordre lyrique, en jouant du tambour de basque, tandis que ses prêtres sautillaient en frappant des objets en cuivre. On n'a plus idée de pareilles choses. Les poètes étaient pris d'un bredouillement génial qu'ils consignaient sur des tablettes de cire, sous forme de poèmes qui traversaient les siècles. Ensuite leur servante les repeignait, les essuyait avec une serviette sèche et les frottait à l'huile d'olive.

Alexandre Vialatte, *Antiquité du grand Chosier*,
Julliard, 1984.

b. Imitez l'humour de cette BD.

• Choisissez une situation de communication en relation avec un thème. Par exemple un moniteur de ski essaie de convaincre une skieuse réticente à faire une descente périlleuse. Cette situation peut-être en relation avec les thèmes du froid, de l'altitude, etc.
• En vous aidant du dictionnaire, recherchez des mots appartenant au(x) thèmes(s). Notez leurs emplois figurés ou dans des expressions imagées.
• Construisez votre dialogue avec ces mots et expressions.
Exemple : «profitez, aujourd'hui, la station gèle les prix.» Quand vous verrez le paysage vous tomberez de haut !»

6

LES NOTIONS GÉNÉRALES

29. L'EXISTENCE ET LA PRÉSENCE

Complétez avec un verbe de la liste.

1. L'actrice Isabelle Adjani ...... au public dans *La Gifle,* un film où elle ...... une jeune lycéenne qui tombe pour la première fois amoureuse.
2. L'Harpagon de Molière ...... l'avarice.
3. L'esprit provocateur du sculpteur César ...... dans ses premières compressions d'objets. En réalisant ces œuvres, l'artiste a voulu ...... certaines idées sur la société de consommation et la fonction de l'art.
4. Un suspense permanent ...... dans les films de Hitchcock.
5. Les projets du gouvernement tardent à ....
6. Le mouvement surréaliste ...... dans les années vingt.

se concrétiser
se former
incarner
se manifester
matérialiser
personnifier
régner
se révéler

30. LA RÉALITÉ ET L'ILLUSION

a. Commentez les sensations vécues par le personnage narrateur du texte ci-contre. Utilisez le vocabulaire suivant :

■ *La disparition des choses :* disparaître – s'évanouir – s'effacer – se dérober – se volatiliser
■ *La transformation des choses :* se transformer – se modifier – se changer (en…) – se métamorphoser – évoluer – transfigurer
■ *Le passage du réel… :* concret – matériel – tangible… *à l'illusion :* une apparence – un mirage – une vision – une hallucination

b. Analysez le vocabulaire de l'évocation du mirage. Montrez que les mots s'organisent autour des thèmes suivants :

la vie – la destruction – le passé – la malédiction

Le narrateur est un pilote qui a dû effectuer un atterrissage forcé dans le désert. Ses réserves d'eau sont épuisées. Il marche depuis deux jours…

Maintenant je poursuis ma route et déjà, avec la fatigue, quelque chose en moi se transforme. Les mirages, s'il n'y en a point, je les invente…

– Ohé !

J'ai levé les bras en criant, mais cet homme qui gesticulait n'était qu'un rocher noir. Tout s'anime déjà dans le désert. J'ai voulu réveiller ce Bédouin qui dormait et il s'est changé en tronc d'arbre noir. En tronc d'arbre ? Cette présence me surprend et je me penche. Je veux soulever une branche brisée : elle est de marbre ! Je me redresse et je regarde autour de moi ; j'aperçois d'autres marbres noirs. Une forêt antédiluvienne jonche le sol de ses fûts brisés. Elle s'est écroulée comme une cathédrale, voilà cent mille ans, sous un ouragan de genèse. Et les siècles ont roulé jusqu'à moi ces tronçons de colonnes géantes polis comme des pièces d'acier, pétrifiés, vitrifiés, couleur d'encre. Je distingue encore le nœud des branches, j'aperçois les torsions de la vie, je compte les anneaux du tronc. Cette forêt, qui fut pleine d'oiseaux et de musique, a été frappée de malédiction et changée en sel. Et je sens que ce paysage m'est hostile. Plus noires que cette armure de fer des collines, ces épaves solennelles me refusent. Qu'ai-je à faire ici, moi, vivant, parmi ces marbres incorruptibles ? Moi, périssable, moi, dont le corps se dissoudra, qu'ai-je à faire ici dans l'éternité ?

Saint-Exupéry, *Terre des hommes*, Gallimard, 1939.

31. LA RELATION

a. Complétez avec un verbe de la liste

1. La langue française …… au groupe des langues romanes.
2. Le verbe …… avec son sujet.
3. En France, la politique étrangère …… des orientations fixées par le président de la République.
4. Ses actes ne …… pas à ses idées.
5. On peut …… la peinture surréaliste avec celle de Jérôme Bosch.
6. Deux centres de recherche ont fait les mêmes expériences. Leurs résultats …… .
7. Les fonctionnaires doivent …… aux directives de leur ministère.
8. On …… généralement l'idée de liberté à la démocratie.

s'accorder
associer
concorder
se conformer
correspondre
dépendre
mettre en relation
se rattacher

b. Reformulez les phrases qui précèdent en commençant par «Il y a …»
et en utilisant les noms suivants :

un accord – une adéquation – un assujétissement – une conformité – une concordance – une corrélation – une parenté – une relation

Exemple : 1. *Il y a une parenté* entre la langue française et les langues romanes.

32. L'ORGANISATION

a. Quel est le mot qui permet de nommer l'organisation des choses suivantes ? (Lorsqu'il y a plusieurs possibilités, précisez les nuances de sens.)

1. l'agencement......	...d'une intrigue romanesque
2. la combinaison......	...d'un exposé
3. la distribution......	...des rôles dans une pièce de théâtre
4. l'infrastructure......	...du fonctionnement d'un moteur
5. le plan......	...d'une ville
6. la répartition......	...des tâches entre les membres d'une équipe
7. le schéma......	...d'une phrase
8. la structure......	...des pièces d'une maison
9. le système......	...des couleurs et des lignes dans un tableau abstrait
10. la trame......	...des planètes tournant autour du Soleil

b. Quels verbes utiliseriez-vous pour décrire l'organisation de leurs activités ?

1. l'archéologue sur son chantier de fouilles
2. la documentaliste
3. la décoratrice d'intérieur
4. le commissaire de police qui commence une enquête
5. l'informaticien qui réalise un programme d'enseignement

agencer – analyser – arranger – classer – classifier – cataloguer – composer – constituer – débrouiller – délimiter – démêler – différencier – disposer – échelonner – graduer – grouper – hiérarchiser – mettre de l'ordre – mettre en ordre – ordonner – organiser – placer – ranger – regrouper – répartir – répertorier – trier

33. LES NOTIONS DE QUANTITÉ

a. Classez dans le tableau les noms suivants selon la notion qu'ils recouvrent. Indiquez, lorsqu'il existe, l'adjectif qui correspond à chaque nom.

une absence	une diversité	une intrication	une profusion
une carence	une dualité	une luxuriance	une saturation
une cohérence	un enchevêtrement	une masse	une sophistication
une complication	un foisonnement	une multiplicité	un surnombre
une démesure	une homogénéité	une pénurie	une uniformité
un déficit	une identité	une pléthore	une variété

l'unité	la pluralité	la complexité	l'abondance	l'excès	le manque
					l'absence (absent)

b. Quels mots utiliseriez-vous pour comparer :

1. l'économie des pays riches et l'économie des pays du quart monde ?
2. un jardin à l'anglaise et un jardin à la française ?
3. l'architecture classique et l'architecture baroque ?

c. Associez les termes qui sont généralement utilisés ensemble.

1. une pile…	6. un éventail…	a. … de documents	f. … d'injures
2. un tas…	7. un flot…	b. … d'exercices	g. … d'enfants
3. un déluge…	8. une masse…	c. … de clés	h. … de paroles
4. une ribambelle…	9. un trousseau…	d. … de livres	i. … d'excuses
5. une batterie…	10. une kyrielle…	e. … de produits	j. … de reproches

7

LA PSYCHOLOGIE

34. LE PROFIL PSYCHOLOGIQUE

a. Dans le texte ci-dessous relevez les qualités et les défauts de l'enfant unique.

b. En utilisant les informations données par le texte et vos propres observations, réalisez le profil psychologique d'un enfant unique. Classez vos informations selon les rubriques suivantes :

- intelligence,
- caractère,
- affectivité et sensibilité,
- aspect relationnel (réactions, attitudes, comportement),
- morale.

Enfant unique

L'avis du docteur Edwige Antier, pédiatre : «Il est plus intelligent, mais...»

«Des études montrent que son QI est de 10 points supérieur au QI moyen, déclare ce médecin, qui est également animatrice de l'émission "Les Enfants d'abord", le samedi sur TF1. Cependant, il a des problèmes spécifiques, que l'on retrouve parfois chez l'enfant aîné.

«Il est plus intelligent, plus vif, parce que, comme l'enfant aîné d'ailleurs, il est en relation unique avec sa mère, avec ses parents, dans une communication de type adulte dès la naissance. Son éveil se fait différemment : il a un langage et une pensée abstraite plus précoces. Comme il n'est pas entraîné par d'autres enfants à faire des bêtises, il est plus raisonnable. En général, les parents l'ont eu sur le tard et s'en occupent beaucoup.

«Revers de la médaille, l'enfant unique est souvent mal dans sa peau. Cette situation est difficile pour lui, il n'a pas le droit à l'échec. Les parents essaient "d'élever", au sens propre du terme, leur enfant. Celui-ci doit combler leurs ambitions et, éventuellement, effacer leurs échecs. S'il est nul en classe, c'est un drame. Il devient plus anxieux, il somatise (mal au ventre, maux de tête…) et s'impose à lui-même un contrat de réussite. En fait, l'enfant unique est trop chargé d'espoir. Les autres ne connaissent pas ces angoisses. Un groupe d'enfants, c'est l'école de la vie : on y apprend la violence, la dérision et aussi l'injustice.

«L'enfant unique a rarement le sens de l'humour, il manifeste une sensibilité exacerbée et il trouve souvent que le monde est trop injuste. Le pire est quand les parents se séparent : le poids devient plus lourd. Un enfant avec une mère seule se sent responsable d'elle, et c'est beaucoup pour ses petites épaules.

«Sa réputation d'égoïste n'est plus vraiment fondée. Aujourd'hui, il a plein de copains, et il apprend à partager tellement il a envie d'être aimé. En revanche, il est maniaque comme un vieux garçon. Dans un sondage réalisé il y a quelques mois pour l'émission "Toboggan", à la question : "Que souhaitez-vous le plus ?", 75% ont demandé à avoir des frères et sœurs. Il faut bien dire que la vraie vie, c'est une famille nombreuse. On ne peut pas décider d'avoir un seul enfant pour qu'il soit parfait. À mes yeux, un enfant parfait, c'est un enfant avec des frères et des sœurs : parce que là, il est complet.»

Voici, n° 232, 20.4.1992

35. LA PSYCHANALYSE

Complétez avec les mots de la liste.

Psychanalyse et critique littéraire

Pour les psychanalystes, les problèmes affectifs que nous vivons dans notre enfance sont …… dans une partie profonde de notre psychisme que Freud appelle ……. Les moments douloureux sont stockés sous formes d'…… ou d'…… qui peuvent remonter à la surface et …… dans les rêves, les lapsus ou les gestes manqués.

Certains critiques littéraires ont fait l'hypothèse que l'écriture pouvait être assimilée au rêve. C'est un lieu où l'auteur met en scène ses ……. Mais les affects refoulés n'apparaissent pas clairement dans les textes. Comme pour les rêves ils sont déviés sous forme d'éléments …….

La critique littéraire se donne donc pour tâche de repérer dans le texte des …… qui se répètent et qui s'organisent toutes autour de quelques structures fondamentales : les …….

Ces structures fondamentales de l'…… de l'auteur sont le reflet de l'inconscient.

un affect
un archétype
un fantasme
une image
l'imaginaire
l'inconscient
se manifester
refoulé
symbolique

36. Les complexes et les traits psychologiques

Un complexe est une structuration psychique qui détermine un certain type de comportement. On connaît le complexe d'Œdipe (amour excessif pour le parent de sexe opposé et rejet de l'autre) qui affecterait tous les individus, mais les psychanalystes ont décrit bien d'autres complexes possibles. En voici quelques-uns.

Retrouvez dans la liste les adjectifs qui permettent de caractériser les personnes affectées de ces complexes. Retrouvez les verbes qui permettent de décrire leur comportement.

Exemple : Complexe de Jocaste : *autoritaire, castrateur …*
couver …

— **Le complexe de Jocaste** est, chez une femme, le besoin de garder son fils près d'elle et d'étouffer, par son amour captatif, les velléités d'indépendance ou d'affirmation virile du fils.

— **Le complexe du cadet** incite le cadet à prendre le contre-pied des opinions et des valeurs admises dans la famille lorsque l'aîné, fidèle au Père, s'y conforme.

— **Le complexe de Prométhée**, complexe d'Œdipe de la vie intellectuelle, est le désir d'être aussi fort que nos maîtres, de percer le secret de leur puissance et de le leur ravir, avec le risque d'encourir leur colère et leur vengeance.

— **Le complexe d'Empédocle** qui consiste à croire que le feu est le grand purificateur, que se jeter dans le feu ou se faire brûler changera l'ordre d'un monde dont on veut être le «foyer» éclairant.

— **Le complexe de Jonas** est la tendance à se mettre à l'abri, à retourner imaginativement dans le ventre maternel, dans le giron d'un protecteur, dès que les difficultés s'annoncent.

— **Le complexe de Lohengrin** consiste à essayer de faire le bonheur des autres et de sa famille en renonçant soi-même aux joies de la vie, puis, le but atteint, à disparaître.

— **Le complexe de Jehovah** est la croyance qu'on est supérieur au reste des mortels, la tendance à se prendre pour le bon Dieu, à croire à la valeur incomparable de ce qu'on pense ou de ce qu'on fait.

— **Le complexe de l'octopus** affecte l'être qui se croit obligé de tout faire lui-même, d'être partout à la fois, de se charger de tout, qui multiplie ses tâches et ne laisse rien à faire aux autres.

R. Mucchieli, *Les Complexes,* Que sais-je ?, n° 1673, PUF.

altruiste – plein d'abnégation – ambitieux – autoritaire – aventurier – castrateur – charitable – dirigiste – désintéressé – égoïste – envahissant – envieux – étroit d'esprit – extrémiste – fanatique – fort – généreux – humble – hyperactif – importun – intolérant – intransigeant – jaloux – jusqu'au-boutiste – laborieux – méfiant – mégalomane – mystique – obtus – orgueilleux – passif – peureux – poltron – prétentieux – protecteur – pusillanime – rebelle – replié (sur soi) – révolté – révolutionnaire – sectaire – soumis – suspicieux – suicidaire

s'affairer – s'affirmer – s'aventurer – briguer – convoiter – couver – défier – se défier (de) – se donner – écraser – s'engager – materner – se méfier - mépriser – s'opposer – se priver – se protéger – se réfugier – se révolter – se replier – risquer – se vanter

37. LE CARACTÈRE (EXPRESSIONS IMAGÉES)

À quel type de caractère correspondent les propos suivants ?

1. Elle a les pieds sur terre.
2. Elle est souvent dans la lune.
3. Elle a le cœur sur la main.
4. Il est tête en l'air.
5. Elle nous fait marcher à la baguette.
6. Il jette l'argent par la fenêtre.
7. Il sort facilement de ses gonds.
8. Elle est bien dans sa peau.
9. Il n'en fait qu'à sa tête.
10. C'est une langue de vipère.

autoritaire
capricieux *fickle*
colérique *quick tempered/angry*
équilibré *well-balanced*
étourdi *absent-minded*
généreux – *generous*
médisant *malicious*
prodigue (dépensier) *extravagant*
réaliste – *realist*
rêveur – *dreamer*

38. LE COMPORTEMENT (EXPRESSIONS IMAGÉES)

Remplacez les expressions en italique par les mots de la liste.

Rancœurs féminines

«Ah ! Qu'elle avait été bête pendant toutes ces années ! Ces soirées et ces week-ends où il *ne levait pas le petit doigt* pour l'aider aux tâches ménagères et restait *à se la couler douce* devant la télévision ! Et ces heures qu'elle avait passées à *faire le pied de grue* dans le froid parce qu'il n'arrivait pas à l'heure au rendez-vous qu'il lui avait donné ! Pendant des années, *il l'avait roulée dans la farine* avec ces soi-disant rendez-vous d'affaire qui se terminaient à deux heures du matin. Et elle qui *se faisait du mauvais sang,* craignant un accident !

Ah, elle *était bien tombée dans le panneau* quand il lui avait fait croire à ces week-ends de travail dans la propriété de son patron ! Jusqu'au jour où une lettre trouvée dans la poche de son veston *lui avait ouvert les yeux.* Mais elle n'avait rien dit, n'osant pas *mettre les pieds dans le plat* à cause des enfants. Peu à peu, elle *avait pris ses distances et était rentrée dans sa coquille.*

Mais maintenant, les enfants étaient grands et se débrouillaient seuls. Elle allait *ruer dans les brancards,* lui *jeter à la figure* tout ce qu'elle avait sur le cœur et *couper les ponts* pour toujours.»

attendre
dire brutalement
s'éloigner
être inquiet
ne faire aucun effort
se faire avoir (être berné)
intervenir maladroitement
paresser
se replier sur soi
révéler la vérité
se révolter
rompre
tromper

8

LA PHILOSOPHIE ET LA MORALE

39. LES ATTITUDES PHILOSOPHIQUES

Caractérisez l'attitude de ceux qui prononcent les phrases suivantes :

1. Nous ne saurons jamais la vérité.
2. Il faut d'abord examiner les faits.
3. L'important, c'est d'agir.
4. On n'y peut rien. Tout est écrit.
5. Le monde n'est qu'illusion. La vérité est toujours cachée.
6. Le but de la vie, c'est le plaisir.
7. Réfléchissons. Essayons de comprendre.
8. Rien n'existe en dehors du monde sensible.
9. Je me moque de ce que pensent les autres.
10. L'important est de rester maître de soi et de s'élever au-dessus des contingences.

cartésien
cynique
déterministe
empiriste
épicurien
existentialiste
fataliste
hédoniste
idéaliste
individualiste
matérialiste
pragmatique
rationaliste
sceptique
stoïcien

40. LA MORALE ET LA SUBJECTIVITÉ

Selon le point de vue de celui qui juge, certaines qualités peuvent devenir des défauts. Voici les propos d'une personne bien intentionnée. Que dirait une personne mal intentionnée ?

Exemple : c'est un original → c'est un excentrique

1. Il est curieux.
2. Il a son franc-parler.
3. Elle a fait preuve de courage.
4. Ce qu'il dit montre qu'il est cultivé.
5. Elle est très économe.
6. Il est toujours très courtois avec les gens.
7. Il a fait preuve de prudence.
8. Elle est très généreuse.
9. Il a une bonne opinion de lui.

l'avarice
l'indiscrétion
l'impolitesse
la lâcheté
l'obséquiosité
le pédantisme
la prodigalité
la témérité
la vanité

41. LA MORALE ET L'ACTION

Trouvez deux verbes qui puissent être associés aux caractéristiques morales suivantes :

Exemple : la sincérité → avouer, (se) confesser.

1. l'hypocrisie
2. la médisance
3. l'orgueil
4. la modestie
5. la cupidité
6. l'avarice
7. la générosité
8. le courage
9. la lâcheté

affronter – amasser – calomnier – convoiter – se dévouer – diffamer – dissimuler – s'effacer – s'engager – envier – épargner – se faire tout petit – feindre – flancher – mollir – prodiguer – se targuer – se vanter

42. LES EXPRESSIONS IMAGÉES

Quel défaut ou quelle qualité veut-on souligner en employant les expressions suivantes ?

1. Il joue toujours franc jeu.
2. Il se dégonfle facilement.
3. C'est un individu sans foi ni loi.
4. Il n'a jamais jeté la pierre à quelqu'un.
5. Elle a les poches percées.
6. Il n'a pas froid aux yeux.
7. Elle a mis de l'eau dans son vin.
8. Dans sa jeunesse, il a mené une vie de bâton de chaise.
9. Il est souvent dans les vignes du seigneur.
10. Elle n'attache pas son chien avec des saucisses.

43. LA RECHERCHE DES VALEURS

Chaque époque, chaque individu ont des valeurs et des idéaux qui leur sont propres. Imitez la présentation de l'homme de la Renaissance et utilisez le vocabulaire du tableau pour caractériser :

a. l'idéal de l'homme à une époque donnée :

Le chevalier du Moyen Âge, l'honnête homme du XVIIᵉ siècle, le philosophe du XVIIIᵉ siècle, le romantique, l'intellectuel contemporain, etc.

b. un personnage littéraire :

Don Juan, Hamlet, Don Quichotte, etc.

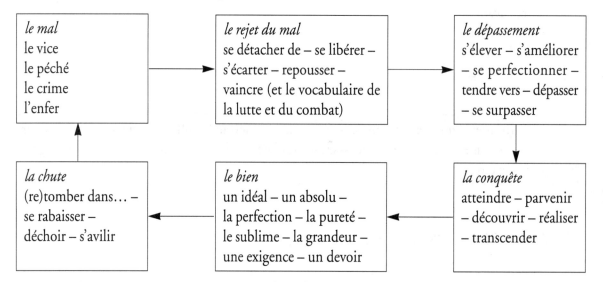

L'humaniste de la Renaissance rejette les valeurs du Moyen Âge qu'il considère comme une époque barbare et obscurantiste. Il cherche à dépasser le modèle rigide et hiérarchisé de la société médiévale. Il est certain qu'il se rabaisserait s'il ne cherchait pas la gloire dans des conquêtes guerrières qui mettent en valeur son courage. Mais il a aussi d'autres exigences : il croit au progrès, aux sciences, à la connaissance. Il essaie d'atteindre un idéal de beauté et de perfection dans l'art de vivre.

44. LES RELIGIONS

a. Toutes les religions apportent une réponse à la question :

«Que se passe-t-il après la mort ?»

Comparez la conception de l'au-delà dans les cinq principales religions du monde en utilisant le vocabulaire suivant :

■ Monde existant/à venir – représentation abstraite/imagée.

■ Accès sélectif/ouvert à tous – accès progressif (idées de faute, de rédemption, de purification) – accès conditionnel.

■ Conception de l'état final.

Bouddhisme

Paradis ou enfer, de toute façon, l'au-delà n'est que provisoire, prélude à une nouvelle incarnation. À moins que l'adepte n'atteigne, au cours de ses différentes vies, le nirvâna : un état qui transcende la condition humaine. Une méditation ininterrompue, dans laquelle la pensée est vide de tout contenu. Pour parvenir à cette sérénité, l'intéressé doit suspendre son flux mental : aucun désir, aucune action, aucune passion ne vient plus troubler sa béatitude.

Christianisme

Les notions chrétiennes d'enfer et de paradis sont sans doute celles qui se distinguent le moins des anciennes traditions païennes. La croyance en un paradis, retour à l'Eden originel, s'appuie sur l'immortalité de l'âme et la notion de vie éternelle.

L'enfer est le séjour des morts et le lieu où souffrent éternellement les âmes des pécheurs non repentis.

Le purgatoire est une création théologique, non mentionnée dans les Évangiles. Il n'existe que chez les catholiques.

Hindouisme

Paradis et enfer, comme dans le christianisme, existent dans le védisme originel. Par la suite, le brahmanisme a changé la donne avec la notion de réincarnation. L'hindouisme a fait l'amalgame de ces deux traditions antagonistes : l'au-delà n'offre au défunt qu'un séjour de toute façon temporaire, puisque suivi d'une réincarnation. La seule éternité est celle du nirvâna, qui représente l'abolition de toute conscience.

Islam

Une résurrection physique à la fin des temps est évoquée dans de nombreux passages du Coran. Les musulmans n'ont donc pas peur de la mort. Au contraire, elle doit les mener directement dans un jardin luxuriant appelé paradis. Ici, pas de purgatoire. Quant à l'enfer, décrit comme un feu brûlant, il n'est que temporaire pour les croyants : le temps d'expier les péchés graves.

Judaïsme

L'au-delà est une notion relativement imprécise pour le judaïsme, qui reconnaît l'immortalité de l'âme, mais ne parle ni d'enfer ni de paradis.

Les âmes des morts sont, en quelque sorte, en réserve, en attente d'«olam aba», le monde futur en cours de construction par l'application des «mitzvoh», les commandements. L'arrivée des temps messianiques marquera une étape pour l'avènement du monde futur.

ÇA m'intéresse, n° 142, décembre 1992, p. 71.

b. Recherche en groupe. Recherchez d'autres éléments qui permettent de caractériser les spécificités de ces cinq religions.

■ *Conceptions de la divinité :* unique/multiple – abstraite/concrète, incarnée – révélée/non révélée – Dieu donne une image d'amour, d'autorité, d'indifférence, de violence, etc.

■ *Rites :* cultes – sacrifices – cérémonies (baptêmes, rites de mariage, de funérailles).

■ *Obligations et interdictions :* prier, jeûner, sanctifier, méditer, se confesser, faire pénitence, faire un pèlerinage, etc.

■ *Organisation du clergé :* hiérarchie/absence de hiérarchie – engagement permanent/temporaire – action dans le monde (prosélytisme, action éducative, etc.)/vie monastique.

45. LES RITES

a. En vous appuyant uniquement sur l'article ci-dessous et sans avoir recours au dictionnaire, essayez de définir le sens des mots suivants :

– *un bizutage, des pompes, un bleu* (ces trois mots appartiennent à l'argot scolaire)
– *un rite* : quelle est la spécificité du rite par rapport à d'autres types de cérémonie ? En quoi le bizutage ne peut-il être considéré comme un rite ?

b. Pourquoi peut-on dire que le sens du bizutage a été perverti ?

c. Faites l'inventaire des comportements rituels qui peuvent encore se manifester dans votre pays en dehors des domaines spirituels ou religieux.

• *Vie quotidienne :* gestes superstitieux, gestes de conjuration, etc.
• *Vie scolaire ou professionnelles :* rites de passage, coutumes, etc.
• *Vie familiale :* habitude, coutumes, etc.
• *Vie régionale :* traditions, folklore, fêtes, etc.

Ces rites ont-ils perdu ou conservé leur sens originel ? Les considérez-vous comme des éléments essentiels de votre culture ?

Le bizutage entre initiation et perversion
Une ethnologue y voit un rite de passage, un psychiatre l'expression d'un malaise des étudiants

[...] Dans le bizutage, l'aspect initiatique est réel. Mais il n'est peut-être qu'un prétexte, car son utilité sociale n'est pas évidente. Dans les sociétés primitives, ce qui est imposé au nom d'un ordre ou de forces supérieures a un sens. Le bizutage n'en a pas. Il ne s'agit ni d'une révolte, puisque le phénomène est toléré par les institutions, ni d'une façon de s'affirmer par rapport aux générations précédentes, car elles ne sont pas mises en cause.

[...] Le développement du bizutage est un phénomène récent. Les «petites écoles» singent ainsi les grandes en copiant le rite d'accueil des nouveaux élèves. Il apparaît parfois même avant le baccalauréat. Il y a deux ou trois ans, les élèves des classes de première et de terminale d'un lycée de Perpignan accueillaient ceux de seconde par trois jours de bizutage. Ils leurs faisaient faire des pompes, les insultaient. La direction de l'établissement, inquiète du degré de violence atteint, avait dû faire appel aux agents de la circulation pour protéger les «bleus» qui rentraient chez eux… Mais il ne s'agit pas là d'un véritable bizutage, plutôt de brimades d'anciens sur les nouveaux. [...]

Le bizutage est dévoyé. Au XIXᵉ siècle, il visait à effacer les différences entre les élèves pour favoriser l'émergence d'un esprit de corps. Aujourd'hui, en pratique, ce sont les sujets les plus fragiles, ceux qui ont le plus besoin d'être intégrés qui sont choisis pour cible. En mettant à nu les faiblesses de chacun, les bizuteurs pensent permettre l'intégration. Il s'agit d'une conduite perverse. Humilier le faible soi-disant pour son bien ne laisse aucune échappatoire. S'il ne se rebelle pas, c'est un lâche, et on avait le droit de l'humilier. S'il répond, il ne joue pas le jeu. Comme dans certains stages de motivation d'entreprise, il est impossible de dire que ce n'était pas bien. Dénoncer le bizutage, c'est se décerner à soi-même un brevet d'incapacité.

M. Aulagnon – Le Monde, 17.9.1992.

9

LES DOMAINES ESTHÉTIQUES

46. LA BEAUTÉ

a. Faites la liste des mots qui permettent de définir la beauté et des notions qui y sont associées.

b. Ce texte est l'introduction d'un dossier de 10 articles intitulé : «Pourquoi sommes-nous fascinés par la beauté ?» Imaginez les titres de ces 10 articles.

«Pour un crapaud, disait Voltaire, c'est sa crapaude qui est belle.» Avec cette provocation, le philosophe de la raison entendait mettre fin aux sacro-saints canons qui, depuis des siècles, corsetaient la beauté. Celle-ci ne réside-t-elle pas dans les yeux de celui qui regarde ? Et l'aveuglement de l'amour ne pare-t-il pas le pire des laiderons des grâces de la Vénus de Botticelli ? Un autre philosophe, Kant, insiste lui aussi sur la subjectivité de l'émotion esthétique. Selon lui, il ne faut pas dire «les roses sont belles», mais «je trouve que ces roses sont belles». Le sentiment du beau n'est jamais objectif. Il dépend du goût et de l'humeur de chacun, de la mode, du snobisme environnant. Vouloir la définir, c'est courir après un leurre, une illusion. Picasso, le design industriel, la minijupe, la mode punk : est-ce beau, est-ce laid ? Où se situe la frontière entre beauté et laideur ?

Aujourd'hui, à cause notamment de notre prise de conscience de la valeur des arts non européens, on commence à reconnaître que la beauté n'est pas universelle, mais relative. Pourtant, depuis les philosophes grecs, l'idée que la beauté est un absolu se trouve profondément ancrée dans la culture occidentale. Pour Platon, le beau absolu naît, non du paraître, mais de l'être. Il existe une progression naturelle de la beauté des corps à celle des âmes, puis à l'idée du beau. La fonction de la beauté platonicienne est d'opérer une médiation, dans le domaine des sens, vers les notions parfaites du vrai et du bien.

On trouve là les fondements d'une éthique qui a régi le monde de l'art durant des siècles : le beau produit le bien. Ce qui a permis à l'art de survivre au Moyen Âge occidental en devenant religieux : la beauté universelle, c'est alors celle, divine et intemporelle, des madones. Avec la Renaissance, l'Église allège son joug et le corps se libère. Les chairs généreuses triomphent. Aujourd'hui, l'esthétique de la minceur a supplanté celle de la rondeur. À la *Baigneuse* de Renoir succède le top-model à la stature élancée. Même si elles ne relèvent plus d'un absolu, mais des modes toujours changeantes, les normes modernes de la beauté sont toujours aussi contraignantes.

ÇA m'intéresse, n° 142, décembre 1992.

47. LES SENS DE «BEAU»

a. Par quels adjectifs pourriez-vous remplacer «beau» dans les phrases suivantes ?

1. Nous avons vu un beau match.
2. Il faisait beau temps.
3. Il a une belle fortune.
4. J'ai acheté une belle salade.
5. Il y avait un beau vacarme dans la rue.
6. Il a reçu une belle gifle.

7. Elle a su faire un beau geste.
8. Elle a attrapé une belle bronchite.
9. Nous avons vu un beau spectacle.
10. Pierre est beau joueur.
11. Le professeur Raynaud vient de publier sa belle thèse sur l'hormone de croissance

> admirable – appétissant – considérable – enchanteur – excellent – féérique – généreux – grave – important – loyal – magnifique – merveilleux – radieux – spectaculaire – splendide – superbe – violent

b. Que pouvez-vous dire dans les circonstances suivantes ?

1. Vous avez failli avoir un accident.
2. Vous avez beaucoup travaillé mais vous n'avez pas réussi.
3. Votre voiture vient de tomber en panne, la nuit, sur une route déserte, en plein hiver.
4. Vous venez de reconnaître quelqu'un que vous n'avez pas vu depuis longtemps.
5. Votre maison a été détruite par un tremblement de terre. L'assurance vous donne 10 000 francs de dédommagement.
6. Quelqu'un vient de vous dire qu'un de vos amis était recherché par la police.
7. Vous racontez la visite inattendue de quelqu'un.

Je suis dans de beaux draps !
Ça me fait une belle jambe !
C'est bel et bien lui. Il y a belle lurette qu'on ne s'était pas vus.
Je l'ai échappé belle !
J'ai eu beau travailler. Ça n'a pas marché !
Elle est arrivée un beau jour, au beau milieu de l'après-midi.
J'en apprends de belles !

48. LA PEINTURE (EMPLOIS MÉTAPHORIQUES)

Commentez les descriptions suivantes en utilisant le vocabulaire de la liste p. 47.

Le narrateur participe au début de la révolution de libération en Indochine.

29 juin. Saigon
Ville désolée, déserte, provinciale, aux longues avenues et aux boulevards droits où l'herbe pousse sous de vastes arbres tropicaux... Mon coolie-pousse ruisselle : la course est longue. Enfin, nous arrivons dans un quartier chinois, plein d'enseignes dorées à beaux caractères noirs, de petites banques, d'agences de toutes sortes. Devant moi, au milieu d'une large avenue couverte d'herbe, folâtre un petit chemin de fer. 37, 35, 33... halte ! Nous nous arrêtons devant une maison semblable à toutes celles de ce quartier : un «compartiment». Agence vague. Autour de la porte sont fixées des plaques de compagnies de commerce cantonaises peu connues. À l'intérieur, derrière des guichets poussiéreux et prêts à tomber, somnolent deux employés chinois : l'un cadavérique, vêtu de blanc, l'autre obèse, couleur de terre cuite, nu jusqu'à la ceinture. Au mur, des chromos de Shanghai : jeunes filles à la frange sagement collée sur le front, monstres, paysages. Devant moi, trois bicyclettes emmêlées. Je suis chez le président du Kuomintang de Cochinchine.

André Malraux, *Les Conquérants*, Grasset, 1928.

Issue d'un milieu pauvre, la jeune Gervaise vient d'installer à Paris une blanchisserie.

De loin, au milieu de la file noire des autres devantures, sa boutique lui apparaissait toute claire, d'une gaieté neuve, avec son enseigne bleu tendre, où les mots : *Blanchisseuse de fin*, étaient peints en grandes lettres jaunes. Dans la vitrine, fermée au fond par de petits rideaux de mousseline, tapissée de papier bleu pour faire valoir la blancheur du linge, des chemises d'homme restaient en montre, des bonnets de femme pendaient, les brides nouées à des fils de laiton. Et elle trouvait sa boutique jolie, couleur du ciel. Dedans, on entrait encore dans du bleu ; le papier, qui imitait une perse Pompadour, représentait une treille où couraient des liserons ; l'établi, une immense table tenant les deux tiers de la pièce, garni d'une épaisse couverture, se drapait d'un bout de cretonne à grands ramages bleuâtres, pour cacher les tréteaux.

Émile Zola, *L'Assommoir*, 1877.

■ représenter – figurer – peindre – tracer – dessiner – esquisser – ébaucher – caricaturer
■ un tableau – un portrait – une nature morte – une fresque – une caricature
■ le trait (léger – dur – appuyé) – forcer, durcir le trait – gommer – estomper – effacer
■ la couleur – une palette – une nuance – un ton – une touche de couleur
■ la composition – les plans – la perspective – un gros plan – un détail

49. LE THÉÂTRE (EMPLOIS MÉTAPHORIQUES)

Voici une liste de mots et d'expressions appartenant au vocabulaire du théâtre (p. 48). Employez ces mots d'une manière figurée dans d'autres contextes :

• le récit de la carrière d'un homme politique ;

• la biographie d'un personnage original ;

• le récit d'une aventure amoureuse ;

• etc.

Employez ces mots dans des phrases et donnez le contexte entre parenthèses.

Exemple : «Ce jour-là, je voyais Sylvie pour la dernière fois et *le rideau allait définitivement tomber* sur notre aventure» (rupture amoureuse).
«Nous arrivions à Marrakech. *Changement de décor*» (récit de voyage).

■ le théâtre – être le théâtre de… – un coup de théâtre

■ frapper les trois coups – le lever de rideau – le premier acte – l'entracte – l'intermède – le deuxième acte – le final – baisser le rideau – le rideau – tomber sur…

■ un acteur – un premier rôle – un second rôle – un figurant – une marionnette – jouer un rôle – tenir un emploi – jouer à contre-emploi – une entrée en scène – une sortie – une fausse sortie

■ le décor – un changement de décor – la toile de fond – les projecteurs – être sous les projecteurs

■ être sur le devant de la scène – dans les coulisses – à l'avant-scène – aux premières loges

■ passer la rampe – faire un tabac – jouer à guichets fermés – faire un four (un bide)

---

50. LA MUSIQUE DES MOTS

a. Les sonorités

La valeur musicale d'une phrase est fondée sur des assonances (répétitions d'une même voyelle et de voyelles proches sur le plan sonore) et sur des allitérations (répétitions de consonnes). Ces échos, ces harmonies produisent des effets expressifs.

Recherchez les assonances et les allitérations contenues dans les vers suivants. Caractérisez ces sons en utilisant les adjectifs de la liste. Dégagez la valeur expressive de ces effets sonores.

• Dans *La Légende des siècles*, Victor Hugo présente un vieillard des temps bibliques :

> Sa barbe était d'argent comme un ruisseau d'avril […]
> Il n'avait pas d'enfer dans le feu de sa forge.

… et le paysage dans lequel se déroule la scène :

> Un frais parfum sortait des touffes d'asphodèle
> Les souffles de la nuit flottaient sur Galgala.

• Dans un autre épisode de la *La Légende des siècles*, Victor Hugo met en scène la colère de l'empereur Charlemagne face à ses barons qui hésitent à engager le combat :

> […] Alors, levant la tête,
> Se dressant tout debout sur ses grands étriers
> Tirant sa large épée aux éclairs meurtriers […]
> Pâle, effrayant, pareil à l'aigle des nuées,

Terrassant du regard son camp épouvanté,
L'invincible empereur s'écria : – Lâcheté !...»

• Racine traduit l'immense désarroi tragique de Phèdre :

Tout m'afflige et me nuit et conspire à me nuire.

... ou les hallucinations d'Oreste qui sombre dans la folie :

Pour qui sont ces serpents qui sifflent sur nos têtes.

• José Maria de Heredia évoque une source :

Et la source sans nom qui goutte à goutte tombe.

■ un son sourd, étouffé, doux / sonore, aigu, clair, dur, éclatant, strident
■ un sifflement – un bruissement – un frôlement – un grincement – un roulement – une sonorité liquide – grave – profonde
■ une consonance – une résonance – une sonorité qui évoque le bruit de...

---

b. Le rythme. Caractérisez le rythme des phrases suivantes. Dégagez la valeur expressive de l'effet produit.

• Début d'une fable de La Fontaine :

Un mort s'en allait tristement
S'emparer de son dernier gîte ;
Un curé s'en allait gaiement
Enterrer ce mort au plus vite.

• Début d'un poème de Verlaine :

Je fais souvent ce rêve étrange et pénétrant
D'une femme inconnue, et que j'aime et qui m'aime
Et qui n'est, chaque fois, ni tout à fait la même
Ni tout à fait une autre et m'aime et me comprend.

• Le poète Lamartine s'adresse au lac qui a été le témoin de son amour passé :

Que le vent qui gémit, le roseau qui soupire,
Que les parfums légers de ton air embaumé,
Que tout ce qu'on entend, l'on voit ou l'on respire
    Tout dise : «Ils ont aimé ! »

■ un rythme binaire – ternaire – lent – ample – majestueux / rapide – vif – saccadé
■ une reprise – une répétition – un parallélisme
■ un effet de rupture – d'amplification – de balancement
■ un vers de six pieds, de huit pieds (octosyllabes), de douze pieds (un alexandrin)

10

LES DOMAINES SCIENTIFIQUES ET TECHNIQUES

51. L'INNOVATION

a. Le texte suivant est un essai de théorisation du processus d'innovation. <u>Relevez les différentes étapes de ce processus et les mots clés liés à ces étapes.</u>

Avant tout début de réalisation concrète du produit innovant, un lourd travail est nécessaire, constitué de plusieurs phases de préparation du terrain et de maturation de l'idée. Après sa mise sur le marché, le produit industriel parcourt aussi tout un cycle de vie. Schématiquement, il est possible de distinguer trois vies successives, dans trois «contextes» différents. Le premier objet, immatériel, est l'«idée» en cours de conceptualisation chez le «créateur». Le second est l'organisation : un être vivant collectif se structure, organiquement, pour porter le projet. Le

troisième, enfin, est le «produit» lui-même qui vit son destin dans le monde extérieur des «usagers» :
– conception : le créateur ;
– organisation : l'entreprise ;
– socialisation : le marché.

Juste avant la Seconde Guerre mondiale, M. Lefèvre dirige le bureau d'études des usines automobiles Citroën. Il a acquis, grâce au succès de la Traction avant , une crédibilité suffisante pour se permettre d'imposer les vues les plus audacieuses, et ce bien qu'il ne soit pas «un ancien de la maison». Il veut faire un véhicule destiné aux classes populaires, aux ruraux et aux jeunes, jusqu'alors non motorisés. Il faut qu'il soit le moins cher et le plus solide possible. Il dit : «Faites-moi un parapluie à roulettes». Cette idée germe paradoxale mobilise le bureau d'études. C'est un défi. Pour faire moins cher, le prototype n'aura qu'un seul phare. Le lancement sur le marché a lieu après la guerre. Il fait presque scandale, tant l'esthétique a été sacrifiée à la fonctionnalité. Mais la solidité, le prix, la sobriété et la commodité de la Deux chevaux s'imposent irrésistiblement. Ce sera la voiture française la plus vendue de l'après-guerre.

Mais l'évolution ne s'arrête pas là. À chaque époque, l'ensemble des produits commercialisés constitue un techno-système, qui fonctionne comme un écosystème, avec des prédateurs, des concurrences et des symbioses. Ce techno-système, résultat des messages des créateurs, est aussi un système culturel, où la société se reconnaît et se regarde, comme dans un miroir. Il a ses non-dits, ses valeurs et ses interdits. C'est de lui que s'inspirent à nouveau les créateurs. Mais il a aussi ses réactions et ses détournements. Contrairement aux souhaits initiaux, le magnétophone ne sert pas à garder trace de la voix d'un être mort ou à envoyer une carte de vœux émouvante, mais à enregistrer une conférence ou à dupliquer un disque de rock.

Thierry Gaudin, *2100, Récit du prochain siècle*, Payot, 1990.

b. À quelle étape du processus d'innovation les actions suivantes peuvent-elles être rattachées ?

adapter	ébaucher	inventer	réaliser
avoir l'intuition de	effectuer	lancer	rechercher
combiner	élaborer	matérialiser	refondre
concevoir	essayer	mettre au point	régler
confectionner	expérimenter	mettre en œuvre	rénover
créer	explorer	observer	retoucher
découvrir	fabriquer	promouvoir	tester

c. Reconstituez les étapes de la création des produits suivants (depuis l'idée originale jusqu'à la commercialisation) :

une voiture – un livre – une nouvelle conception du tourisme

d. Faites la liste :

• des cinq objets qui vous paraissent avoir le plus marqué votre société dans les cinq dernières années ;
• des vingt objets qui vous paraissent les plus représentatifs de votre société depuis 1945.

N.B. : il s'agit d'objets précis pour lesquels il est nécessaire d'indiquer la marque. Exemple en France, depuis 1945 : la 2 CV Citroën, le paquet de cigarettes Gauloises, le parfum Chanel n° 5, etc.

Recherchez les valeurs, les non-dits, les interdits, les détournements qui ont été liés à ces objets.

52. LE DÉTERMINISME ET LE HASARD

a. En lisant le texte de la p. 52, relevez le vocabulaire associé aux notions de déterminisme et de chaos. Placez ces mots dans le tableau ci-dessous.

	Verbes	Noms	Adjectifs
Idée de déterminisme			
Idée de chaos			

Complétez le tableau avec les mots suivants :

■ s'aventurer – commander – déterminer – hasarder – impliquer – lier (à) – régler – risquer – fonctionner
■ un accident – la causalité – le chaos – la confusion – le déterminisme – le hasard – l'impondérable – la nécessité – l'ordre – un paramètre
■ astreint – accidentel – contingent – contraignant – indéterminé – imprévu – fortuit – instable

Liberté du vivant

Si les êtres vivants sont longtemps apparus comme des machines biochimiques, régis par des principes strictement déterministes, peu à peu, pourtant, un soupçon émerge : l'aléatoire semble incontestablement contribuer à l'organisation des systèmes vivants. Mieux, leur évolution, dépendant de très nombreux paramètres, s'avère… imprévisible ! Urgence : réviser les définitions. Et les biologistes de s'intéresser, à l'exemple des mathématiciens et des physiciens, à la dynamique des systèmes complexes. Complexes en effet les systèmes vivants, doués d'auto-organisation, et qui ne cessent d'osciller, de fluctuer entre plusieurs états. Conclusion : la vie est un compromis de la matière entre l'ordre et le désordre, «entre le cristal et la fumée», selon l'expression du biologiste Henri Atlan.

De là à s'interroger sur la présence d'un ordre caché derrière des phénomènes apparemment aléatoires, il n'y a qu'un pas. Que certains biologistes franchissent aujourd'hui. Utilisant les mathématiques du chaos, ils simulent tout sur ordinateur. Et de reconnaître le mode d'évolution des populations animales et les fractals* comme caractéristiques universelles de la morphogenèse (genèse des formes). Et même de retrouver des comportements chaotiques dans certains organes comme le cœur ou le système nerveux.

Selon le Pr A. Goldberger, directeur de l'hôpital Beth Israël de Boston (États-Unis), on peut identifier un attracteur étranger dans un rythme cardiaque sain, mais non dans un rythme pathologique. Pour le Pr W. Freeman, de l'université de Berkerley, en Californie, le chaos est une propriété naturelle du cerveau. Les électro-encéphalogrammes d'individus sains, ainsi que les fluctuations de leurs sécrétions hormonales le prouvent. Plus on accepte l'imprévisible, moins on est rigide, mieux on s'adapte. Avoir le chaos dans le cœur ou le cerveau, condition de la santé ?

Ça m'intéresse, 124, juin 1991, p. 72.

* Fractal : figure géométrique irrégulière ou fragmentée. La géométrie traditionnelle n'étudiait que les figures régulières. La géométrie fractale s'applique à toutes les figures naturelles (par exemple, l'ensemble des vaisseaux du système circulatoire).

53. LA NOTION DE FORCE

a. Classez les verbes ci-dessous dans le tableau selon les notions qu'ils recouvrent.

Impulsion	Attraction	Répulsion	Choc	Équilibre	Déséquilibre	Inertie

absorber	déséquilibrer	forcer	pondérer	rejeter
attirer	déstabiliser	frapper	pousser	repousser
aspirer	draîner	graviter	paralyser	résister
se briser (contre)	équilibrer	heurter	presser	stabiliser
chanceler	évacuer	immobiliser	propulser	stimuler
compenser	se figer	percuter	refouler	vaciller

b. Utilisez les mots ci-dessus pour décrire ou raconter :

• les étapes d'un mouvement de population (invasion, émigration, etc.) ;

• l'influence d'une culture étrangère sur votre propre culture (par exemple l'influence de la culture américaine) ;

• les effets provoqués par l'arrivée d'une forte personnalité dans un groupe ;

• l'influence d'une pensée ou d'une idéologie nouvelle (par exemple les phénomènes d'attirance, de rejet face à la psychanalyse, au communisme, à l'écologie, etc.).

54. LES EMPLOIS MÉTAPHORIQUES DES TERMES SCIENTIFIQUES

a. Optique. Reformulez les phrases suivantes en remplaçant les éléments en italique par les mots et expressions de la liste p. 54.

L'aide au tiers monde

Un congrès a réuni diverses personnalités et des responsables d'organisations d'aide au développement pour *faire le bilan* des actions entreprises depuis une trentaine d'années en faveur du tiers monde. Certains pensent qu'il est urgent de *concentrer* les actions sur l'aide humanitaire. D'autres estiment que cette attitude revient à ne *traiter qu'une petite partie du problème* et que *le but* essentiel doit être l'éducation. D'autres enfin sont persuadés que l'assistance éducative relève d'*une conception* dépassée. Le tiers monde ne peut pas être *la copie* du monde occidental. Il ne faut pas le voir *avec nos modes de pensée ethnocentriques*. Il convient d'envisager l'aide au développement *d'une manière radicalement différente* en prenant en compte les spéci-ficités culturelles, historiques et intellectuelles de chaque pays. Il est clair que les tenants de cette conception *avaient l'intention de critiquer* plusieurs organisations particulières.

> ■ un objectif – un prisme déformant – un reflet – une vision
> ■ focaliser – faire le point – voir les choses par le petit bout de la lorgnette – voir les choses sous un angle… – avoir dans le collimateur

b. Physique et chimie. Complétez avec les mots de la liste ci-dessous.

1. Dans le roman surréaliste de Julien Gracq, *Au château d'Argol*, le personnage féminin de Heide, par sa forte personnalité dégage un tel …… que la seule présence de la jeune femme bouleverse le comportement des autres personnages. Heide est une sorte de …… qui …… les passions les plus extrêmes. Son arrivée au château déclenche une série de …… imprévisibles.

2. Grâce à des associations étranges de mots, la poésie surréaliste veut réaliser une véritable …… du langage.

3. Je n'aime pas le nouveau chef de service. Quand il me parle, j'ai l'impression qu'il émet des …… négatives. Il n'y a aucun …… de sympathie entre lui et moi. D'ailleurs, je ne suis pas le seul à éprouver ce sentiment. On sent de fortes …… à son égard chez tous les membres de l'équipe. On dirait qu'il …… toutes les rancœurs et les ressentiments. Certains d'ailleurs, commencent à le …… et traitent directement avec le P.-D.G. sans passer par lui.

> ■ les noms : une alchimie – un catalyseur – un courant - court-circuiter – cristalliser – le magnétisme
> ■ les verbes : une onde – une résistance – une réaction en chaîne – polariser

GRAMMAIRE

11

LES VALEURS ET LES EMPLOIS DES TEMPS

55. LES VALEURS DU PRÉSENT

Donnez le sens et la valeur de l'emploi du présent des verbes
en italique.

1. «Tiens, la pendule *sonne* ! Il est midi.»
2. «Rendez-vous demain à 16 heures. *Je vous attends* au
Café des Arts.»
3. Il est très malade. Il *souffre* depuis quinze jours.
4. «Ce travail m'ennuie mais me rapporte de l'argent. Dans
cinq ans *j'arrête* et *j'ouvre* un restaurant dans le Midi.»
5. «Vous voulez voir M. Dulac ? Vous n'avez pas de chance.
Il *part* à l'instant.»
6. L'homme *est* un loup pour l'homme (proverbe).
7. Pierre *va* deux fois par semaine au Gymnase Club.
8. «Figurez-vous qu'on se promenait tranquillement dans
la forêt. Tout à coup, au détour du sentier, *on se trouve*
face à un sanglier. Il était énorme et il nous fonce dessus…»

- Moment présent
- Action habituelle
- Vérité permanente
- État présent d'une action ou d'un état passés
- Futur immédiat
- Mise en relief d'une action dans un récit au passé ou au futur.

56. LES VALEURS DES TEMPS DU PASSÉ

À quel temps les verbes en italique sont-ils conjugués ? Recherchez le sens
et la valeur de l'emploi de ces temps.

1. «Ah ! Si *j'étais* plus jeune…»
2. «Sans l'aide constante de Michel, *j'abandonnais* ce
travail.»
3. Il *mourut* le 28 avril 1889.
4. Tous les week-ends, ils *partaient* faire du ski.
5. Hier soir, *je suis passée* chez les Legal. André *sortait* pour
aller à une réunion syndicale. Brigitte s'apprêtait à passer
la soirée devant la télévision. Finalement nous sommes

- Action passée achevée
- Résultat présent d'une action passée
- Action passée intervenant pendant qu'une autre action se déroule
- Action passée envisagée dans son déroulement
- Action répétée ou habituelle

allées ensemble au cinéma. Mais le film *était* stupide.

6. Si jamais tu *venais* chez moi, apporte-moi le disque de Julien Clerc que j'aime bien

7. Elle m'a dit que le pot en l'honneur de Patrick *avait lieu* mardi prochain.

8. Bonjour monsieur. Excusez-moi. *Je venais* vous dire que votre voiture stationne devant mon garage et m'empêche de sortir.

■ Commentaire d'une action passée
■ Expression d'une condition
■ Action conditionnelle
■ Futur dans le discours indirect
■ Souhait
■ Politesse

57. LE PASSÉ COMPOSÉ (CHOIX DE L'AUXILIAIRE)

Les verbes «entrer», «sortir», «monter», «descendre», «rentrer» forment leur passé composé avec l'auxiliaire «être». Toutefois, lorsque ces verbes ont un complément d'objet direct, ils forment leur passé composé avec l'auxiliaire «avoir».

Mettez les verbes entre parenthèses au passé composé.

1. Il (entrer) toutes les données dans l'ordinateur.
2. Nous (monter) la vieille armoire au grenier.
3. Nous (rentrer) hier soir à 11 heures. Nous (rentrer) la voiture dans le garage et Michel (sortir) la poubelle.
4. Il faisait chaud. Il (tomber) la veste.
5. Elle (descendre) les marches d'escalier quatre à quatre.

58. LES ACCORDS PARTICULIERS DU PARTICIPE PASSÉ

Accordez les participes passés entre parenthèses.

a. Participe passé suivi d'un infinitif.

Il s'accorde avec le complément d'objet direct placé avant le verbe si ce complément est aussi sujet de l'infinitif. Dans les autres cas, il reste invariable.

1. Où sont les enfants ? Tu les as (vu) sortir ?
2. Françoise Pollet est à l'Opéra. Je l'ai (entendu) chanter hier soir.
3. Ça fait longtemps que je n'ai plus (entendu) parler de Didier et de Sylvie.
4. *Rhinocéros* est une pièce de Ionesco que j'ai (vu) jouer à sa création.
5. Patrice et Gérard sont d'excellents skieurs. Nous les avons (regardé) descendre le slalom géant.
6. Je trouve que Bernard n'a pas été sympa avec Arielle. Il l'a (laissé) faire la cuisine et le ménage sans lever le petit doigt.

b. Participe passé d'un verbe pronominal.

Si le verbe n'existe que sous la forme pronominale (ex. : s'enfuir) le participe passé s'accorde avec le sujet du verbe (ex. : les enfants se sont enfuis).

Si le verbe peut se conjuguer à la forme normale, le participe passé s'accorde avec le complément d'objet direct si celui-ci est placé avant le verbe (ex. : elle s'est préparée – elle s'est préparé une tarte – la tarte qu'elle s'est préparée est délicieuse).

1. Elles sont de mauvaise humeur. Elles se sont (levé) du pied gauche.
2. Ils se sont (battu) comme des chiffonniers.
3. Elle s'est (coupé) le doigt en taillant sa haie.
4. Après ce travail particulièrement salissant, ils se sont (lavé) les mains et se sont (douché).
5. Ils se sont (vu) interdire l'entrée du club à cause de leur tenue négligée.
6. Ils se sont (regardé). Ils se sont (reconnu). Ils se sont (parlé).

59. LE PASSÉ SIMPLE

a. Soulignez les verbes au passé simple. Racontez l'histoire oralement en utilisant le passé composé. Comparez votre récit avec celui de Voltaire. Quel effet produit l'utilisation du passé simple dans le texte de Voltaire ?

b. Justifiez l'emploi des deux imparfaits.

Le jeune Candide est élevé dans un château de Westphalie selon le précepte naïf que le monde est parfait et que toute cause produit le meilleur effet possible. Mais il connaît un premier déboire lors d'une aventure avec Cunégonde, la fille du châtelain.

Elle rencontra Candide en revenant au château, et rougit ; Candide rougit aussi ; elle lui dit bonjour d'une voix entrecoupée, et Candide lui parla sans savoir ce qu'il disait. Le lendemain, après le dîner, comme on sortait de table, Cunégonde et Candide se trouvèrent derrière un paravent ; Cunégonde laissa tomber son mouchoir, Candide le ramassa, elle lui prit innocemment la main ; le jeune homme baisa innocemment la main de la jeune demoiselle avec une vivacité, une sensibilité, une grâce toute particulière ; leur bouches se rencontrèrent, leurs yeux s'enflammèrent, leurs genoux tremblèrent, leurs mains s'égarèrent. Monsieur le baron de Thunder-ten-Tronckh passa auprès du paravent, et, voyant cette cause et cet effet, chassa Candide du château à grands coups de pied dans le derrière ; Cunégonde s'évanouit ; elle fut souffletée par Madame la baronne dès qu'elle fut revenue à elle-même ; et tout fut consterné dans le plus beau et le plus agréable des châteaux possibles.

Voltaire, *Candide*, 1759.

60. LE RÉCIT AU PASSÉ

a. Mettez les textes suivants au passé en utilisant le passé composé et l'imparfait.

Mettez entre parenthèses la forme passé simple des verbes que vous aurez mis au passé composé.

Exemple : Deux Français *voyageaient...* un jour ils sont *entrés (entrèrent).*

> Deux Français voyagent en Espagne ; ils ne savent ni l'un ni l'autre l'espagnol, et cela les embarrasse parfois.
>
> Un jour, à Tolède, ils entrent dans un restaurant, examinent le menu, n'y comprennent rien et décident de manger des bifteks. Ils essayent d'exprimer leur désir, mais le garçon n'arrive pas à les comprendre.
>
> Alors, l'un des voyageurs saisit un morceau de papier et dessine un bœuf, inscrit le chiffre 2 et remet le billet au garçon qui, souriant, s'éloigne aussitôt.
>
> – Je crois que, cette fois, il comprend ! dit le dessinateur à son compagnon. Et ils attendent patiemment une dizaine de minutes. Enfin le garçon revient : il apporte sur une assiette deux billets d'entrée pour une course de taureaux !

b. Utilisez la trame suivante pour raconter l'histoire drôle du milliardaire qui explique comment il est devenu riche.

> L'histoire commence il y a vingt ans... Je suis très pauvre. Je n'ai pas de travail. Je passe mes journées à errer dans les rues. Un jour, je trouve une pièce de 1 franc. J'achète une pomme. Je la fais briller et je la vends 2 francs. Avec ces 2 francs, j'achète deux pommes. Je les fais briller... À la fin de la semaine, j'ai un cageot de pommes... C'est alors que je reçois un télégramme d'Amérique. Un oncle que je ne connais pas vient de mourir et j'hérite de sa fortune... et voilà comment je deviens milliardaire.

61. LES VALEURS DU FUTUR ET DU FUTUR ANTÉRIEUR

Trouvez le sens des temps du futur employés dans les phrases ci-après.

1. Paul n'est pas arrivé. Il *aura été retardé.*
2. Vous *fermerez* la fenêtre, s'il vous plaît !
3. Le train *partira* à 8 h 47.

■ Action future exprimée avec certitude
■ Fait à venir, rapidement accompli
■ Fait antérieur à un autre fait

4. «Que pensez-vous de ce tableau ?
– Je ne l'aime pas beaucoup, mais je vous *avouerai*
que je n'y connais pas grand-chose en peinture.»
5. En 1812, Napoléon I*er* était le maître de l'Europe.
Deux ans plus tard, il ne *régnera* plus que sur l'île d'Elbe.
L'épopée napoléonienne *n'aura duré* que quelques années.
6. Quand vous *arriverez*, je *serai* déjà *parti*.
7. Ce travail est facile. Je l'*aurai* vite *terminé*.

- ■ Éventualité
- ■ Ordre (valeur d'impératif)
- ■ Atténuation d'une affirmation
- ■ Changement de point de vue
dans un récit au passé

62. LE JEU DES TEMPS DANS LE RÉCIT

a. Dans le récit suivant, justifiez les formes des verbes soit par leurs
valeurs temporelles soit par leurs valeurs stylistiques.

*Grand amateur de canular, Roland Dorgelès s'était mis dans la tête d'exposer au musée du Louvre l'œuvre
d'un de ses amis, Buzon, un sculpteur bohème montmartrois.*

Entrant un jour chez le sculpteur Buzon, il trouva ce qu'il cherchait : dans un coin de l'atelier, mise au rebut[1], gisait[2]
une jolie tête sculptée dont le nez, hélas ! avait été emporté par un coup de ciseau malheureux.
Le jour même, Dorgelès se rend au Louvre en mission de reconnaissance. Il choisit pour terrain de ses exploits la
«salle de Magnésie du Méandre[3]» où étaient exposés les débris du temps d'Éphèse. Le soir, il fabrique une étiquette
de carton semblable à celles clouées devant chaque antique. Il écrit : « N° 402. TÊTE DE DIVINITÉ (FOUILLES DE
DÉLOS).»
Le lendemain, il revient accompagné de sa petite amie Mado qui a dissimulé la tête sans nez dans son manchon
de renard. Aussitôt que le gardien a le dos tourné, il dépose «sa» tête sur une étagère et fixe l'étiquette avec deux
punaises.
Pendant plus d'un mois, l'œuvre de Buzon sera exposée à l'admiration des visiteurs sans qu'aucun d'entre eux, pas
plus que les guides, ni le conservateur d'ailleurs, n'évente la supercherie.
Dorgelès reviendra, accompagné de photographes, d'amis montmartrois et de journalistes à qui il avait promis
d'importantes révélations. À peine arrivé, il se met à hurler :
«C'est une infamie ! On se moque du public ! Voici une tête moderne. On nous déshonore aux yeux de l'étranger.
Même l'inscription est fausse !»
Lorsqu'il veut récupérer la «tête de divinité», le gardien-chef s'y oppose et part à la rescousse chercher le conservateur. Le Louvre ne rendra aucune de ses pierres, vraies ou fausses ! Malgré plusieurs lettres au directeur des Musées
nationaux, la sculpture ne sera jamais restituée. L'œuvre de Buzon continuera donc de figurer parmi les antiquités
grecques, et son auteur sera fêté à Montmartre comme le seul sculpteur vivant à être exposé au Louvre.
Quarante ans plus tard, faisant visiter notre musée à un ami, Dorgelès aura la surprise de retrouver «sa» tête. Seule
l'étiquette avait changé. La «divinité sans nez» de Buzon était devenue une véritable antiquité !

[1]*rebut :* déchet – [2]*gisait (gésir) :* être à terre comme mort – [3]*salle de Magnésie du Méandre :* il s'agit d'une salle d'antiquités grecques.

Claude Gagnière – *Au bonheur des mots* – Éd. Robert Laffont

b. À l'aide des notes suivantes, rédigez l'histoire du trésor de Mandrin. Rendez votre récit vivant en ne suivant pas la chronologie (le récit peut par exemple débuter en 1755) et en jouant sur les temps comme dans le texte précédent.

Le trésor de Mandrin

Vers 1745, Louis Mandrin, originaire du Dauphiné, déserte l'armée royale et prend la tête d'une troupe de redoutables contrebandiers. Il déclare la guerre aux fermiers généraux qui prélèvent un lourd impôt sur le peuple. La légende le représente comme une sorte de Robin des Bois qui vole aux riches pour donner aux pauvres mais il s'agit d'un véritable brigand qui n'hésite pas à tuer. Toutefois, il ne s'attaque qu'aux caisses des impôts et aux villes.

Il écume tout le sud de la France et amasse 200 000 livres or qu'il cache, au fur et à mesure de ses déplacements, dans des souterrains, des grottes ou des forêts.

En 1755, Mandrin et sa troupe s'arrêtent à Marsac dans le Puy-de-Dôme. Le maréchal-ferrant à qui il confie les chevaux remarque quatre bêtes sans cavalier mais portant de lourdes charges et paraissant exténuées. Quelques heures plus tard, la troupe arrive à Ambert, à dix kilomètres de là. Les chevaux n'ont plus leur chargement.

Quelques mois plus tard, Mandrin est arrêté en Savoie. Il est condamné et il est exécuté le 11 mai 1755.

Le trésor de Mandrin serait-il caché dans la forêt qui sépare Marsac de la ville d'Ambert ?

Exemple : «Au début de l'année 1755, une petite troupe d'hommes s'arrête à Marsac. C'était…»

63. LES VALEURS DU CONDITIONNEL

Quelles nuances de sens l'emploi du conditionnel exprime-t-il dans le dialogue suivant ?

Un père fait part à un ami des mauvais résultats scolaires de son fils.

LE PÈRE : Hier, il a eu un 2 en histoire. Je savais qu'il aurait une mauvaise note. Il n'avait pas révisé… Parce qu'il n'est pas bête ! S'il travaillait davantage, je suis sûr qu'il aurait des notes convenables… J'aimerais tant qu'il réussisse à son examen !

L'AMI : Peut-être que tu pourrais l'aider. Tu travaillerais avec lui. Tu lui poserais des questions. Mais il faut que Didier se méfie de l'épreuve d'histoire. On dit que cette année elle serait plus difficile que les années précédentes.

- Action soumise à condition
- Futur dans le passé
- Souhait
- Suggestion
- Possibilité
- Affirmation non confirmée

Le jury de l'an dernier a dit qu'il y avait trop de laisser-aller dans cette discipline. Cette année, ils augmenteraient le coefficient.

LE PÈRE : Ils feraient ça ! Mais c'est une catastrophe pour Didier !

64. LES VALEURS ET LES EMPLOIS DU SUBJONCTIF

Le subjonctif ne traduit pas une valeur temporelle (sauf dans l'opposition subjonctif présent / subjonctif passé). Il **présente** une action ou un état comme étant **non réels** et **liés à la subjectivité de celui qui parle.**

a. Le subjonctif après les verbes de sentiment ou d'opinion. Comparez les deux phrases de chaque couple. Indiquez quels sentiments ou opinions exprimés dans la seconde phrase justifient l'emploi du subjonctif.

Exemple : Je suis sûr qu'elle *viendra*.
Je ne pense pas qu'elle *vienne* → idée de doute, d'incertitude. La venue de la personne est une vue de l'esprit.

1. Il n'est pas encore parti ! Je peux vous dire qu'il *partira* !
Je veux qu'il *parte* ! Qu'il aille au diable !
2. Avec le travail qu'elle a fourni elle *réussira* à son examen !
Avec tout le travail qu'elle a fourni pourvu qu'elle *réussisse* !
3. Vous verrez. Nous *unirons* nos efforts et nous gagnerons !
Pour gagner, il est nécessaire que nous *unissions* nos efforts !
4. C'est toi qui *conduira* la voiture.
Je préfère que ce soit toi qui *conduise*.
5. Il ne *fera* pas beau cet après-midi.
J'ai bien peur qu'il (ne) *pleuve*.

b. Le subjonctif après certaines conjonctions. Dites pourquoi les conjonctions en italique impliquent l'emploi du subjonctif.

MIREILLE (médecin) : Il est possible que je sois en retard ce soir. J'ai encore dix patients à voir. Normalement, je dois rentrer vers 9 heures *à condition* qu'il n'y ait pas de gros problèmes.

SÉBASTIEN (mari de Mireille) : Ne t'inquiète pas. J'ai promis à des amis d'aller faire un bridge chez eux mais je resterai à la maison *jusqu'à ce que* tu sois rentrée. Tout simplement passe un coup de fil si tu devais rentrer après 9 heures *pour que* je puisse les avertir *de sorte que* ce soit eux qui viennent jouer ici. Je leur expliquerai que je ne peux pas laisser les enfants.

MIREILLE : Bon. Si tu veux. Mais je t'avertis. Moi, en rentrant, je me couche. *Bien que* je sois toujours ravie de voir tes amis, pas question de jouer avec eux. Je suis de garde demain et même *en admettant qu'*il n'y ait pas d'urgence, il faudra que je me lève à sept heures.

12

LE DÉROULEMENT ET LA DURÉE DE L'ACTION

65. LE DÉROULEMENT DE L'ACTION

a. Voici une liste de mots qui permettent de situer l'action par rapport à son déroulement. Classez ces mots dans le tableau en fonction de leur sens.

(s')achever	se dérouler	immédiat *(adj.)*	persister
(s')arrêter	se développer	imminent (adj.)	se perpétuer
clore	durer	interrompre	prendre fin
commencer	s'engager dans	se lancer dans…	se prolonger
conclure	entamer	se maintenir	proche *(adj.)*
continuer	entreprendre	se mettre à…	rester
se conserver	être en train de…	se mettre en train	rompre
dans un instant *(adv.)*	être sur le point de …	mettre un point final à…	se succéder subsister
débuter	s'étendre	naître	venir de…
démarrer	finir	ouvrir	

Idée d'imminence de l'action	Début de l'action	Action en cours	Fin de l'action
			(s') achever

b. Utilisez les mots ci-dessus pour imaginer les scénarios des événements suivants :

• Une conférence internationale.
• La carrière d'une personne.
• L'histoire d'une relation amoureuse qui se termine mal.
• La tournée d'un artiste.

Exemple : *Négociation entre syndicats et gouvernement.*
Le gouvernement *vient d'entamer* les négociations avec les syndicats des transporteurs en grève. Ces négociations *se déroulent* dans une atmosphère particulièrement tendue et *sont fréquemment interrompues* par…

66. L'EXPRESSION DE LA DURÉE

a. Complétez avec les mots de la liste.

Agnès et son mari Patrick s'étaient donné rendez-vous à
17 heures devant le Café des Arts. Mais Patrick a attendu
en vain. Le soir, les deux époux s'expliquent.

PATRICK : Tu sais que je t'ai attendue …… une heure. Je suis
arrivé …… 17 heures pile. Et il faisait pas chaud sur ce boulevard ! …… d'une demi-heure, je suis allé m'installer au café.
…… cinq minutes que j'étais assis quand Langlois est passé.
…… trois ans que je ne l'avais pas vu. Exactement …… le
jour de son mariage. Mais il était très pressé et n'est pas resté
deux minutes. On s'est quand même promis de se voir ……
une semaine. …… ce moment-là, je n'ai pas cessé de regardé
la rue. J'ai attendu …… 18 heures et puis je suis venu ici.
AGNÈS : Excuse-moi, c'est de ma faute. Figure-toi qu'……
une heure ma réunion était terminée. À 15 h, j'étais libre.
Je me suis dit «qu'est-ce que je vais faire …… à 17 heures ?».
Alors, j'ai décidé d'aller au cinéma voir *Le Dernier Empereur.*
…… le temps que j'avais envie de le voir ! Mais c'est un film
très long […].

à
à partir de…
au bout de…
ça fait
(ça faisait)
dans
depuis
d'ici… à…
en
il y a (il y avait)
il n'y a pas (il n'y avait pas)
jusqu'à…
pendant

b. Imaginez des questions portant sur la durée.

Vous interviewez un artiste en tournée qui fait étape dans votre ville.

Posez-lui des questions sur les sujets suivants. Variez les formulations.

• Début, durée et fin de la tournée.
• Début, durée et fin de l'étape précédente.
• Durée et fin de l'étape dans votre ville.
• Études, carrière, activités de loisirs, etc.

67. LES ADVERBES ET LES PRÉPOSITIONS DE TEMPS

Complétez avec les mots de la liste.

Histoire de gratte-ciel
Avant de construire le premier gratte-ciel il fallait ……
inventer l'ascenseur. Celui-ci est mis au point …… 1857
par un certain Otis. L'invention allait bouleverser la valeur

d'abord
ce n'est qu'en…
dès lors

des étages d'un bâtiment. ......, l'étage noble n'était plus le premier mais le plus élevé.

......, la course aux sommets peut s'engager. Elle commence à Chicago, ... la fin du XIXe siècle, avec des immeubles de seize étages qui sont d'abord en pierre. ...... 1913 que New York pourra s'enorgueillir de posséder le Woolworth, gratte-ciel à ossature métallique qui sera ...... près de vingt ans le bâtiment le plus haut des États-Unis. En 1930, le Chrysler Building dépasse ...... la tour Eiffel qui narguait ...... l'Amérique du haut de ses 320 mètres. ......, nouveau record en 1932 avec l'Empire State Building, qui demeurera ...... longtemps l'immeuble le plus haut du monde et qui reste ...... aujourd'hui le plus célèbre, bien qu'il ait été ...... dépassé, ... par le World Trade Center (30 mètres de plus), ... par la tour Sears de Chicago (65 mètres de plus).

depuis
en
encore
enfin
jusqu'alors
pendant
puis
soudain
vers

68. L'EXPRESSION DE LA POSTÉRIORITÉ

Utilisez les constructions du tableau pour rédiger les instructions que les chef des truands donne à ses deux complices pour préparer l'attaque de la banque.

Exemple : «*Dès que* nous arrivons à 40 mètres de la banque, Paul et moi nous descendons de voiture…»

«Nous arrivons à 40 mètres de la banque – Paul et moi nous descendons de voiture – Dédé, qui est au volant, va se garer un peu plus loin à l'angle de la rue et du boulevard – Paul et moi nous entrons dans la banque – Nous allons immédiatement jusqu'au comptoir – Paul braque le public et moi les employés. Tout le monde doit s'allonger par terre – J'entre chez le caissier et je remplis les sacs – Je me dirige vers la sortie – Paul me couvre – Nous sortons – Dédé, tu mets le moteur en marche et tu ouvres les deux portières du côté du trottoir – Nous montons – Tu démarres»

Constructions pour exprimer la postériorité :

■ Quand… Dès que… Aussitôt que… }
Après que… Une fois que…

… le contrat est signé,
nous allons fêter ça au restaurant.

■ Après… Dès…

la signature du contrat

■ Une fois… Dès… Aussitôt… }
À peine… Pas plus tôt…

le contrat signé nous irons fêter ça au restaurant

■ Après avoir signé le contrat…

---

69. L'EXPRESSION DE L'ANTÉRIORITÉ

Combinez les deux phrases en utilisant le mot de subordination entre parenthèses.

Exemple : Les machinistes s'affairent. Puis le rideau se lève (*avant que*) → *Avant que le rideau (ne) se lève*, les machinistes s'affairent.

1. Le chanteur a beaucoup travaillé. Il a atteint un haut degré de technique vocale. (*avant de*)
2. Le chanteur a le trac. Il entre en scène. (*jusqu'au moment où*)
3. Les musiciens accordent leurs instruments. Le chef d'orchestre arrive. (*en attendant que*)
4. Plusieurs mois de préparation sont nécessaires. Le spectacle est au point. (*avant que*)
5. Le chanteur reste dans sa loge. On vient l'appeler pour entrer en scène. (*jusqu'à ce que*)
6. Le chanteur n'a même pas fini son air. Un tonnerre d'applaudissement retentit. (*avant que*)

70. LA CONCORDANCE DES TEMPS

Complétez en mettant le verbe au temps qui convient.
Choisissez pour chaque phrase les adverbes de temps qui conviennent.

	Quand le président	termine	son discours, les applaudissements	retentissent
		a terminé		....
Hier		eut terminé		....
Demain		terminait		....
Ce jour-là		termina		....
D'habitude		avait terminé		....
Il y a quelques années		terminera		....
		aura terminé		....

71. L'EXPRESSION DE LA SIMULTANÉITÉ

Voici des séries d'actions qui se déroulent en même temps. Combinez les deux phrases en employant chaque fois tous les adverbes de la liste qu'il est possible d'utiliser.

Exemple : Le téléphone a sonné. Il a sursauté.
→ *Quand (lorsque, au moment où, comme) le téléphone a sonné, il a sursauté.*

a. Deux actions simultanées ponctuelles.

– Elle s'est trouvée nez à nez avec lui. Elle a crié.
– On entendit un coup de tonnerre. La pluie commença à tomber.

b. Deux actions simultanées qui durent.

– Il pleuvait. Jacques travaillait.
– Mireille voyage en Italie. Arnaud se repose en Crète.

c. Deux actions simultanées, l'une ponctuelle, l'autre qui dure.

– Elle a reçu la visite de Philippe. Elle était à l'hôpital.
– Les voleurs s'introduiront dans la maison. Les occupants seront en vacances.

d. Deux actions simultanées progressives.

– Ils se connaissent mieux. Ils s'apprécient.
– Elle a fait des séjours en Espagne. Son espagnol s'est amélioré.

alors que…
au fur et à mesure que…
au moment où…
aussi longtemps que…
comme…
lorsque
pendant que…
plus… plus…
quand…
tant que…

72. LA PROPOSITION PARTICIPE PRÉSENT

Les formes du verbes au participe présent sont les suivantes :

■ L'entreprise *construisant* cet immeuble a fait faillite → idée de simultanéité des deux actions de la phrase.
■ L'entreprise *ayant construit* cet immeuble a fait faillite → idée d'antériorité de l'action au parti-cipe présent.
■ Les musiciens *étant arrivés*, le concert peut commencer → verbe à la forme passive et idée de simultanéité.
■ Un des musiciens *ayant été blessé* dans un accident, le concert a dû être annulé → verbe à la forme passive et idée d'antériorité.

Faites une seule phrase avec les éléments qui sont entre crochets et
mettez les verbes en italique au participe présent.

[Marcel *arriva* sur la place des Mimosas et il vit la maison des Dupuis.] [Ce bâtiment *avait été construit* dans les années 1920. Il *n'avait jamais été rénové* et tranchait par son allure vieillotte sur les belles villas qui l'entouraient.] [Il *s'approcha* et entendit vaguement le son d'un piano qui *venait* de l'arrière de la maison.] [La grille s'ouvrit avec un léger grincement qui ne *troubla* pas la musique.] [Il atteignit la porte, y colla son oreille et ne *perçut* dans la maison que la mélodie répétitive de «la Marche Turque» de Mozart.] [Il *utilisa* son sésame pour entrer et *referma* la porte derrière lui.] [Il entendait maintenant distinctement la musique qui *venait* du premier étage]…
«En arrivant sur la place des Mimosas, Marcel vit la maison des Dupuis…»

13

LA DÉTERMINATION ET LA CARACTÉRISATION

73. LES ARTICLES

Complétez, lorsque c'est nécessaire, avec l'article approprié.

• Déception

Il marchait maintenant dans ...... quartier presque désert, ... poings serrés dans ...... poches de son manteau. ...... profonde amertume l'envahissait. ...... travail, ... amis, ... famille, tout lui était indifférent. Il songeait à tous les espoirs qu'il avait mis dans ces retrouvailles. Mais il s'était trouvé devant ...... Sylvie distante, hautaine, froide, si différente de ...... Sylvie qu'il avait connue deux mois auparavant !

• Au restaurant

«Qu'est-ce que tu prends ?
— J'ai envie ...... poisson. Je crois que je vais prendre ...... truite meunière.
— Pour moi ce sera ...... escalope à point. Et pour boire ? On m'a dit qu'ici ...... côte du rhône était excellent.
— Alors, allons-y pour ...... côtes-du-rhône !»

• Éloges

«Ah ! Saint-John Perse ! ...... admirable poète ! Pour moi, voyez-vous, c'est ...... poète du XXe siècle, ... poète qui figurera en meilleure place dans les futures anthologies.»

74. LE COMPLÉMENT DE NOM

Répondez en utilisant la construction «nom + préposition + nom».

Exemples : *un pot à eau – une table en bois*

Comment appelle-t-on :
1. un sac qui est fait avec du cuir ?
2. un timbre qui coûte 3,50 F ?

3. un verre plein de vin ?

4. un verre qu'on utilise pour boire du champagne ?

5. un appartement qui mesure 150 m^2 ?

6. un chèque d'une valeur de 1 000 F ?

7. une chambre où il y a deux lits ?

8. une glace parfumée à la vanille ?

9. des lunettes qui protègent du soleil ?

10. un train qui circule la nuit ?

75. LE COMPLÉMENT DE L'ADJECTIF

Continuez, comme dans l'exemple, avec une construction «adjectif ou participe passé + préposition + nom».

Exemple : Il respecte ses parents. Il est respectueux *de ses parents*.

1. Ses résultats en anglais sont excellents. Il est fort ......

2. Elle a souvent des angines. Elle est sujette ......

3. Il est sûr qu'il réussira. Il est sûr ......

4. Elle peut faire ce travail. Elle est apte ......

5. Il a tenu compte de mes arguments. Il est sensible ......

6. Sa femme l'aime. Il est heureux ......

7. Le jugement des autres ne le laisse pas indifférent. Il est attentif ......

8. Cette terre n'est pas très calcaire. Elle est pauvre ......

9. Son sort ne l'inquiète pas. Il est tranquille ......

76. LA PLACE DE L'ADJECTIF

Certains adjectifs peuvent changer de sens selon qu'ils sont placés avant ou après le nom.

Placez et accordez les adjectifs suivants et donnez leur sens.

1. Il a fabriqué ce meuble de ses mains (propre).

Dans cette affaire douteuse, il a gardé les mains (propre).

2. Elle a les yeux (noir).

Elle forme des desseins (noir) à l'égard de son ex-amant.

3. La Bible est un texte (sacré).

Didier est un menteur (sacré).

4. Le concierge est un homme (brave).

Lors de la dernière guerre il a pu montrer qu'il était aussi un homme (brave).

5. Non, il n'est pas caporal. C'est un soldat (simple).

Nous avons fait un repas (simple) et sans façons.

6. Ce notaire véreux et de surcroît méchant est un personnage (triste).

Depuis le décès de son mari, Juliette est une femme (triste).

7. Nous avons été expropriés et nous avons été obligés de vendre notre maison (cher) que nous aimions beaucoup.

C'est un appartement (cher). Il coûte 20 000 F le m^2.

8. C'est un homme (beau). Toutes les femmes le regardent.

Il est arrivé un matin (beau) sans crier gare.

9. Elle est partie le mois (dernier).

Elle reviendra dans les jours (dernier) d'octobre.

77. LES PROPOSITIONS RELATIVES INTRODUITES PAR «QUI» ET «QUE»

Reformulez les phrases suivantes en plaçant le mot en italique au début
et en le caractérisant par une proposition relative introduite par «qui» ou
«que».

Exemple : Si *un client* n'a pas été bien accueilli, il ne revient pas. → *Un client* qui n'a pas été bien accueilli ne revient pas.

1. Le *directeur* refusa de nous recevoir parce qu'il était très pressé.
2. Si *quelqu'un* contrevenait à cette réglementation, il serait passible d'une amende.
3. Ils pratiquent tous un *sport* : le tennis.
4. Bien que *Philippe* soit malade, il peut quand même travailler.
5. J'ai écouté une *conférence* passionnante.
6. Quand il commet une faute grave, *un enfant* doit être sévèrement réprimandé.

78. LES RELATIFS «AUQUEL», «LEQUEL», «DUQUEL»

Complétez ces définitions extraites d'un dictionnaire d'économie avec les
pronoms «auquel», «lequel», «duquel» ou leurs composés (à laquelle, par
lequel, dans laquelle, etc).

Bilan consolidé : bilan d'une société mère ...... on a incorporé les résultats de ses filiales.

Dévaluation : décision législative ou réglementaire ...... un gouvernement abaisse le taux de change de la monnaie nationale.

Plein emploi : situation d'une économie ...... les facteurs de production sont utilisés au maximum.

Emprunt : contrat …… l'État, une entreprise ou un particulier obtient des fonds à titre temporaire sur le marché des capitaux.

Participation financière : détention d'une part du capital d'une entreprise comprise entre 10 % et 50 %, chiffre à partir …………… la société devient une filiale.

79. L'ENCHAÎNEMENT ET LA CARACTÉRISATION PAR LES RELATIVES

a. Dans le texte suivant, relevez les propositions relatives. Distinguez :

• celles qui qualifient l'antécédent à la manière d'un adjectif (relatives déterminatives). On ne peut pas les supprimer sans changer le sens de l'antécédent ;
• celles qui apportent un complément d'information (relatives explicatives). On peut les supprimer sans changer l'équilibre de la proposition principale ;
• les formes présentatives (c'est… qui/que…).

Découverte du Cap Horn

Un huguenot[1] réfugié[2] en Hollande, Jacques Lemaire, arme deux navires dont il confie le commandement à Cornélius Schouten, qui, en janvier 1616 et en sa compagnie, découvre, par 57 degrés de latitude Sud, un îlot qu'il baptise du nom du port dont il est parti aux Pays-Bas : Horn. C'était le Pacifique qui battait contre sa coque. Incident diplomatique gravissime – des hérétiques viennent de violer les «accords» internationaux –, mais les marins savent qu'ils peuvent désormais risquer leur vie en partant à l'assaut d'un lieu où toutes les fantasmagories sont possibles, toutes les frayeurs admises ; un endroit où l'on est presque toujours sûr de pouvoir mesurer l'héroïsme dont on se croit habité et où l'instinct de survie fait donner ses ressources les plus ingénieuses. Le Horn, qui ne sera commercialement défié que beaucoup plus tard, entre dès cet instant dans le Livre des records et chacun de ses vainqueurs est salué comme tel. Les cap-horniers, que l'on pourrait presque comparer aux as de l'aviation, n'était l'anonyme routine dont s'est entouré leur brillant calvaire, devaient finir par mettre la «ligne» en conformité avec les intérêts marchands de l'époque.

J-P. Quélin – Le Monde, 13.6.1992.

[1] *Huguenot* : protestant. Beaucoup de protestants français durent se réfugier à l'étranger aux XVIe et XVIIe siècles.
[2] *Armer un bateau* : l'équiper en prévision de la traversée.

b. Complétez les phrases de la colonne de gauche avec les informations données dans la colonne de droite. Insérez ces informations sous forme de propositions relatives.

Grève des gardiens de prison.

1. La crise des prisons s'est encore envenimée.	Cette crise dure depuis un mois.
	Le gouvernement semble embourbé dans cette crise.
2. Il y a trois jours, la grève des surveillants a été interdite par le ministère de la Justice.	Cette grève avait provoqué des révoltes de détenus.
	Ces propositions ont été faites par le gouvernement.
3. Mais les propositions… n'ont pas satisfait les surveillants.	Ces propositions portent sur des augmentations de salaire et quelques créations de postes.
4. Les surveillants ont décidé de répliquer vivement à cette mesure en multipliant les demandes de congés de maladie.	Les revendications des surveillants ne sont pas d'ordre salarial.
	Les surveillants réclament de meilleures conditions de sécurité à la suite des deux meurtres.
	Deux de leurs collègues ont été victimes de ces meurtres pendant l'été.

Exemple : «La crise des prisons *qui dure depuis un mois*»

80. LE SUBJONCTIF DANS LES PROPOSITIONS RELATIVES

Mettez les verbes à la forme qui convient et justifiez les emplois.

a. Le verbe de la relative se met au subjonctif lorsque le fait (ou l'état) qu'il énonce n'est pas considéré comme réel mais comme possible, incertain, hypothétique – lorsque c'est une vision de l'esprit.

1. Je préfère aller voir un film qui (être) gai.
Je préfère aller voir le film dont Myriam nous (parler) hier.
2. Je cherche la personne qui (faire) ces magnifiques tableaux.
Je cherche une personne qui (faire) la décoration des appartements.
3. Il faut faire des devoirs qui (être) lisibles.
Il faut faire les devoirs qui (être demandé) par le professeur.
4. Elle a rencontré quelqu'un qui (avoir) la compétence de Jacques.
Elle n'a rencontré personne qui (avoir) l'humour de Jacques.
5. Il a acheté des livres qui (pouvoir) lui être utiles.
Il n'a acheté aucun livre qui (pouvoir) plaire à sa femme.

b. Le verbe de la relative se met aussi au subjonctif lorsque la phrase comporte une idée d'appréciation. Cela peut être le cas après les superlatifs et les mots qui impliquent une idée de degré (premier, seul, peu, etc.).

1. Neil Armstrong est le premier homme qui (marcher) sur la lune.

Neil Armstrong est l'homme, qui, le 21 juillet 1969, (marcher) sur la lune.

Neil Armstrong est l'homme, qui, le premier, (marcher) sur la lune.

2. Alice est la seule personne qu'il (aimer) jamais de sa vie.

Je peux certifier qu'Alice est la seule personne qu'il (aimer) dans sa vie.

81. LA PROPOSITION PARTICIPE PASSÉ

Construisez une seule phrase en transformant les phrases en italiques en propositions participes.

Exemple : [*Jacques était épuisé par l'effort qu'il venait d'accomplir. Il décida de faire une pause.*]
→ Épuisé par l'effort qu'il venait d'accomplir, Jacques décida de faire une pause.

1. *C'est pour l'Exposition universelle de 1889 qu'on a construit la tour Eiffel. Au début l'édifice n'a été conservé que pour servir de support aux antennes de transmission radio.* C'est aujourd'hui, l'un des monuments les plus visités de France.

2. Le président du conseil général songe à démissionner. *Lors de la dernière réunion du conseil, l'assemblée l'a mis en minorité et il a par ailleurs été impliqué dans des affaires de corruption.*]

3. L'entreprise SICA peut être sauvée. *Pour cela, il faut qu'elle s'associe au groupe PRIMEX et qu'elle se débarrasse de son secteur électro-ménager largement déficitaire.*

4. Emma Bovary, l'héroïne de Flaubert, ne parvient pas à réaliser l'idéal qu'elle porte en elle. *Elle est trop perdue dans ses rêves romanesques. Ceux qui l'entourent sont incapables de la comprendre et elle est prise au piège de la société rigide dans laquelle elle évolue.*

5. Le nouveau spectacle du Châtelet est excellent. *C'est Alain Blanc qui le met en scène (il vient de l'Opéra) et Catherine Lamarque, une actrice que les cinéphiles connaissent bien, qui interprète magistralement le rôle principal.*

14

LES SUBSTITUTIONS ET LES TRANSFORMATIONS

82. LES CONSTRUCTIONS AVEC LES PRONOMS

Marianne répond négativement aux questions d'Annie. Trouvez ses
réponses en utilisant les pronoms qui conviennent.

ANNIE : Est-ce que tu as revu Sabine et Frédéric ensemble ?
MARIANNE : Non, je ne les ai jamais revus ensemble.
ANNIE : Est-ce que Sabine t'a encore parlé de Frédéric ?
MARIANNE : Non, …
ANNIE : Est-ce qu'il lui envoie toujours autant de lettres ?
MARIANNE : Non, …
ANNIE : Est-ce que Sabine avait parlé de Frédéric à ses parents ?
MARIANNE : Non, …
ANNIE : Est-ce qu'elle a rendu à Frédéric la bague qu'il lui avait offerte ?
MARIANNE : Non, …
ANNIE : Tu penses qu'il y a encore un petit espoir qu'ils se réconcilient ?
MARIANNE : Non, …

83. LES SUBSTITUTS DU NOM

Pour éviter des répétitions il est parfois nécessaire de remplacer un nom par des équivalents
(pronoms, noms équivalents, périphrases). Par exemple : « Paul et André s'étaient isolés dans
un coin du salon. *Les deux hommes* se demandaient comment *ils* allaient annoncer la nouvelle
à Bernard. Ils ne se doutaient pas que *ce dernier* (*celui-ci*) avait quitté la résidence depuis quelques
minutes… »

a. Trouvez tous les substituts qui pourraient être utilisés pour parler des
sujets suivants :

1. Louis XIV	2. Napoléon Ier	3. Charles de Gaulle
4. La Peugeot 205	5. Le Château de Versailles	6. *Les Misérables* (Victor Hugo)

Exemple : *Louis XIV*, il, celui-ci, ce dernier, le roi de France, le souverain, le monarque, le Roi-
Soleil, le maître de la France, le plus célèbre représentant de la dynastie des Bourbons, etc.

b. Voici des périphrases utilisées par la presse et devenues des clichés.
Quel mot remplacent-elles ?

1. **Noms de pays** : l'hexagone – le pays des fjords – la péninsule – outre-Rhin – la botte – l'île de Beauté – outre-Atlantique.
2. **Personnes** : les forces de l'ordre – les soldats du feu – les hommes en blanc – les personnes du troisième âge – le grand argentier de Bercy – le patron des patrons.
3. **Divers** : l'or noir - le billet vert – le métal jaune – la vénérable institution du Quai Conti – la maison de Molière.

c. À l'aide des notes suivantes, présentez le personnage de Gargantua, héros du roman de Rabelais, *Gargantua* (1532). Variez la façon de nommer ce personnage (le personnage de Rabelais, le héros, le géant, etc.).

• **Caractéristiques physiques** : proportions gigantesques, colossales – grand mangeur et grand buveur – force démesurée.
• **Caractéristiques morales et intellectuelles** : au début il reçoit une éducation à la manière traditionnelle qui en fait un garçon niais et gauche. Puis, avec un nouveau précepteur, il devient un chevalier accompli, intelligent, raffiné, plein de bon sens, protecteur des lettres et des arts, symbole de sagesse et d'humanisme.
• **Fonctions romanesques** :
– **fonction comique** : nombreux épisodes fantaisistes et extravagants (il dérobe les cloches de Notre-Dame pour les suspendre au cou de sa jument – il manque d'avaler des pèlerins en mangeant sa salade – il noie des milliers de Parisiens sous un flot d'urine – etc.) ;
– **fonction philosophique** : réflexion sur l'éducation – critique de la guerre – incarnation des grands rêves de l'homme de la Renaissance (foi dans la connaissance, potentialités de l'homme, recherche du plaisir et de la beauté).

84. LA TRANSFORMATION DU VERBE EN NOM

a. Réécrivez le texte suivant en transformant les verbes en noms.

Pour *réduire* le chômage il faudrait *poursuivre* trois objectifs. D'abord, *diminuer* le nombre des actifs. Pour cela, il faudrait *allonger* la durée de la scolarité obligatoire, *prolonger* la durée du service militaire, *contrôler* l'immigration et *avancer* l'âge de la retraite. Ensuite, *partager* les emplois. Il conviendrait de *développer* le travail à temps partiel, d'*octroyer* une semaine de congé supplémentaire et d'*interdire* les heures supplémentaires.

Enfin, *créer* des emplois. Cela voudrait dire *augmenter* la croissance économique, *diminuer* les charges sociales pesant sur les entreprises, *reconquérir* le marché intérieur, *multiplier* les stages de formation et *encourager* la mobilité de la main-d'œuvre.

« La réduction du chômage nécessite la poursuite de trois objectifs… »

b. Observez la rubrique Théâtre (coulisses) du magazine *Le Point*.
Rédigez la rubrique Cinéma dans le même style.

> **COULISSES** ■ Création parisienne, le 22 novembre, à la salle Gémier du Théâtre de Chaillot, d'« Y a pas que les chiens qui s'aiment », spectacle de **Marie Trintignant et François Cluzet**. ■ Parution, chez Polygram Music Video, du « Dernier Rebelle », avec **Johnny Hallyday**, et du « musical » de **Leonard Bernstein**, « Candide ». ■ Encore une comédie musicale : « No Woman's Land », d'**Élisabeth Wiener**, au Théâtre de Paris.
>
> *Le Point*, 16.11.1991, n° 1000

Cinéma
– Patrice Leconte réalisera en mai 1992 « Tango » produit par René Cleitman.
– Andrew Birkin a commencé le tournage des « Vaisseaux du cœur » de Benoîte Groult. Le rôle principal sera tenu par Greta Scacchi.
– Lorraine Bracco et James Belushi tournent en Floride un thriller érotique.
– Il n'y a eu que vingt-quatre films français distribués en Italie l'an dernier. Il y a dix ans, il y en avait dix fois plus.

85. LES CONSTRUCTIONS AVEC L'INFINITIF

a. La proposition infinitive. Supprimez le pronom en transformant la phrase comme dans l'exemple.

Exemple : L'étudiant espère qu'*il obtiendra* une bourse.
L'étudiant espère *obtenir* une bourse.

1. Les fonctionnaires estiment qu'ils perçoivent des traitements insuffisants.

2. Jacques espère qu'il pourra aller écouter *Carmen* à l'Opéra.

3. L'élève croit qu'il sait sa leçon.

4. Mireille pense qu'elle ne pourra pas venir.

5. Il sait qu'il ne sera pas capable de faire le travail.

b. Construction «à + infinitif». Transformez comme dans l'exemple.

Exemple : Il faut voir cette exposition → Cette exposition est *à voir.*

1. On craint qu'un accident ne se produise → Un accident ......

2. Une maison est mise en vente → Une maison ......

3. Il faut corriger cette lettre → Cette lettre ......

4. Elle porte une robe ravissante → Sa robe lui va ......

5. Ce film est si triste que j'ai failli pleurer → Ce film est triste ......

c. «À + infinitif» en début de phrase. Reliez les éléments des deux colonnes.

1. À l'entendre ...

2. À tout prendre ...

3. À en juger par ...

4. À supposer que ...

5. À le voir ...

6. À y regarder de plus près...

a. ... je préfère rester célibataire qu'être mal marié.

b. ... c'est une affaire plus délicate que je ne pensais .

c. ... tu aies raison, tu dois être plus modeste.

d. ... c'est grâce à lui qu'on aurait résolu le problème.

e. ... son regard, il est très fâché.

f. ... on ne croirait pas qu'il est si malade.

d. L'infinitif, sujet de la phrase. Réécrivez les phrases suivantes de façon à mettre en valeur les éléments soulignés.

Exemple : Il a un seul défaut : *il arrive en retard à ses rendez-vous.*
Arriver en retard à ses rendez-vous est son seul défaut.

1. Pour être en forme le matin, *il prend une douche glacée.*

2. Avec son nouvel emploi, elle pensait qu'*elle aurait davantage de loisirs.*

3. Si vous voulez réussir à l'agrégation, *travaillez régulièrement* !

4. La poésie de Verlaine a deux fonctions essentielles. *Elle traduit les mouvements de la sensibilité et donne un rôle important à la musique des mots.*

5. Elle espère beaucoup qu'*elle sera nommée à Nice.*

86. L'AMÉLIORATION DU STYLE

Le texte suivant est rédigé dans un style lourd dû à l'accumulation de propositions subordonnées. Allégez le style en remplaçant les éléments soulignés par des formes nominales ou infinitives.

Un député écrit à ses électeurs pour les inciter à voter pour le candidat de son parti aux élections présidentielles.

« M. R... vient d'annoncer *qu'il se présenterait* à l'élection présidentielle de mars prochain et il compte *que nous l'appuierons pour qu'il obtienne* le plus de voix possible. *Bien que je ne connaisse pas* les intentions de vote de tous les électeurs, je suis convaincu *qu'il sera victorieux. Certes, ses adversaires déploient une activité considérable* mais ils ne représentent *rien qui puisse être réellement dangereux. L'homme pour lequel ils proposent de voter* a perdu la confiance des électeurs *parce qu'il s'est compromis plusieurs fois* dans des affaires douteuses. Au contraire, M. R... s'impose *du fait qu'il est parfaitement intègre* et je vois *que tous les jours sa popularité progresse.* »

« M. R... vient d'annoncer sa candidature... »

15

LES RELATIONS LOGIQUES

87. L'IDÉE DE CAUSE

<u>Complétez avec les mots de la liste.</u>

1. Pour trouver une piste, l'inspecteur de police doit découvrir...... du crime.

2. Alain est paresseux. Il trouve toujours ...... pour ne pas aller travailler.

3. La tradition qui veut que le gui porte bonheur prend sa ...... dans les rites celtiques.

4. Je ne comprends pas son irritabilité. Il se met en colère sans rime ni ......

5. La pauvreté est ...... de révolte.

6. Je voudrais bien comprendre le ...... et le comment de cette affaire.

7. Quelqu'un veut me voir ? Quel est ...... de sa visite ?

8. En 1868, pour critiquer la politique de Napoléon III, le journaliste Henri Rochefort eut ce mot d'esprit : « La France a trente-six millions de sujets sans compter les ...... de mécontentement ».

un ferment
un mobile
un motif
le pourquoi
un prétexte
la raison
la source
un sujet

88. LES LOCUTIONS CONSTRUITES AVEC LE MOT «CAUSE»

<u>Choisissez la suite logique des phrases suivantes :</u>

1. Il n'a pas répondu à ta lettre. *Et pour cause ...*
a. il ne l'a jamais reçue.
b. il va bientôt t'écrire.

2. Je veux agir *en connaissance de cause ...*
a. ne m'en parle plus.
b. dis-moi tout ce que tu sais.

3. Nous sommes arrivés trop tard et tous les restaurants étaient fermés. *En désespoir de cause ...*
a. nous n'avons pas dîné.
b. nous avons dîné d'un sandwich.

4. *Il prend fait et cause pour* son ami et …

a. il l'accuse avec véhémence.

b. il le défend avec véhémence.

5. Les témoignages de ses collègues l'ont mis *hors de cause.* Finalement, il a été …

a. relâché.

b. inculpé.

89. L'EXPRESSION DE LA CAUSE

Marquez les relations de cause en utilisant les mots et expressions de la liste.

L'Europe de 1914, divisée et inquiète

Depuis 1905, l'Europe vivait dans l'appréhension d'un conflit … de nombreux problèmes de revendications territoriales. L'Allemagne et la France étaient opposées … de l'Alsace-Lorraine que la France avait dû céder en 1871. La tension entre les deux pays était … forte … la France n'avait jamais renoncé à prendre sa revanche après la défaite de 1870.

Par ailleurs, les tensions dans les Balkans s'étaient accrues … du progrès des nationalismes croate et serbe. Leurs revendications indépendantistes pouvaient … d'une intervention de l'Autriche-Hongrie et, … de voler au secours des Serbes, la Russie pouvait en profiter pour étendre son hégémonie dans les Balkans.

Enfin, le prodigieux essor économique et démographique de l'Allemagne … d'inquiétude pour l'Angleterre et pour la France. … de développer son potentiel militaire, Guillaume II était apparu comme un rival redoutable.

Ainsi, … pouvoir régler ces antagonismes, les puissances s'organisaient, le système des alliances s'affirmait … le conflit général presque inévitable.

à force de …	sous l'effet de …	faute de …
au sujet de …	en raison de …	sous prétexte de …
être la cause de …	être (une) source de …	
d'autant plus … que …	rendre (+ adjectif).	

90. L'IDÉE DE CONSÉQUENCE

Quel(s) mot(s) utiliseriez-vous pour parler des conséquences des faits suivants ?

1. une maladie
2. un médicament
3. la crise pétrolière
4. de longues négociations

le contre coup
le retentissement
le corollaire
l'effet

5. un changement de directeur dans l'entreprise

6. l'annonce de la démission
du président de la République

7. une publicité

8. une guerre

9. une affaire – une proposition

10. un théorème mathématique

le fruit
l'impact
l'incidence
les conséquences
les séquelles
les tenants et les aboutissants

91. LES VERBES EXPRIMANT LA CONSÉQUENCE

Complétez avec un verbe de la liste.

Deux responsables politiques discutent de l'opportunité de nommer un de leurs amis dans la fonction de président du parti.

« Tu ne crois pas que la nomination de Calmet pourrait …… des réactions positives chez nos militants ?

D'abord, Calmet a des idées. Ses propositions originales pourront …… l'enthousiasme des foules. Et puis, il a la manière. Ses réparties pleines d'humour …… les rires de l'auditoire. Tout cela …… des adhésions au parti, j'en suis sûr.

– Oui, mais il faut se méfier de sa manière abrupte de présenter les choses. Sa franchise peut aussi …… des oppositions, lui …… des ennuis et nous …… des difficultés.

– Au contraire ! Les gens ont envie d'entendre un discours nouveau. Les vieux arguments, la langue de bois, ça ne …… plus aucun effet sur eux. Le charisme de Calmet en revanche …… un regain d'intérêt pour la vie politique. »

amener
attirer
déclencher
déterminer
entraîner
produire
provoquer
soulever
susciter

92. LES ADVERBES ET LES LOCUTIONS DE CONSÉQUENCE

Complétez avec l'expression appropriée.

Le lundi matin, au bureau, un employé raconte sa mésaventure du dimanche.

« Figurez-vous que j'ai voulu aller au bureau hier. Je voulais travailler au rapport Duclos …… tout soit fini pour aujourd'hui et …… le patron n'ait rien à me reprocher. J'étais devant l'immeuble à 7 heures le matin. Malheureusement, la clé qu'on m'avait prêtée n'était pas la bonne …… je n'ai pas pu entrer.

au point que
à tel point que
de peur que
si bien que
tant et si bien que
de façon que
de manière que
de sorte que

Mais j'ai vu de la lumière à une fenêtre, ... que j'ai pensé qu'il y avait quelqu'un qui pourrait m'ouvrir. Alors, j'ai frappé à la porte, j'ai jeté des cailloux sur la vitre, j'ai crié, ... plusieurs fenêtres du quartier se sont ouvertes. Les voisins se sont mis à me regarder d'un drôle d'air ...... j'ai cru qu'ils allaient appeler la police. Mais non ; ils ont commencé eux aussi à crier et à m'invectiver, ... j'ai dû battre en retraite et abandonner l'idée de travailler un dimanche. ...... je n'aurai pas la joie d'être félicité pour mon zèle par le patron et je me garderai bien de lui raconter cette anecdote ...... il ne sous-estime encore davantage mes capacités. »

en conséquence

93. L'ÉTUDE DE QUELQUES MOTS POUVANT MARQUER L'OPPOSITION

a. La conjonction «et»

Elle peut marquer : (a) l'addition ou la succession, (b) la conséquence, (c) l'opposition (avec parfois une nuance d'ironie.

Retrouvez ces trois nuances dans les phrases suivantes. Remplacez «et»

par un mot qui en précise parfois le sens (mais – puis – etc.)

1. Il veut s'installer en Norvège, *et* il ne supporte pas le froid !
2. Il parlait en faisant de grand gestes *et* il a renversé son verre.
3. Hier soir, j'étais épuisée. Je suis rentrée *et* je me suis tout de suite couchée.
4. Comment ! Cet homme est d'une intégrité exemplaire *et* vous l'accusez de malversation !

b. La conjonction «or»

Elle permet d'introduire une deuxième affirmation dans un raisonnement. Cette affirmation peut être en contradiction ou en concordance avec ce qui précède.

À partir des éléments du tableau, construisez des raisonnements comme dans l'exemple.

1ʳᵉ affirmation	2ᵉ affirmation	Conclusion
Paul Régent brigue le poste de directeur de l'entreprise.	Il est totalement incompétent.	…
J'ai toujours eu envie d'une Alfa-Romeo.	Je viens de toucher un rappel de salaire important.	…
Vous vouliez à tout prix un rendez-vous avec le directeur.	Son après-midi de demain vient de se libérer.	…
Arthur est un enfant très turbulent.	Ses parents n'ont aucune autorité.	…

Exemple : Régent brigue le poste de directeur. *Or* il est totalement incompétent. *Alors, de deux choses l'une : ou bien* on le laisse prendre le pouvoir et je prévois une catastrophe, *ou alors* on se débrouille pour qu'il en soit écarté. Il faut *donc* lui trouver un concurrent solide.

c. Quoique – Quoi que – Quel que (quelle que, etc.) – Quelque (+ nom ou adjectif) que …

Combinez les groupes de phrases suivants en utilisant les locutions ci-dessus.

Exemple : Nous ferons cette promenade. Peu importe le temps qu'il fera.
        Quel que soit le temps, nous ferons cette promenade.

1. Il joue de temps en temps aux cartes. Ce n'est pas un très bon joueur.
2. Didier peut bien en penser ce qu'il veut. L'immobilier reste un très bon placement d'argent.
3. Il a peut-être ses raisons d'agir ainsi. Cependant, je ne l'excuse pas.
4. L'ascension du mont Blanc est difficile. Pourtant, on rencontre beaucoup de monde sur cette montagne.
5. Avec trois buts d'avance à 5 minutes de la fin du match, Marseille va gagner. Lyon peut bien faire n'importe quoi !

16

LES DISCOURS RAPPORTÉS

94. L'INTERROGATION

a. Pronoms et adverbes interrogatifs. Retrouvez les questions correspondant à ces réponses.

À Paris, dans un jardin public, un Français engage la conversation avec une jeune touriste qui visite la ville. Il lui pose des questions.

1. … ? – D'Italie.
2. … ? – De Toscane.
3. … ? – Depuis trois jours.
4. … ? – Encore une semaine.
5. … ? – À l'hôtel de Cluny.
6. … ? – Avec deux amis.
7. … ? – Pour visiter les musées.
8. … ? – Le musée d'Art moderne.
9. … ? – C'est un des plus riches du monde. Il est situé dans un cadre extraordinaire.

b. Interrogation par inversion du pronom sujet. Mettez les phrases suivantes à la forme interrogative.

1. Vous êtes allés à la soirée de Corinne ? → *Êtes-vous allés à la soirée …*
2. Il y avait beaucoup de monde ?
3. L'ambiance était bonne ?
4. Josiane et Rémi sont venus ?
5. Vos aventures au Brésil, vous les leur avez racontées ?
6. Ils en ont ri ?

c. Effet rhétorique de l'interrogation. La forme interrogative peut être utilisée pour rendre un récit ou un exposé plus vivant, pour poser un problème, pour éveiller l'intérêt du lecteur.
Lisez le fait divers suivant. Pourquoi l'auteur a-t-il commencé son article par une question ? Utilisez ce procédé pour rendre le reste de l'article plus vivant. Transformez trois phrases du texte en questions. Imaginez une conclusion sous la forme d'une série de questions.

Le tueur à la machette

■ Qu'y a-t-il de surprenant chez ce jeune homme ordinaire, planté sur un quai de métro ? Peut-être l'attaché-case au bout du bras… Ce jour-là, il a banalement habillé ses 25 ans d'un jean délavé, d'un blouson et de tennis. Les cheveux particulièrement courts et l'allure très sportive ne suffisent pas à attirer les regards.

Métro Bastille, dans la soirée du 28 février 1987, direction Porte d'Italie. Comme à son habitude, Alain Bouzeida, clochard de son état, invective à la cantonade. Aujourd'hui, c'est une jeune fille qui essuie ses remarques. Les vociférations avinées de ce solitaire ne dérangent apparemment aucun des cinquante usagers qui s'impatientent sur les quais.

Sauf le jeune homme à l'attaché-case qui attend sur le quai d'en face. Il prend la défense de la jeune fille. L'échange est aussi rapide que vif. Puis, posant tranquillement sa mallette sur un banc, il l'ouvre pour en extraire un coutelas à large lame. Muni de sa machette, le futur assassin bondit souplement sur la voie, enjambe les rails et le voilà tout près de sa cible. Un seul coup de lame porté à sa gorge fait taire à jamais les pauvres cris du clochard.

Puis, retraversant les voies, le tueur félin est reparti comme il était venu. Seul changement : l'arme qui n'avait pas quitté sa main était maintenant ensanglantée. Le temps de la remettre dans son attaché-case et il se fond dans l'obscurité propice du métropolitain. Personne ne songe même à le poursuivre. Certains témoins l'auraient vu leur adresser un petit signe ironique de la main avant de s'engouffrer dans la rame. C'était il y a deux ans. Depuis, personne n'en a plus jamais entendu parler… Comme personne n'a songé à porter plainte pour le meurtre d'Alain Bouzeida.

Faute de criminel, la justice a prononcé un non-lieu. […]

Florence Assouline, *L'Événement du Jeudi*,
30 .8.1990.

95. LE DISCOURS DIRECT RAPPORTÉ

Vous préparez un film sur le roman de Flaubert, *Madame Bovary*.

Imaginez la scène du film correspondant au passage suivant.

Rédigez le dialogue entre les deux personnages et indiquez les jeux de scène.

Comparez votre adaptation avec celles des membres de votre groupe.

Charles Bovary, un jeune médecin de campagne, a eu plusieurs fois l'occasion de rencontrer Emma, la fille du fermier Rouault qu'il a soignée pour une fracture de la jambe. Lorsque Charles se retrouve veuf d'une femme plus âgée que lui et qu'il avait épousée pour faire plaisir à sa mère, le père Rouault lui suggère d'aller revoir Emma.

Il est arrivé un jour vers trois heures ; tout le monde était aux champs. […] Entre la fenêtre et le foyer, Emma cousait ; elle n'avait point de fichu, on voyait sur ses épaules nues de petites gouttes de sueur.

Selon la mode de la campagne, elle lui proposa de boire quelque chose. Il refusa, elle insista, et enfin lui offrit, en riant, de prendre un verre de liqueur avec elle. Elle alla donc chercher dans l'armoire une bouteille de curaçao, atteignit deux petits verres, emplit l'un jusqu'au bord, versa à peine dans l'autre, et, après avoir trinqué, le porta à sa bouche. Comme il était presque vide, elle se renversait pour boire ; et, la tête en arrière, les lèvres avancées, le cou tendu, elle riait de ne rien sentir, tandis que le bout de sa langue, passant entre ses dents fines, léchait à petits coups le fond du verre.

Elle se rassit et elle reprit son ouvrage, qui était un bas de coton blanc où elle faisait des reprises ; elle travaillait le front baissé ; elle ne parlait pas, Charles non plus. [...]
Elle se plaignit d'éprouver, depuis le commencement de la saison, des étourdissements ; elle demanda si les bains de mer lui seraient utiles ; elle se mit à causer du couvent, Charles de son collège, les phrases leur vinrent. Ils montèrent dans sa chambre. Elle lui fit voir ses anciens cahiers de musique, les petits livres qu'on lui avait donnés en prix et les couronnes en feuilles de chêne, abandonnées dans un bas d'armoire. Elle lui parla encore de sa mère, du cimetière, et même lui montra dans le jardin la plate-bande dont elle cueillait les fleurs, tous les premiers vendredis de chaque mois, pour les aller mettre sur sa tombe. Mais le jardinier qu'ils avaient n'y entendait rien ; on était si mal servi ! Elle eût bien voulu, ne fût-ce au moins que pendant l'hiver, habiter la ville, quoique la longueur des beaux jours rendît peut-être la campagne plus ennuyeuse encore durant l'été [...]

Charles Flaubert, *Madame Bovary*, 1857.

96. LE DISCOURS INDIRECT RAPPORTÉ

a. Un chef du personnel fait des reproches à l'un de ses employés. Plus tard l'employé raconte la scène à un collègue. Rédigez ce que dit l'employé en utilisant les verbes suivants :

■ avertir – conseiller – déclarer – se demander – devoir – expliquer – faire remarquer – mettre en garde – prévenir – savoir.

LE CHEF DU PERSONNEL : « Monsieur, je dois vous dire que j'ai des reproches à vous faire. Votre travail laisse à désirer et cela me surprend beaucoup car votre dossier de candidature était excellent. Hier, vous vous êtes trompé sur le montant d'un chèque et la semaine dernière vous avez oublié d'envoyer des factures. Que nous réservez-vous pour la semaine prochaine ? Je sais bien que vous devez vous habituer à votre nouveau travail, mais souvenez-vous que vous êtes ici depuis trois semaines et que cela devrait déjà être fait. Si les charmantes secrétaires qui travaillent dans le bureau voisin du vôtre vous perturbent, fermez donc la porte ! En tout cas, faites attention, votre distraction risque de vous coûter cher, et si vous ne changez pas d'attitude, vous le regretterez ! »
L'EMPLOYÉ (*à son collègue*) : « Eh ben dis-donc ! Il vient de me passer un de ces savons ! Il m'a déclaré ... »

b. Faites un compte rendu en huit lignes de la scène suivante :

Une organisation de terroristes révolutionnaires a décidé de tuer le grand-duc Serge en lançant une bombe sur sa calèche. C'est Kaliayev qui est chargé de l'attentat. Mais celui-ci rentre sans avoir accompli son geste meurtrier. Discussion avec ses complices...

Entre Kaliayev, le visage couvert de larmes.

KALIAYEV, *dans l'égarement.*

Frères, pardonnez-moi. Je n'ai pas pu.

Dora va vers lui et lui prend la main.

DORA

Ce n'est rien.

ANNENKOV

Que s'est-il passé ?

DORA, *à Kaliayev.*

Ce n'est rien. Quelquefois, au dernier moment, tout s'écroule.

ANNENKOV

Mais ce n'est pas possible.

DORA

Laisse-le. Tu n'es pas le seul, Yanek*. Schweitzer, non plus, la première fois, n'a pas pu.

ANNENKOV

Yanek, tu as eu peur ?

KALIAYEV, *sursautant.*

Peur, non. Tu n'as pas le droit !

ANNENKOV

Alors ?

STEPAN

Il y avait des enfants dans la calèche du grand-duc.

ANNENKOV

Des enfants ?

STEPAN

Oui. Le neveu et la nièce du grand-duc.

ANNENKOV

Le grand-duc devait être seul, selon Orlov.

STEPAN

Il y avait aussi la grande-duchesse. Cela faisait trop de monde, je suppose, pour notre poète. Par bonheur, les mouchards n'ont rien vu.

Annenkov parle à voix basse à Stepan. Tous regardent Kaliayev qui lève les yeux vers Stepan.

KALIAYEV, *égaré.*

Je ne pouvais pas prévoir… Des enfants, des enfants surtout. As-tu regardé des enfants ? Ce regard grave qu'ils ont parfois… Je n'ai jamais pu soutenir ce regard… Une seconde auparavant, pourtant, dans l'ombre, au coin de la petite place, j'étais heureux. Quand les lanternes de la calèche ont commencé à briller au loin, mon cœur s'est mis à battre de joie, je te le jure. […]

J'ai couru vers elle. C'est à ce moment que je les ai vus. Ils ne riaient pas, eux. Ils se tenaient tout droits et regardaient dans le vide. Comme ils avaient l'air triste !

Alors, je ne sais pas ce qui s'est passé. Mon bras est devenu faible. Mes jambes tremblaient. Une seconde après, il était trop tard. *(Silence. Il regarde à terre.)* Dora, ai-je rêvé, il m'a semblé que les cloches sonnaient à ce moment-là ?

DORA

Non, Yanek, tu n'as pas rêvé.

Elle pose la main sur son bras. Kaliayev relève la tête et les voit tous tournés vers lui. Il se lève.

KALIAYEV

Regardez-moi, frères, regarde-moi, Boria, je ne suis pas un lâche, je n'ai pas reculé. Je ne les attendais pas. Tout s'est passé trop vite. Ces deux petits visages sérieux et dans ma main, ce poids terrible. C'est sur eux qu'il fallait le lancer. Ainsi. Tout droit. Oh, non ! je n'ai pas pu. […]

Voilà ce que je propose. Si vous décidez qu'il faut tuer ces enfants, j'attendrai la sortie du théâtre et je lancerai seul la bombe sur la calèche. Je sais que je ne manquerai pas mon but. Décidez seulement, j'obéirai à l'Organisation.

STEPAN

L'Organisation t'avait commandé de tuer le grand-duc.

KALIAYEV

C'est vrai. Mais elle ne m'avait pas demandé d'assassiner des enfants.

ANNENKOV

Yanek a raison. Ceci n'était pas prévu.

STEPAN

Il devait obéir.

ANNENKOV

Je suis le responsable. Il fallait que tout fût prévu et que personne ne pût hésiter sur ce qu'il y avait à faire. Il faut seulement décider si nous laissons échapper définitivement cette occasion ou si nous ordonnons à Yanek d'attendre la sortie du théâtre. Alexis ?

VOINOV

Je ne sais pas. Je crois que j'aurais fait comme Yanek. Mais je ne suis pas sûr de moi. *(Plus bas.)* Mes mains tremblent.

ANNENKOV

Dora ?

DORA, *avec violence.*

J'aurais reculé, comme Yanek. Puis-je conseiller aux autres ce que moi-même je ne pourrais pas faire ?

STEPAN

Est-ce que vous vous rendez compte de ce que signifie cette décision ? Deux mois de filatures, de terribles dangers courus et évités, deux mois perdus à jamais. Egor arrêté pour rien. Rikov pendu pour rien. Et il faudrait recommencer ? Encore de longues semaines de veilles et de ruses, de tension incessante, avant de retrouver l'occasion propice ? Êtes-vous fous ?

Albert Camus, *Les Justes*, acte II, Gallimard, 1950.

* Yanek : appellation familière de Kaliayev.

17

LA VISION DES FAITS

97. L'EXPRESSION DU BUT

<u>Trois personnes sont interrogées sur les buts de leur action. Utilisez les mots du tableau pour rédiger leur réponse.</u>

Exemple : « Je fais cela pour que… afin de… Je tâche de… Mon intention c'est…, etc. »

1. *À une jeune femme*
« Dans quel but faites-vous du yoga ? »

– Faire une activité physique douce.
– Retrouver mon équilibre.
– Rencontrer des gens.
– Intérêt pour la philosophie orientale.

2. *À un homme politique*
« Pourquoi vous êtes-vous lancé dans la politique ? »

– Rendre service aux hommes.
– Amour de l'action, du combat.
– Résoudre des problèmes concrets.
– Empêcher certains mouvements dangereux de prendre le pouvoir.

3. *À un scientifique*
« Après quelques années d'interruption, les missions sur la Lune vont reprendre. Quels sont les objectifs de ces missions ? »

– Installer un observatoire astronomique.
– Collecter l'hélium 3 qui sera le carburant de l'avenir.
– Construire une base qui permettra l'exploration de l'espace.
– Mieux comprendre certains phénomènes terrestres (les marées, les rythmes biologiques, etc.).

> ■ *Expression du but par une locution*
>
> pour que   de sorte que
> afin que   + subjonctif   de façon que – de façon à
> de manière que   pour – afin de
> en vue de – dans le but de
>
> ■ *Verbes exprimant l'idée de but*
>
> chercher à – tâcher de – avoir en vue – se proposer de – viser à
>
> ■ *Noms exprimant l'idée de but*
>
> un but – un objectif – un objet – une fin – une finalité – une intention – un dessein – une
> cible – une visée

98. L'EXPRESSION DES SENTIMENTS

a. Classez les énoncés suivants dans le tableau selon le sentiment qu'ils expriment (trois énoncés par catégorie de sentiment).

b. Situez chaque énoncé sur l'échelle des registres de langue.
Notez F = plutôt familier – C = plutôt courant – R = plutôt relevé.

c. Lorsqu'un énoncé vous paraît plus ou moins fort que les deux autres, indiquez-le par (+) ou (–).

Intérêt	Sympathie	Admiration	Haine	Inquiétude	Satisfaction	Honte	Surprise
1 (R)							

1. C'est fort intéressant.
2. J'éprouve de la sympathie pour lui.
3. Je suis comblé.
4. J'ai honte de ce que j'ai fait.
5. Je ne suis pas tranquille.
6. Je trouve Jacques sympa.
7. C'est admirable !
8. Ah, que c'est beau !
9. Je trouve son attitude détestable.
10. Ça ne manque pas d'intérêt.

11. Je me sens terriblement coupable.

12. Il est sympa, ce Jacques.

13. Je ne peux qu'exprimer toute mon admiration.

14. Ça me branche assez.

15. Je me sens terriblement anxieuse.

16. Je suis surpris.

17. Je ne m'y attendais pas.

18. Je déteste ce qu'il fait.

19. Ce truc-là me tracasse.

20. Ça me satisfait.

21. Je ne peux pas sentir ce type.

22. Non, sans blague !

23. Ça peut aller.

24. Je m'en veux d'avoir fait ça.

99. L'EXPRESSION DES SENTIMENTS

À l'aide des éléments ci-dessous, rédigez, à l'intention d'un(e) ami(e), le récit de votre première semaine de vacances en Égypte. Tout en racontant, exprimez les sentiments que vous avez éprouvés à chaque nouvelle aventure.

Vous deviez partir en vacances en Égypte avec un(e) ami(e) mais au dernier moment il (elle) a décidé de ne pas venir.

joie – excitation
déception

Arrivé(e) au Caire, vous avez trouvé une chambre dans un magnifique hôtel au bord du Nil.

bonheur

Puis, vous avez visité cette ville où la pauvreté côtoie la richesse : ses pyramides, ses anciens palais, ses musées, etc.

étonnement – malaise
intérêt – admiration

Vous avez ensuite décidé de louer une voiture pour remonter la vallée du Nil. Mais la voiture est tombée plusieurs fois en panne. Et sur la route, que d'embouteillages ! Que de dangers ! La nuit, surtout, vous êtes plusieurs fois passé(e) à deux doigts de l'accident mortel.

appréhension
fureur
anxiété – peur
angoisse – terreur

Arrivé(e) à Louxor, vous êtes tombé(e) sur un ancien flirt qui, lui (elle) aussi, voyageait seul(e). Vous avez visité ensemble les temples de la vallée des Rois, dîné dans de sympathiques restaurants…

choc
surprise
gêne
intérêt

Vous n'avez pas encore décidé si vous alliez continuer le voyage ensemble…   espoir
méfiance

100. LES DEGRÉS DE RÉALITÉ DES FAITS

a. Classez les expressions suivantes selon l'idée qu'elles recouvrent une idée de :

a. nécessité
b. contingence (non nécessaire)
c. certitude
d. évidence
e. apparence

f. doute
g. probabilité
h. improbabilité
i. possibilité
j. impossibilité

1. Ça va de soi.
2. Ce n'est pas impossible.
3. Il y a peu de chance pour que…
4. C'est exclu.
5. Sans aucun doute.
6. Ça en a l'air.
7. C'est obligé.
8. C'est pas forcé.
9. C'est hors de question.
10. Rien ne permet de l'affirmer.

11. C'est à voir.
12. Ça en donne l'impression.
13. C'est sans doute le cas.
14. C'est couru d'avance.
15. Ça va sans dire.
16. C'est indubitable.
17. Il y a de fortes chances pour que…
18. Ça se pourrait.
19. C'est contestable.
20. C'est peu vraisemblable.

b. Le tableau p. 92 a été établi par des futurologues. Il présente par secteurs les découvertes et les innovations qui vont changer le monde jusqu'à l'an 2100.

Commentez ces perspectives. Vous paraissent-elles possibles, probables, évidentes, etc. ?

	1980	2020	2060	2100
Population	5 milliards — Migrations Sud-Nord, baisse générale de la fécondité, montée en puissance des ex-colonisés	8 milliards — Contrôle généralisé des naissances	10,5 milliards — Choix génétique de la reproduction	12 milliards
Santé	Acharnement thérapeutique[1], diffusion du système de santé occidental dans le monde entier	Contrôle individuel de la santé (diététique, sport, médecines douces) Maladies mentales	Réincarnation artificielle Organes biocompatibles[2] de remplacement ou d'adaptation (branchies…)	
Urbanisation	Urbanisme de contrôle social : remplacement des bidonvilles par des HLM en béton, immeubles de bureau «intelligents»	Croissance des villes moyennes. Déclin des mégalopoles, habitat transportable par dirigeable. Villes artificielles sur les océans	Population en migration permanente détachée d'un territoire particulier, villes vertes, cathédrales écologiques	
Énergie, matières premières	Passage à l'hydrogène Nucléaire + économies d'énergie	Tout électrique mondial, diversité des sources, développement du solaire	Énergies totalement renouvelables, exploitation minière de la Lune et des planètes proches (astéroïdes)	
Communication	Téléphone cellulaire et RNIS[3] : Europe, USA, Japon, Dragons d'Asie. Téléphone usuel : Eur. Est, Amér. Sud. Débuts TV haute définition	Visiophone pour tous. Ambiances interactives, diversifications des outils communicants	Multimédia portatif (télépathie artificielle), concrétisation des rêves	
Conflits	Conflits religieux (libanisation), guerre médiatique (terrorisme). Montée des pouvoirs maffieux. Utilisation limitée des armes chimiques, bactériologiques, nucléaires, tactiques	Conflits d'accès au savoir, piratages et batailles informatiques	Luttes d'influence pour le contrôle des psychismes. Police mondiale, les entreprises sont plus puissantes que les États	

Thierry Gaudin, *2100, récits du prochain siècle*, Payot, 1990.

[1] *Acharnement thérapeutique* : mobilisation de tout le potentiel scientifique pour maintenir un malade en vie.
[2] *Biocompatible* : organes artificiels qui ne provoquent pas de rejet.
[3] *RNIS* : Réseau numérique à intégration de services. Possibilité de transmettre à grande vitesse grâce à un ordinateur des conversations et des images de qualité parfaite.

101. L'HYPOTHÈSE

a. Étudiez le problème mathématique suivant et la solution qui en est proposée. Relevez les mots et expressions qui permettent de formuler des hypothèses et de conduire le raisonnement.

Problème
Supposez que, deux joueurs A et B ayant misé des sommes égales, l'enjeu total se monte à

60 francs. Il a été convenu que le premier qui aura marqué trois points raflera tout l'enjeu. Mais, alors que le premier joueur a marqué deux points et que le second en a marqué un, ils tombent d'accord pour arrêter la partie. Comment faut-il partager les 60 francs ?

Solution

À première vue, le problème semble très simple. Nous pourrions dire que, puisque A a deux fois plus de points que B, la part de A doit être le double de celle de B, c'est-à-dire que A doit prendre 40 francs et B 20 francs. Mais supposez maintenant qu'ils puissent jouer le point suivant, celui qu'en réalité ils sont tombés d'accord pour ne pas jouer. Si A gagnait ce point, il encaisserait l'enjeu total, 60 francs. S'il le perdait, le score serait de 2 à 2, et ils se partageraient alors les 60 francs en parts égales. Ainsi, A est certain de gagner de toute façon 30 francs. Et, si l'on admet qu'il a autant de chances de gagner le point suivant que de le perdre, sa part des 30 francs restants devrait être égale à la moitié de cette somme. En d'autres termes, A devrait prendre 45 francs et B 15 francs.

Il n'est pas difficile de voir que la seconde solution est correcte si A et B s'en tiennent à leur convention première sur le gain de l'enjeu total.

E.P. Northrop, *Fantaisies et paradoxes mathématiques.*

b. Lisez l'histoire suivante. Justifiez la question du chevalier par un raisonnement logique.

Un chevalier du Moyen Âge traverse une forêt enchantée. Il arrive à un carrefour d'où partent deux chemins. Le chevalier a été averti que l'un de ces chemins conduisait au repaire du dragon, alors que l'autre menait au château de la belle Rosalinde. Mais aucune indication ne permet de savoir où conduit chacun de ces chemins. Seuls les deux géants qui gardent les deux entrées connaissent ce secret. Or, l'un des géants ment toujours et l'autre dit toujours la vérité. Le chevalier, lui, n'a le droit de poser qu'une seule question. Quelle question doit-il poser pour prendre à coup sûr le bon chemin ?

Le chevalier réfléchit un instant puis il dit à l'un des géants : « Demande à ton camarade de me montrer le chemin qui mène au repaire du dragon ! »

18

LES FIGURES DE STYLE ET LES EFFETS DE SYNTAXE

102. LA RHÉTORIQUE DE QUELQUES SLOGANS PUBLICITAIRES

a. En vous aidant des indications du tableau, recherchez les effets de syntaxe (construction de la phrase) et les effets de sens sur lesquels sont bâtis les slogans publicitaires suivants :

1. J'en ai rêvé, Sony l'a fait. (Sony : marque de camescopes, TV, etc.)
2. La plus méditerranéenne des suédoises. (Volvo : marque d'automobiles suédoises.)
3. Sortez du troupeau, roulez en Polo. (Volkswagen : marque d'automobiles allemandes.)
4. La salle de bain qui tient dans une baignoire. (Jacob Delafon : sanitaires.)
5. Gini n'apaise que la soif. (Gini : boisson gazeuse.)
6. Louis Vuitton. L'âme du voyage. (Vuitton : sacs, valises, etc.)
7. Mammouth écrase les prix. (Mammouth : supermarchés.)
8. Ford encore plus Ford. (Ford : automobiles.)
9. Maillots de bains HOM. Anonyme s'abstenir. (HOM : sous-vêtements pour hommes.)
10. Achetez votre téléviseur chez votre Boulanger (Boulanger : distributeur électro-ménager, TV, etc.)
11. Les jambes ont la parole. (Well : marque de collants féminins.)
12. VISA, et la terre tourne rond (VISA : cartes de crédit.)
13. Fiat. Y'a moins bien mais c'est plus cher. (Fiat : automobiles.)
14. 205 GTI, plus GTI que jamais. (Peugeot : automobiles.)
15. L'Europe, l'Europe, vous me faites rire. Moi, je suis de Quimper. (Crédit Agricole : banque très implantée, même dans les zones rurales reculées.)

Effets de construction	Effet de sens
Phrase de type définition.	Opposition, contradiction.
Phrase de type récit.	Tautologie (exemple : une table est une table).
Phrase de type impératif (ordre, conseil).	Évidence.
Construction superlative.	Absurdité.
Parallélisme.	Métaphore.
Rimes.	Jeu de mots.
Juxtaposition.	Allusion, citation.
Discours oral.	

b. Quelle est la qualité que chacun de ces slogans essaie de mettre en valeur (il peut s'agir de qualité du produit mais aussi de qualité du consommateur) ?

Exemple : 1. rareté, réalisation de l'impossible (le rêve).

c. Imitez les constructions et les effets stylistiques de ces slogans en imaginant des slogans publicitaires pour des objets, des personnes, des lieux de votre choix.

103. LA MISE EN RELIEF PAR LA CONSTRUCTION «C'EST... QUE...»

Mettez en valeur l'élément souligné.

Exemple : Faire un livre est *un métier.*
         C'est un métier que de faire un livre.

1. Diriger les acteurs est *le rôle d'un metteur en scène.*
2. Savoir cacher son habileté est *une grande habileté.*
3. *Il est fou* de vouloir nager dans ce torrent.
4. Le livre de S. Japrisot est *un excellent livre.*

104. LA MISE EN RELIEF PAR LA CONSTRUCTION «CE QUI.../QUE.../DONT...», ETC.

Transformez la phrase comme dans l'exemple.

Exemple : *La raison* de leur divorce *m'échappe.*
         Ce qui m'échappe, c'est la raison de leur divorce.

1. Sa manie de toujours vouloir avoir raison me choque.
2. Je voudrais faire une bonne sieste.
3. Il a besoin de quelques jours de vacances.
4. Je réfléchis à ce qu'a dit François.

105. L'INVERSION DU SUJET

L'inversion du sujet est un procédé qui permet soit de mettre un mot en valeur soit de casser le rythme monotone d'une succession de phrases.

a. Réécrivez les phrases suivantes en commençant par les mots en italique et en plaçant le sujet après le verbe.

1. Une admirable pelouse d'un vert tendre s'étendait *en face de nous*.
2. Un poète très célèbre naquit *dans cette maison*.
3. Il venait *à peine* de sortir quand vous êtes arrivés.
4. Il obtiendra *peut-être* un avancement.
5. Le courant littéraire du nouveau roman apparaît *dans les années cinquante*.

b. Construisez les phrases en intégrant les adverbes mis entre parenthèses. Ces adverbes conditionnent souvent l'inversion du sujet.

1. (À peine). Il était arrivé dans la salle de jeu. Il se mit à jouer gros.
2. (En vain). Il essaya toutes les méthodes possibles.
3. (Ainsi). Il perdit toutes ses économies.
4. (Tout au plus). Il lui resta de quoi payer son taxi.
5. (Aussi). Même s'ils sont intelligents, les hommes deviennent stupides quand ils jouent.

106. LA TRANSFORMATION PASSIVE

À l'aide des notes suivantes, rédigez un paragraphe sur le problème de la durée du mandat présidentiel en France. Mettez tous les verbes soulignés à la forme passive.

Le problème de la durée du mandat présidentiel
En 1962, les Français *approuvent* par référendum la modification du mode d'élection du président de la République. C'est le général de Gaulle qui *fait* cette proposition. Auparavant, c'était les parlementaires qui *élisaient* le Président. À partir de 1962, on *élit* le Président pour 7 ans au suffrage universel.
En 1972, le programme commun de la gauche (socialistes et communistes) *prévoit* la réduction du mandat à cinq ans. Le président Pompidou *propose* également cette modification dans un message qu'il *adresse* au Parlement en avril 1973. Mais l'Assemblée *repousse* ce projet.
Quand la gauche *arrive* au pouvoir, elle ne *reprend* pas son idée de réduction. Ce n'est qu'en 1992, avec la perspective d'une nouvelle cohabitation (Président et gouvernement appartenant

à des partis politiques opposés) que les partis politiques *relancent* le débat. Ils *font* plusieurs propositions : cinq ans ou six ans renouvelables une fois, sept ans non renouvelables, etc.

Exemple : *«En 1992, la proposition, faite par le général de Gaulle, de modification du mode d'élection du président de la République est approuvée…»*

107. LA TRANSFORMATION IMPERSONNELLE

La construction <u>«Il + être + adjectif ou participe passé + que/de»</u> permet d'éviter la construction <u>«c'est + adjectif»</u> qui appartient plutôt au style oral. Elle permet également de gommer la subjectivité du discours.

Exemple : Ce travail est à refaire. *C'est souhaitable.*
　　　　　Je souhaiterais que vous refassiez ce travail.
　　　　　Il serait souhaitable que vous refassiez ce travail.

<u>Reformulez les phrases suivantes en mettant les éléments en italique à la
forme impersonnelle.</u>

1. Conseils d'un diététicien.
Le poisson contient plus d'éléments nutritifs que la viande. *Cela a été établi – On a par ailleurs prouvé* que le poisson était efficace contre le cholestérol – *C'est dommage* que les Français n'en consomment pas davantage – *Je conseille* d'en manger deux ou trois fois par semaine.

2. Rapport d'un archéologue.
Lors de nos dernières fouilles *nous avons découvert* un gisement important de poteries et d'armes – d'autres vestiges du même type se trouvent peut-être dans la même zone. *C'est probable* – *Nous souhaiterions* qu'un crédit soit débloqué pour poursuivre les recherches.

3. Compte rendu d'une séance de conseil municipal.
Vote d'un budget de 500 millions de francs pour travaux d'urbanisme – *Décision* de construction d'un parking souterrain – *Prévisions* de contenance : 500 véhicules.

108. LES MÉTAPHORES

a. Les métaphores dans la presse. Expliquez les effets de sens produits par les titres de presse suivants.

Une tomate de génie

En autorisant la commercialisation des aliments génétiquement modifiés, l'administration américaine ouvre la voie à l'agro-alimentaire de l'an 2000.

« Le Beaubourg du Danube »

Mme Catherine Tasca, secrétaire d'État à la francophonie, a inauguré le nouvel Institut français en Hongrie.

Le Monde, 2 et 3 mars 1992.

Le silence transféré

Les bénédictins de Hautecombe ont quitté la Savoie pour s'installer en Provence.

Le Monde, 2 et 3 mars 1992.

Annonçant son retrait du comité directeur, M. Allègre regrette que le PS soit «en panne d'idées»

Les épousailles de la science et de l'industrie

Veillée d'armes au CNES

L'agence spatiale française attend de pied ferme la redéfinition des programmes européens de vols habités

b. Rendez les titres suivants plus accrocheurs en créant des métaphores. Vous pouvez utilisez des mots appartenant au thème lexical indiqué entre parenthèses.

Exemple : Présentation de la nouvelle Peugeot au Salon de l'automobile
[vocabulaire de la naissance ou du baptême]
→ La nouvelle Peugeot sur les fonts baptismaux

1. Conflit entre le personnel d'AGRA et la direction [vocabulaire de la guerre].
2. Tensions dans les relations entre le Président et le Premier ministre [vocabulaire de la météorologie].
3. Trois chefs d'entreprises décident d'aider la future chaîne culturelle de télévision [vocabulaire des contes de fées].
4. Le face-à-face télévisé J. Legrand – P. Vincent se termine à l'avantage de ce dernier [vocabulaire du football].
5. Dernier sondage : M. Rocard favori pour l'élection présidentielle [vocabulaire de la course ou de la Bourse].

c. Les métaphores littéraires. Dans les extraits poétiques suivants repérez, expliquez et commentez les métaphores.

1. Extrait de *L'isolement* de Lamartine (*Premières Méditations*, 1820).
Au sommet de ces monts couronnés de bois sombres,
Le crépuscule encor jette un dernier rayon ;
Et le char vaporeux de la reine des ombres
Monte et blanchit déjà les bords de l'horizon.

2. Extrait d'un discours officiel prononcé à l'occasion d'une manifestation agricole (Flaubert, *Madame Bovary*, 1857).
Qu'il me soit permis, dis-je, de rendre justice à l'administration supérieure, au gouvernement, […] qui dirige à la fois d'une main si ferme et si sage le char de l'État parmi les périls incessants d'une mer orageuse […]. Partout, fleurissent le commerce et les arts ; partout des voies nouvelles de communication, comme autant d'artères nouvelles dans le corps de l'État, y établissent des rapports nouveaux.

3. «La nuit» de Paul Éluard (*Capitale de la douleur*, 1926).
Caresse l'horizon de la nuit, cherche le cœur de jais que l'aube recouvre de chair. Il mettrait dans tes yeux des pensées innocentes, des flammes, des ailes et des verdures que le soleil n'inventa pas.
Ce n'est pas la nuit qui te manque, mais sa puissance.

109. LES FIGURES DE STYLE

Voici p. 100 le discours prononcé par François Mitterrand, président de la République, à l'occasion de la venue en France du pape Jean-Paul II (octobre 1986).

a. Retrouvez dans ce discours les figures de style suivantes :

■ la répétition – l'énumération – l'inversion dans l'ordre des mots – l'interrogation – la métaphore – l'amplification – la gradation – le parallélisme – l'évocation – la chute finale.

b. Dans le choix des thèmes et des mots, analysez l'art de la diplomatie.

D'une part, le président de la République française reçoit un autre chef d'État (le Vatican) et le chef de la religion la plus pratiquée en France ; d'autre part François Mitterrand est le Président d'un État laïque ; il doit donc paraître neutre sur le plan religieux.

```
 1  Très Saint-Père,
    Vous venez de nouveau à la rencontre de la France et, de nouveau, la
    France vous accueille avec joie et respect.
    Dans sa diversité de croyances et de convictions, notre peuple tout
 5  entier est fier de dérouler pour vous la part de son histoire conte-
    nue dans les simples noms de ses villes, de ses quartiers, de ses
    villages où se raconte son passé, où se vit sa continuité.
    Lyon, la Croix-Rousse, Gerland, Fourvière, le Prado, Taizé, Paray-
    le-Monial, Ars, Annecy, ces noms que je ne puis moi-même prononcer
10  sans en ressentir la force et la beauté. Plus particulièrement les
    étapes de votre voyage marqueront pour des millions et des millions
    de mes concitoyens, les catholiques français, autant d'étapes spiri-
    tuelles qu'ils accompliront avec vous dans l'union de leur foi.
    Soyez le bienvenu, Très Saint-Père. À l'heure où dans tant, trop
15  d'endroits du monde déferle la violence, où trop d'êtres humains
    continuent d'être la proie des rigueurs de la nature, de l'injus-
    tice des privilèges, des folies de l'intolérance, où l'on fait bon
    marché des droits et de la dignité de la personne, à l'heure où le
    terrorisme - et la France n'est pas épargnée - frappe et tue. N'est-
20  ce pas l'heure aussi d'affirmer et plus hautement que jamais notre
    résolution de servir les valeurs de civilisation qui donnent son
    sens à notre vie et de refuser sans partage la domination du crime
    et de la haine ?
    La paix ? Très Saint-Père, est-il un autre objet à nos recherches,
25  à nos travaux ? La paix des cœurs certes, la paix entre les peuples,
    la paix maîtrisée. Des hommes responsables, de haute compétence,
    d'autorité, de bon vouloir, se rassemblent ou vont se réunir. D'eux
    dépend la paix du monde et votre voix, Saint-Père, pendant ces
    quelques jours en France, ailleurs aussi, portera loin pour que gagne
30  enfin la cause des hommes. Merci.
```

Présidence de la République, Service de Presse, Discours du 4.10.1986, Lyon-Satolas.

Lyon, la Croix-Rousse, Gerland, etc. : noms des villes visitées par le pape. La plupart de ces lieux abritent d'importantes communautés catholiques qui sont des lieux de pèlerinage.

COMPTES RENDUS
ET
SYNTHÈSES

19

SAVOIR RECHERCHER LES INFORMATIONS

110. FAIRE DES HYPOTHÈSES SUR LE CONTENU D'UN TEXTE

a. Lisez le titre et le sous-titre de l'article «Les ruses des grandes surfaces».

• Anticipez le contenu de l'article. Sur quel domaine porte-t-il ? Quels sont les deux sujets d'information qu'on peut s'attendre à voir développés ? Avez-vous déjà quelques connaissances de ces sujets ? Mettez-les à profit pour imaginer le contenu de l'article.

• Vérifiez vos hypothèses en lisant l'article et en notant toutes les informations qu'il apporte.

Les ruses des grandes surfaces

Derrière les façades des supermarchés, des spécialistes dissèquent nos comportements et mettent au point des techniques sournoises qui nous poussent à consommer.

Les Français en ont halé des Caddies depuis l'ouverture du premier supermarché de l'hexagone ! C'était en 1957 à Bagneux, dans la banlieue parisienne. Depuis, les grandes surfaces, importées des États-Unis, ont poussé comme des champignons. Elles sont aujourd'hui huit cents en France, hyper- et super-marchés confondus, qui totalisent près d'un achat sur deux.

Ce succès, elles le doivent à des techniques de vente très efficaces. Concoctées par les responsables des magasins, après de longues obser-vations de nos réactions, celles-ci n'ont qu'un seul but : nous faire «craquer». Nombre de sondages, de caméras dissimulées et de tests auprès d'échantillons de consom-mateurs ont permis de mettre en place un filet sans faille. Rien n'est laissé au hasard : tout est calculé pour provoquer l'acte d'achat.

La débauche vous guette dès l'entrée dans le magasin. Vous arrivez pour faire le plein de lait et de légumes, et vous voici contrainte de traverser d'abord les rayons de prêt-à-porter, de chaînes hi-fi ou de fours à micro-ondes, «placés à l'accueil, afin de déclencher des achats impulsifs, à forte valeur ajoutée, chez une clien-tèle venue pour des emplettes alimentaires», confirme le cadre commercial d'un des premiers «hyper» français. Vous avez réussi à atteindre indemne les rayons alimentaires ? Ce n'est pas le moment de vous relâcher. Tout au long du parcours soigneusement pensé, les sollicitations surgissent : «promotion», «prix anniversaire», «nouveau produit». Les bacs débor-dent d'articles en vrac synonymes de «bonne affaire». Prenez garde aux enseignes alléchantes : un produit similaire et moins cher se cache souvent dans le rayon. Mais les «têtes de gondole», à l'extrémité des travées, constituent des lieux stratégiques qui attirent la vue. Des études l'ont prouvé : nous achèterons deux fois plus de bocaux de cornichons s'ils sont placés en bout de rayon, plutôt qu'au milieu. Stratégie voisine : «Les produits indispensables se trouvent toujours situés en début d'allée, mais une fois le caddie engagé, difficile de faire demi-tour, surtout aux heures d'affluence», constate, pragmatique, le cadre commercial. On n'échappera pas à une visite complète du magasin ! Soumis ainsi à toutes les tentations... À l'intérieur même du rayon, tous les emplacements n'ont pas la même incidence sur notre comportement.

Nous sommes inconsciemment attirés vers les produits qui se trouvent à hauteur des yeux. Le responsable du supermarché installe à cet endroit les articles qu'il ne nous viendrait pas à l'idée de rechercher, ceux sur lesquels il réalise les plus gros bénéfices.

Et voilà comment l'on se retrouve avec des feuilles de vigne farcies ou du crabe...

Les «merchandisers» connaissent leur affaire. Ils savent qu'en raison du grand nombre d'articles proposés (au moins 20 000) il faut organiser l'étalage pour que chaque produit puisse être vu. «Les marchandises doivent être présentées sur trente centimètres au minimum, soit l'équivalent de trois boîtes de petits pois», souligne Étienne Thil, ancien directeur marketing d'une chaîne d'hypermarchés. Et pour que notre œil capte bien tout ce qui doit être capté, on a même calculé le rythme de la musique douce diffusée par les haut-parleurs, afin qu'elle nous fasse marcher au «bon pas». On a d'ailleurs mesuré la vitesse moyenne de la ménagère poussant son Caddie... un mètre à la seconde !

Une fois rentré à la maison, les «promo» sur catalogue ou affichette vous attendent au coin de la boîte aux lettres. «On attire le client grâce à un matraquage des prix, témoigne un chef de produit. Mais celui-ci reste limité à quelques produits. Le magasin se rattrape sur les autres articles.»

Pratiques, certes, les supermarchés. Mais ne vous imaginez pas qu'on y fait forcément des économies. On peut toujours se blinder, muni d'une liste précise de courses, et n'emporter que de l'argent liquide pour être sûr de résister à toutes les tentations. À moins qu'on ait plaisir à y céder...

**Philippe Couve
et Nadine Chahine**

b. En utilisant les mots de la liste en bas de page, imaginez quels types de développements contiennent les textes dont voici les titres ou les débuts.

Exemple : *titre de l'article* : «Qu'est-ce que la domotique ?»
• Développement de type «définition». Historique de cette science – Exemples de recherches – Exposé des buts et des conséquences sur notre mode de vie.

Plus on communique moins on est informé

EXPRESSIONNISME ALLEMAND : L'ÉVÉNEMENT

Les mystères de la mémoire

Comment sortir de la crise

Aussi surprenant que cela puisse paraître dans notre société réputée confortable, l'aventure est dans l'air du temps. Certains prétendent même qu'on peut la rencontrer au coin de la rue. […].

C. Pociello
Encyclopædia Universalis, 1987.

À la fin des années cinquante, les lycéens étaient encore, selon l'expression de Barthes, des «petits messieurs». Aujourd'hui, ce sont des «jeunes». Immense mutation […].

A. Finkielkraut,
Le Nouvel Observateur, 28.9.1984

Développement de type…
description – explication – démonstration – analyse
récit – historique – chronologie
exposé des causes, des conséquences, des buts
argumentation – débat
impressions – sentiments – suggestions – exemples, etc.

111. RECHERCHER LES MOTS CLÉS

Dans le texte suivant, soulignez les mots qui vous paraissent le mieux
caractériser l'art de Gauguin et celui de Van Gogh.
Pour chacun de ces deux peintres, rédigez une notice de quatre lignes
qui synthétise les caractéristiques de sa peinture.

[…] Mais les néo-impressionnistes témoignent également d'un autre souci ; ils imposent à la nature un style. Les tableaux de Seurat notamment sont des constructions volontaires où la forme est géométrisée avec encore plus de rigueur et surtout plus de régularité que chez Cézanne.

Pour Gauguin, ce n'est pas un recours à la science qui peut régénérer l'art, c'est un retour au primitivisme, à la barbarie. Bien sûr, encore qu'il soit allé vivre en Océanie, il apparaît très civilisé quand on le compare avec ceux qui représenteront après sa mort le goût du primitif en Europe. Pourtant c'est lui qui fait les premiers pas dans une direction où l'art trouvera effectivement une jeunesse, des forces, une fécondité nouvelles. Au reste, s'il tourne le dos à la Renaissance et à la Grèce, s'il recommande : «Ayez toujours devant vous les Persans, les Cambodgiens et un peu l'Égyptien», il regarde aussi avec profit l'art populaire de l'Occident et, tout bien considéré, sa peinture s'apparente à celle des siècles gothiques. La palette aux teintes pures (qu'il doit aux impressionnistes), il s'en sert à partir de 1888 pour créer des œuvres qui rendent compte de ses sentiments et de ses idées (parfois «littéraires») plus que du monde extérieur. De toute façon, il n'analyse pas la nature à la manière de Monet pour nous proposer un jeu complexe de nuances : il ne retient que les tons qui dominent, les épure, les rend plus vifs, au besoin les modifie (en pensant à leur signification symbolique ou poétique autant qu'à leur valeur picturale), et les étale dans des champs assez larges. Il réduit aussi, et parfois exclut le modelé, pour suggérer le volume essentiellement par les inflexions du contour. Comme par ailleurs il renonce volontiers aux ombres portées, qu'il ignore résolument la perspective aérienne qui amortit les couleurs des choses lointaines, son art finit par être aux antipodes de la tradition réaliste.

Il n'en va pas autrement de l'art de Van Gogh qui, après 1887, offre mainte affinité avec celui de Gauguin. Ce qui distingue le peintre hollandais, que son culte du soleil conduit à Arles, c'est dans un certain sens la température de son œuvre. Peu de peintures sont aussi chaleureuses, aussi pleines de passion que la sienne. Et si tout art est une confession, le sien en est une qui émeut particulièrement, parce que, à travers ses paysages du Midi et d'Auvers-sur-Oise, ses poignants autoportraits, ses tournesols flamboyants, il dévoile de façon directe les ardeurs, les élans, les chutes et les tourments de son âme. Aussi n'est-il pas étonnant qu'il soit considéré comme l'un des principaux précurseurs de l'expressionnisme moderne. Toutefois, Van Gogh n'a pas fait que jeter à la face du monde des cris de jubilation ou d'angoisse. Il a réalisé des œuvres pathétiques, bouleversantes, mais en se souciant toujours de l'harmonie, voire de la rareté de ses accords non moins que de leur vivacité. De plus, sa forme est fermement écrite et si ses lignes peuvent être entraînées dans des tourbillons vertigineux, sa composition ne manque point d'équilibre.

Joseph-Émile Muller,
L'Art au XXᵉ siècle, D.R.

112. NOTER LES INFORMATIONS

Tout en lisant l'article suivant, notez dans la marge toutes les informations qui vous permettront d'en faire un compte rendu : informations proprement dites (idées, exemples, etc.), informations sur le déroulement du texte (introduction, premier développement, etc.).

Pour noter ces informations, utilisez le style télégraphique propre à la prise de notes (abréviations, formes nominales, symboles).

Informatique : la fin des illusions

(1) Sans doute est-ce l'époque qui veut ça. Dans nos sociétés riches, désarçonnées par la crise, on n'en finit plus d'enterrer nos croyances anciennes. Entendez par là nos croyances... des années 70 et 80, qui semblent appartenir à une lointaine préhistoire. On vénérait la société de consommation ? On célèbre aujourd'hui la fin des «années frime» : trop d'achats inconsidérés pour trop peu de bonheur en plus. On vantait l'essor formidable de l'économie financière ? La bulle spéculative éclate de toute part : trop d'argent dépensé pour du vent. Or voici qu'un autre credo prend du plomb dans l'aile : celui des bienfaits des nouvelles technologies. Trop d'ordinateurs et de robots pour trop de chômeurs...

(2) «L'informatique est peut-être, comme le disait Jean-Jacques Servan-Schreiber en 1985, l'instrument de développement le plus puissant depuis l'invention de l'imprimerie il y a cinq siècles. Mais sa puissance n'a, au fond, rien résolu.» Qui le dit ? Thierry Breton, qui fut l'un des chantres les plus convaincus des technologies du futur. Auteur de *Softwar* (1984), conseiller de René Monory à l'Éducation nationale (1986-88), il publie aujourd'hui une sorte de *mea culpa*, *La Fin des illusions* (Plon, collection «Tribune libre»), dans lequel il s'interroge sans complaisance sur «le mythe des années high tech».

(3) À quoi bon s'équiper en télécopieurs si n'importe qui vous «faxe» n'importe quoi, au point qu'il devient impossible de trier ce qui est urgent et ce qui est sans intérêt ? À quoi bon multiplier les télévisions par satellite et par câble si les programmes restent insipides ? À quoi bon se gaver d'ordinateurs dans les entreprises si l'on n'a pas, d'abord, repensé l'organisation du travail ?

(4) À un degré ou à un autre, la désillusion est générale. Il y a vingt ans, les gourous en mettaient leur main au feu : l'ordinateur allait faire une entrée fracassante dans les foyers.

Avec la crise économique → fin de la plupart des croyances des années 70 et 80 :

– illusion de l'essor économique

– illusion des bienfaits des nouvelles technologies (ordinateurs et robots).

[annotations manuscrites dans la marge : intro, INTRO, plomb dans l'aile, intro sujet, questions qui introduise le sujet ce n'est pas clair, insipides, le sujet commence le développement ici]

Monsieur et Madame Tout-le-Monde, fascinés par ce nouveau serviteur muet plus malin qu'Einstein, lui confieraient la tenue de leur agenda, leur carnet d'adresses, la gestion de leurs économies ou le calcul de leurs impôts. Puis viendrait l'heure de la domotique, c'est-à-dire de la maison intelligente grâce à l'ordinateur central capable, d'un coup de téléphone lancé depuis votre bureau, de mettre en marche le chauffage, de faire couler votre bain et de baisser l'abat-jour…

(5) Échec sur toute la ligne ? La domotique ne perce pas. Quant à l'ordinateur-secrétaire, il ne séduit qu'une toute petite minorité. «Croire à son succès, c'était supposer que la gestion d'un ménage était une affaire très compliquée. Par exemple, que beaucoup de gens avaient une épargne très diversifiée, ou un agenda de P-DG. Or, pour la grande majorité des gens, c'est beaucoup plus simple que cela», constate Michel Forcé, professeur de sociologie à Lille et spécialiste en communication. Le seul vrai succès domestique des nouvelles technologies, c'est la puce qui règle la température du four ou de l'eau dans le lave-linge, et surtout les jeux électroniques, devant lesquels les gosses passent des heures entières. Toute une révolution pour en arriver au «Game boy» !

(6) Désillusion, aussi, dans les entreprises. […] Si tous les fabricants souffrent, c'est parce qu'ils vendent de moins en moins cher. Un micro-ordinateur qui valait dans les 30 000 francs il y a cinq ans coûte de 5 000 à 6 000 francs aujourd'hui, pour une puissance dix à quinze fois supérieure. Cette guerre des prix, ils l'ont voulue. Mais ce qu'ils n'avaient pas prévu, c'est que leurs clients commenceraient à crier «stop» ! Le renouvellement incessant des matériels et de leurs programmes, c'est terminé ! Il y a deux ans encore, en France, les dépenses informatiques des entreprises augmentaient de 10 %, contre 3 % en 1991, 0,7 % cette année… et sans doute un chiffre nul l'an prochain.

(7) Effet général du ralentissement économique ? Pas seulement. «Les techniques ne peuvent résoudre les problèmes que les hommes ne peuvent régler eux-mêmes», constate M. Pavé, sociologue, professeur à Polytechnique et aux Ponts, qui publiait dès 1989 une étude très critique, *L'illusion informaticienne* (L'Harmattan). L'irruption de l'ordinateur dans les ateliers ou les bureaux s'est souvent effectuée à la hâte, plus pour suivre une mode qu'après étude des besoins réels. Le coût de son introduction a été, la plupart du temps, mal pris en compte : oui, la machine devient chaque jour meilleur marché. Mais le temps d'apprentissage, de formation, lui, n'a pas diminué. En fait, la formation est devenue, sans aucun doute, la partie la plus coûteuse.

(8) Même les robots ne sont plus ce qu'ils étaient ! En s'automatisant à outrance, Renault et PSA pensaient avoir trouvé la panacée. Comme Fiat ou General Motors, ils en sont

revenus [...] «Pour manipuler des petites pièces, rien ne vaut la main – et l'œil ! – de l'homme. Au Japon, d'ailleurs, au milieu d'une chaîne automatisée, vous voyez tout d'un coup un ouvrier avec sa perceuse», explique Alain Mermet, directeur industriel de PSA. Ni Renault ni Peugeot-Citroën ne jetteront leurs robots. Mais ils ne leur demandent plus l'impossible ; et reviennent à un pragmatisme de bon aloi.

(9) Désillusion, aussi, dans l'administration, où l'informatique aurait dû supprimer des montagnes de paperasses, et réduire le coût du fonctionnement de l'État. Une trentaine d'experts ont planché récemment sur la question : l'administration est-elle devenue plus efficace ? Plombé par le jargon technocratique, «L'informatique de l'État», le rapport issu de cette louable tentative d'évaluation, laisse quand même fuser quelques conclusions claires. «Les objectifs d'efficacité et de qualité de service sont demeurés peu opérationnels», peut-on lire. On évoque aussi les «surcoûts sur les matériels et leur exploitation»…

«Comment voulez-vous calquer l'ordinateur sur des structures d'ancien régime comme la Justice, ou paralysées par les syndicats comme ceux de l'Éducation nationale !» s'exclame un expert. [...]

(10) Puisque ni l'ordinateur, ni les robots, ni nos grandioses projets ne tiennent leurs promesses, faut-il clouer les nouvelles technologies au pilori ? «Surtout pas !» plaide Christian Stoffaës, X-Mines et grand défenseur de la high tech, aujourd'hui directeur à l'état-major d'EDF. «C'est la crise économique et le pessimisme général qu'elle engendre qui conduisent à s'interroger. Mais, de grâce, ne mélangeons pas tout. Une révolution technologique ne se juge pas sur quelques années, mais sur une génération. On n'a pas le droit de changer d'avis tous les cinq ans.»

(11) «Sans renier la technologie, c'est avec le discours technologique qu'il faut prendre nos distances», conclut Thierry Breton. Au lieu de nous griser de futurisme creux, il va nous falloir comprendre que la vraie richesse apportée par ces innovations incessantes ne réside pas dans leurs prouesses technologiques, mais dans leur contenu. Et qu'elles exigent une autre façon de penser l'entreprise, de penser le développement économique. Et le développement social. Modestement, il va nous falloir réfléchir, en tâtonnant, à ce que nous voulons en faire. Peut-être aurions-nous dû commencer par là…

Christine Délavennat/Daniel Garric, *Le Point*, n° 1056, 12.12.1992

113. SÉLECTIONNER LES INFORMATIONS EN FONCTION D'UN OBJECTIF

a. Interview de Jacques Cellard.

Cherchez dans l'article suivant les informations qui vous permettront de :

• donner une définition de l'argot qui soit la plus complète possible,

• définir les conditions de naissance et de survie d'une langue argotique,

• faire un état de la situation de l'argot aujourd'hui (emplois, survivances, espérances de renaissance).

Le linguiste Jacques Cellard, auteur du *Dictionnaire du français non conventionnel,* est interrogé par l'hebdomadaire *L'Express.*

L'Express : La nouvelle édition de votre *Dictionnaire du français non conventionnel* est lourde de plus de 3 000 mots. Mais c'est presque un recueil de fossiles !

Jacques Cellard : Si le vocabulaire argotique se transforme en objet archéologique, c'est que sa base sociale, concrète, s'est évanouie. Autrefois, le faucon était une espèce à la mode. Aujourd'hui, il n'intéresse plus personne. Le vocabulaire de la fauconnerie s'est donc tari. Quand l'automobile a surclassé le cheval, le vocabulaire du harnais a subi le même sort... L'âge d'or de l'argot, ce fut cette période extraordinaire à la charnière du XIXᵉ et du XXᵉ siècle. Et son fondement social, c'était la classe ouvrière ancienne, essentiellement parisienne et très enracinée. On naissait, on vivait, on mourait dans un quadrilatère de rues minuscules. On était de Charonne, de la Butte-aux-Cailles, du quartier des Enfants-Rouges...

– L'argot leur servait de protection contre l'autorité ?

– Le flic parlait aussi argot, c'était le b.a.-ba du métier. Les dictionnaires d'argot sont d'ailleurs souvent l'œuvre d'un flic à la retraite. Non. C'était davantage un signe d'affirmation. D'identification. De ciment social. Qui permettait à chacun de se dire : je ne suis pas un individu sans racines, sans personnalité, j'appartiens à un groupe historique.

– Mais ce groupe a éclaté.

– Absolument. Le Paris des villages, le Paris des paroisses et des clochers se sont évaporés. À 20 000 francs le mètre carré, les usines et l'artisanat ont déserté la capitale. En deux générations, les héritiers de cette classe manuelle ont accédé à des emplois de bureau et au statut de la petite-bourgeoisie. Seul rescapé : le prolétariat de l'immigration, déporté à coups de pied dans le cul vers des banlieues préfabriquées... Voilà. Plus de base sociale, plus d'usage du langage. Quant aux autres producteurs d'argot, la prostitution et la petite délinquance...

– ... Ils ont, eux aussi, éclaté...

– Oui. On imagine mal à quel point la prostitution était omniprésente, à Paris, entre les deux siècles. À l'époque, la prostituée n'est pas un élément extérieur à la société ouvrière. Le soir, quand elle a fini de «faire son quart» – ou son «ruban» –, elle reste une petite femme du peuple qui achète ses légumes comme tout le monde et qui file préparer la soupe aux choux à son homme. C'est une citoyenne à part entière... En 1991, la Ghanéenne* de service est, elle, exclue à double titre. Exclue de la société. Exclue d'un langage qu'elle ne domine pas.

– Pour faire vivre ce français non conventionnel, il faudrait donc parfaitement maîtriser le conventionnel.

– C'est fondamental. Les deux vont de pair. Entre 1875 et 1930 – de Bruant* aux Pieds

Ghanéenne : à Paris, beaucoup de prostituées sont d'origine africaine.
Bruant (1851-1925) : chansonnier s'exprimant dans une langue populaire et argotique.

nickelés* – le prolétariat parle un français populaire. Mais il est aussi formé à la rude école de la communale*. L'instituteur, tel qu'il est décrit par Céline*, ne lui passe rien. Ne lui fait aucun cadeau. On enseigne le verbe, le sujet, le complément d'objet direct et indirect. La méthode est inégalable et reste inégalée : la baffe. L'espace de créativité, c'est la cour de récréation et les copains. Il existe une complicité objective entre le gosse et l'instituteur de Clignancourt. Ce dernier n'est pas dupe, il maintient la coexistence des deux systèmes. La santé de l'un dépend de la bonne santé de l'autre. Pour sécréter de l'argot, pour créer des locutions populaires, il faut domestiquer la grammaire, la syntaxe, l'effet rhétorique…

– Et aujourd'hui ?

– Aujourd'hui, on ne peut pas dire que la communale soit synonyme de rigueur absolue. Donc, l'espace argotique se rétrécit. Et, comme il lui faut un substitut, il est occupé par une langue non syntaxique : le verlan*. Le système argotique faisant de l'anémie, le verlan fait de l'hypertrophie. Le verlan est un système codé, mécanique, exempt de créativité. Sans rhétorique, sans grammaire. C'est un briseur de vocabulaire qui, à sa façon, traduit le désir adolescent d'inaugurer l'âge des ruptures. Mais n'est pas Rimbaud qui veut. Bon. Ça leur passera avant que ça me reprenne…

– Mais à quoi peuvent bien nous servir aujourd'hui toutes ces expressions un peu poussiéreuses ?

– Ce sont des fragments vivants de l'histoire de la société française ! Tenez : vers 1860, les marchands ambulants vendaient leurs tissus en comptant les épaisseurs, sans dérouler la toile ; souvent, ils raccour- cissaient les plis à l'intérieur, en leur donnant du gonflant, du bidon, pour faire croire à une plus grande longueur. C'était du bidon*… Autre exemple : les immeubles comportaient une masse d'eau qui donnait la pression aux gazomètres. Mais il arrivait que quelques bulles remontent dans les conduites et éteignent le brûleur de la cuisinière. Le repas ne se faisait pas. C'était la brouille dans le ménage, puisqu'il y avait de l'eau dans le gaz*. L'expression est restée, même si l'objet a disparu. C'est la règle : la locution fonctionne, même débarrassée de son support matériel.

– Mais qui crée encore de telles expressions aujourd'hui ? La publicité ?

– La pub ne crée pas. Elle récupère. Je pense à une affiche pour des chaussures qui disait : «La fin des pompes funèbres». Ou, pour une marque de colle : «Quand je l'ai plaquée, elle s'est tenue à carreau». Un bon détournement. La pub est, en tout cas, plus inventive que le discours politique, ou – excusez-moi – journalistique.

– La technologie, alors ? Ne susciterait-elle pas de nouvelles expressions ?

– C'est possible. Je ne serais pas surpris d'entendre bientôt des formules du style «Ça n'a pas traîné, j'lui ai faxé une baffe». Le mot est simple, direct, expressif, avec des bonnes consonances – faxer, c'est craquer, taper, baffer – et une bonne signification : si vous faxez une baffe à un gosse, vous lui transmettez un message parfaitement clair. En temps réel. Bientôt, allez savoir, on zappera sa gonzesse…

Entretien réalisé par Angelo Rinaldi, Yves Stavridès et Dominique Simonet, *L'Express*, 18.4.1991

Les Pieds nickelés : bande dessinée parue pour la première fois en 1908.
La communale : l'école primaire publique sous la IIIᵉ république.
Céline (1894-1961) : écrivain s'exprimant dans une langue non conventionnelle.
Le verlan : façon d'inverser les syllabes d'un mot (tomber → béton – l'envers → verlan).
«C'est du bidon» : c'est du faux, de l'illusion.
«Il y a de l'eau dans le gaz» : il y a des problèmes.

b. Documents sur la civilisation Maya.

Vous êtes chargé de rédiger l'article «Maya» pour un dictionnaire destiné à de jeunes adolescents. Cet article ne doit pas dépasser 200 mots. Sélectionnez dans les documents suivants les informations qui vous paraissent pertinentes et rédigez l'article.

Le monde maya était avant tout régi par la violence. La guerre avait pour fonction première de fournir des prisonniers, futures victimes sacrificielles destinées à apaiser la colère des dieux et à garantir pluies abondantes et bonnes récoltes à la cité victorieuse. La toute dernière découverte de l'enceinte fortifiée de Dos Pilas souligne l'état de siège quasi permanent dans lequel vivaient les cités, tour à tour alliées et rivales. Ce qui a tout d'abord contribué à préserver un certain équilibre entre les royautés les plus puissantes. «Ce climat de guerre perpétuelle empêchait en effet une cité d'affirmer durablement son hégémonie. Ce qu'on pourrait appeler paix grâce à la guerre, une sorte d'équilibre de la terreur…», fait remarquer Arthur Demarest.

À la longue, l'accélération du processus a détruit le fragile écosystème. Les paysans, désertant les campagnes, se sont repliés aux abords des villes. Résultat : les terres cultivées ont rétréci comme peau de chagrin. Les cités, surpeuplées, ont rapidement connu la pénurie alimentaire. Pour l'équipe de Dos Pilas, c'est la clé de l'irrésistible déclin des Mayas.

«C'est une hypothèse plausible, reconnaît Claude Baudez, mais on peut aussi penser à une conjonction de facteurs : démographie galopante, désastre climatique, économie sacrifiée au seul bénéfice d'une mégalomanie architecturale… Mais il est certain qu'aujourd'hui tous les éléments du rébus sont en place.»

«Il n'y a jamais eu d'Empire maya proprement dit, précise Claude Baudez, archéologue du CNRS, mais un agrégat de cités rivales – comme autant de mini-royaumes – qui entretenaient épisodiquement un système d'alliance avec leurs proches voisins. Le roi est l'un des deux personnages clés de la société maya ; il est entouré de parents et alliés qui constituent la noblesse chargée des tâches administratives et militaires. L'autre figure capitale est celle du prêtre chargé des cérémonies et des sacrifices. Quant au peuple – essentiellement des agriculteurs chargés de nourrir les improductifs et de fournir la main-d'œuvre nécessaire aux grands chantiers –, contrairement aux idées reçues, il ne constitue pas forcément une classe de parias : on y trouve de riches propriétaires fonciers, eux-mêmes servis par une nombreuse domesticité…»

«L'histoire des Mayas est si longue et si complexe que la seule certitude, à la limite, est leur implantation géographique !» ironise un archéologue mexicain. Le monde maya ? Quelque 325 000 kilomètres carrés, à cheval sur le Mexique, le Salvador, le Honduras et le Guatemala – et une civilisation qui s'épanouit du Xe siècle av. J.-C. au Xe siècle de notre ère. Elle connaît son apogée du IVe au IXe siècle, sa période «classique», durant laquelle les Mayas bâtissent de somptueuses cités en pleine jungle, mettent au point un savant système d'irrigation et inventent une mystérieuse écriture constituée de figures symboliques (des pictogrammes), qui conjugue les annales du temps avec de fascinantes observations astronomiques. Le déclin brutal des Mayas est d'autant plus inexplicable : en quelques décennies, ils sont comme rayés de la carte sans raison apparente. La croyance selon laquelle les conquistadores ont détruit cette civilisation est erronée : lorsque, au XVIe siècle, ces derniers débarquent au Yucatán, ils n'y trouvent que quelques cités à moitié abandonnées, mélancoliques vestiges d'une splendeur depuis longtemps révolue.

L'écriture maya est pictographique, elle traduit des idées par des dessins ou des signes, les glyphes. Voilà pour l'évidence. Ensuite, les spécialistes ont dû résoudre une longue suite d'énigmes : que signifie une tête de profil, quel sens donner à cet animal fantastique ?
Les chercheurs ont d'abord associé des ensembles de glyphes et tenté d'en dégager un message global. Puis, dans les années 1960, on a commencé le déchiffrage phonétique. Dernière grande difficulté, la restitution des syllabes utilisées par les Mayas. «Nous préparons une table de 80 valeurs syllabiques, ils devaient en utiliser une centaine, sourit Michel Davoust, chercheur au CNRS. Nous approchons de la solution…»

Pas de technologie, ou presque, chez les Mayas : ils ne possédaient ni la roue ni le cheval et, pourtant, ils ont irrigué leurs terres, édifié des voûtes et surtout construit de véritables observatoires astronomiques qui leur ont permis de se rapprocher d'un ciel qui les fascinait.

Les Mayas étaient littéralement obsédés par l'azur et par le temps. Du reste, leurs astronomes avaient mis au point trois calendriers (solaire, lunaire et vénusien). [...]

Les Mayas réussissaient ainsi un tour de force : évaluer la durée de l'année à 365,24422 jours, soit une erreur de 17 secondes par rapport aux calculs des astronomes modernes !

Ce système de «compte long» force notre admiration. Aujourd'hui encore, il permet aux archéologues de dater, à un jour près, les événements rapportés sur les monuments.

On sait aujourd'hui que certains des temples mayas étaient orientés selon des impératifs astronomiques.

[...] la légende du pacifisme maya remonte sans doute au XVIe siècle, lorsque les Espagnols ont débarqué dans la presqu'île du Yucatán, au Mexique. Ils ont effectivement vu les Mayas s'adonner à la pratique du sacrifice humain, et ces derniers, afin de rassurer les conquistadores qui voyaient là la main du démon, leur auraient affirmé que ces pratiques n'étaient pas de leur invention. Qu'en l'occurrence c'était les Mexicains qui leur avaient montré le mauvais exemple… Convaincus par ces protestations d'innocence, les Espagnols, candides, auraient révisé leur jugement et donné des Mayas une image moins choquante.

Pourtant, que de sang versé durant des siècles ! Les prêtres, qui servaient d'intermédiaires avec des dieux assoiffés de victimes humaines, utilisaient rituellement des poignards en os et des couteaux d'obsidienne. Les chiffres manquent sur le nombre et la fréquence des sacrifices. On sait néanmoins que les prêtres ne se contentaient pas de jouer les bourreaux : en effet, entre deux sacrifices, ils s'automutilaient en laissant leur sang couler jusqu'à complet épuisement… Pour faire patienter les dieux jusqu'au prochain massacre !

Extraits d'un dossier de Simon Guibert, *ÇA m'intéresse,* n° 142, décembre 1992

114. EXTRAIRE L'INFORMATION D'UN DOCUMENT NON TEXTUEL

a. Statistiques.

Que vous apprennent les statistiques suivantes ? En utilisant les expressions du tableau en bas de page, rédigez un paragraphe montrant l'hétérogénéité des comportements familiaux dans les différents pays européens.

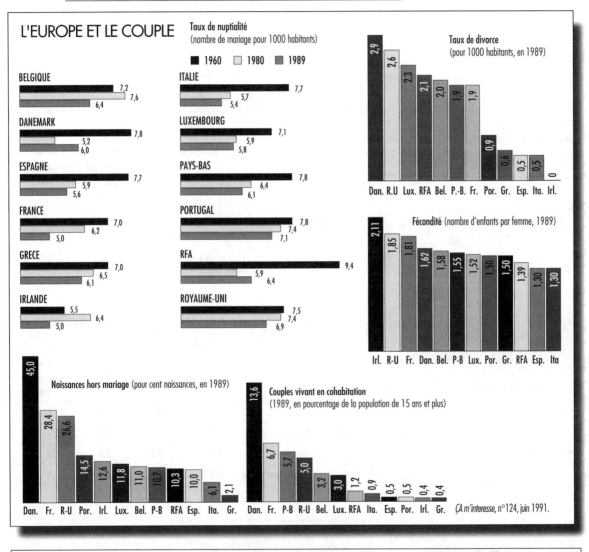

ÇA m'interesse, n°124, juin 1991.

- ■ Réaliser, effectuer un sondage – une enquête (auprès de…) – des statistiques – les chiffres – un pourcentage – une courbe
- ■ Le sondage } montre – révèle – traduit
  Le document } souligne – met en valeur – met en évidence – fait ressortir
  L'image
- ■ Les personnes interrogées affirment – approuvent/rejettent – elles sont massivement favorables/défavorables – elles approuvent à une forte/faible majorité – elles s'abstiennent, n'ont pas d'opinion
- ■ L'image, le dessin évoque, rappelle, fait penser à, traduit, symbolise, etc.

b. Sondages.

En utilisant les expressions du tableau p. 113, commentez les résultats de ce sondage effectué en septembre 1992.

• Que vous apprend-il :

– sur la mentalité des Français, sur leur vision d'un projet de société et de l'action politique ?

– sur la valeur et la pertinence des sondages ?

On dit souvent qu'en France, ce qui nuit à l'économie, c'est le poids excessif de l'État. Êtes-vous d'accord ou pas d'accord ?

	%
– D'accord.........................	57
– Pas d'accord	24
– Ne se prononcent pas	19
TOTAL	100

Pensez-vous que l'État devrait intervenir plus ou moins qu'aujourd'hui ?

	Intervenir plus	Intervenir moins	Intervenir autant (réponse spontanée)	Ne se prononcent pas
– Pour aider les entreprises en difficulté.....................100%	75	8	9	8
– Pour la protection sociale.............................100%	74	5	14	7

Êtes-vous d'accord ou pas d'accord avec ceux qui disent qu'en France il y a vraiment trop de fonctionnaires ?

	%
– D'accord.........................	41
– Pas d'accord	48
– Ne se prononcent pas	11
TOTAL	100

Estimez-vous qu'on devrait recruter plus de personnel ?

	Oui	Non	Ne se prononcent pas
– Dans les hôpitaux...................100%	89	5	6
– Dans la justice.......................100%	59	20	21
– Dans la police........................100%	65	23	12
– Dans l'éducation nationale......100%	85	10	5

Êtes-vous personnellement favorable ou opposé à ce que l'État aide les plus démunis ou ceux qui ont provisoirement des difficultés ?

	%
– Favorable	90
– Opposé	6
– Ne se prononcent pas	4
TOTAL	100

Êtes-vous favorable ou opposé au libéralisme économique, c'est-à-dire au libre jeu du marché, où l'État intervient le moins possible ?

	%
– Favorable	62
– Opposé	20
– Ne se prononcent pas	18
TOTAL	100

Quand vous voyez beaucoup de policiers dans la rue, votre première réaction est-elle d'être rassuré ou d'être mécontent ?	
	%
– D'être rassuré	69
– D'être mécontent	15
– Ne se prononcent pas	16
TOTAL	100

Estimez-vous que le gouvernement fait dans l'ensemble assez d'efforts ou pas assez d'efforts en faveur de la sécurité des citoyens ?	
	%
– Assez d'efforts	33
– Pas assez d'efforts	58
– Ne se prononcent pas	9
TOTAL	100

Sondage exclusif CSA/L'Événement du jeudi réalisé les 4 et 5 septembre 1992 auprès d'un échantillon national représentatif de 820 personnes inscrites sur les listes électorales et âgées de 18 ans et plus.

L'Événement du jeudi,
17.9.1992.

c. Documents iconographiques

(dessins humoristiques, photos, etc.).

Un dessin ou une image apporte quelquefois autant d'informations qu'un texte. Pour le document suivant ainsi que pour celui du livre de l'élève p. 147 :

• Identifiez la situation générale (fait d'actualité, problème de société, etc.)

• Quels sont les problèmes posés ?

• Donnez des titres d'articles que vous pourriez illustrer avec chacun d'eux.

• Rédigez un bref commentaire en relation avec le contenu de l'article dans lequel ce document figurerait.

Le Monde, septembre 1991.

20

RENDRE COMPTE DE L'ORGANISATION D'UN TEXTE

115. LES ÉLÉMENTS DU TEXTE

a. En lisant le texte ci-contre, repérez les éléments qui le composent (voir tableau ci-dessous). Indiquez brièvement le contenu de chacun de ces éléments.

Exemple : ligne 1 à 6 → récit d'un viol dans un établissement scolaire.

b. En rassemblant vos notes, faites un compte-rendu fidèle du déroulement de ce texte.

«L'auteur commence par présenter trois exemples de violences à l'école : le viol d'une jeune fille de quinze ans, etc.»

c. Vous devez faire une émission de télévision d'une heure sur le problème de la violence à l'école. Organisez le déroulement de cette émission (interviews d'acteurs de scènes de violence, de témoins, de responsables – débats entre des journalistes, des écrivains, etc. – extraits de films – documentaires, etc.).

Les éléments rhétoriques du texte
■ *Déroulement* : l'introduction – la position du problème – le développement – la 1re, 2e, … partie – l'enchaînement – la conclusion provisoire/définitive.
L'auteur débute par… enchaîne sur … (voir Exercice 65).
■ *Types de discours*
→ discours objectif : apport d'informations – exemples – citations – exposé d'idées
→ discours subjectif : commentaires – comparaisons – jugements et opinions – interrogations – exposé de sentiments, d'impressions, etc.
■ *Modes rhétoriques* : le récit (raconter) – la description (décrire) – l'analyse – le commentaire – la démonstration (démontrer) – l'explication (expliquer) – la définition (définir).

La violence à l'école

Quelques jours à peine après la rentrée, au lycée Blanqui de Saint-Ouen, une jeune fille de quinze ans est violée dans les toilettes de son établissement par trois de ses camarades et un ancien élève. L'établissement sentait pourtant la peinture fraîche ; il venait d'être inauguré. Mais deux surveillants seulement contrôlaient les allées et venues de neuf cent quarante-deux élèves. Effrayée, la victime attendra plusieurs jours pour se confier à une amie. Vendredi 12 octobre, au lycée Charles-Schmidt, toujours à Saint-Ouen, pour échapper à un incendie, un lycéen se blesse en sautant par la fenêtre de sa salle de classe ; vingt-deux autres sont intoxiqués. Après enquête, trois élèves, dont un mineur, reconnaissent avoir provoqué le sinistre «pour ne plus retourner au lycée». Trois jours plus tard, au collège Joliot-Curie d'Argenteuil, des vandales brûlent les dossiers de neuf cents élèves. La liste est longue, trop longue. Elle concerne autant la province que la région parisienne. Selon Éric Debardieux, auteur de *La Violence dans la classe* (Éd. ESF), «ce n'est ni un phénomène marginal ni un phénomène seulement lié aux insuffisances d'individus incapables». Après les émeutes de Vaulx-en-Velin, qu'il est difficile de ne pas rapprocher de cette série noire même si les faits sont de nature différente, la France semble découvrir brutalement que son système éducatif déborde de violence. Le Premier ministre s'en est ému en reconnaissant : «Nous avons trop sacrifié sur les effectifs de surveillance.» Est-ce bien le problème ?

Peut-on, en effet, se contenter de contrôler et de punir pour refaire des collèges et des lycées des lieux paisibles ? Ne faut-il pas plutôt s'interroger sur la crise de fond qui secoue tout l'édifice scolaire ? Une crise réelle, latente depuis des années, qui puise d'abord ses racines dans la faillite de l'école. L'enfer des cités, la culture violente télé-cinématographique, la permissivité générale de la société font le reste.

Le grand échec de l'école, c'est de ne plus être un sanctuaire. Non pas celui de l'ordre et de la discipline, mais celui du savoir. La violence en tant que telle n'est pas un phénomène nouveau. Elle a toujours existé et, contrairement aux idées reçues, ce n'est pas la raideur des hussards noirs de la République qui la faisait taire. C'était le respect attaché à la fonction de transmission du savoir. En clair, les enfants du début du siècle, au demeurant aussi turbulents que ceux d'aujourd'hui, acceptaient de se tenir tranquilles et respectaient leurs maîtres parce que l'école était un lieu égalitaire de promotion sociale. On était récompensé de sa patience et de son obéissance par un diplôme ou des connaissances qui servaient d'instrument d'intégration dans le monde adulte.

Depuis mai 1968, l'effet conjugué de l'idéologie libertaire et du phénomène de massification de l'enseignement ont taraudé méthodiquement le précieux édifice. Les pédagogues progressistes ont en effet voulu que l'école, accusée de vivre en marge de la société, s'ouvre au monde qui l'entoure. Ils sont comblés. À l'heure où la société devient de plus en plus laxiste, l'école n'a plus aucun moyen de résister. Elle ne peut prétendre rester le dernier espace répressif dans un environnement où fleurissent tous les excès. Autrefois, le lycée était un filtre ; aujourd'hui, c'est une éponge. Même l'architecture scolaire s'inspire de ce principe d'ouverture : plus d'enceinte, plus de contrôle, il faut s'intégrer dans le paysage urbain. Même quand ce paysage ressemble à nos terribles banlieues.

Évolution irréversible ? Peut-être. Jean-Marc Muller, secrétaire général de la Fédération de conseils de parents d'élèves, explique qu'«on ne peut restaurer les frères portiers des établissements religieux d'antan. Avec la télévision, qu'on le veuille ou non, le lycée entre dans le monde, un monde de communication. C'est inévitable».

Certes, mais ce glissement provoque une fracture, due à l'arrivée en masse des jeunes des classes démographiques pleines. Comme l'explique Robert Ballion, directeur de recherche au CNRS, «l'école et la société sont en rupture complète. La société est si permissive que l'école passe pour répressive. Le système scolaire est de plus en plus mal accepté parce qu'il n'est plus cohérent. L'institution, débordée par le nombre, ne donne pas en échange de la contrainte qu'elle impose le minimum exigé en termes de promotion sociale». Chaque année, environ cent cinquante mille jeunes quittent les bancs des écoles sans aucun diplôme en poche, fût-ce le moindre CAP. Pour eux, l'avenir est synonyme de chômage, débrouille, désœuvrement, violence. Ils ne croient pas à l'école comme vecteur de promotion sociale. Plusieurs centaines de milliers d'autres se perdent dans le dédale des filières, techniques ou même générales, dont les débouchés sont loin d'être évidents. Submergée, la machine éducative ne s'en sort qu'en écrémant, reclassant, excluant les élèves qui doublent et redoublent dans le désordre. 60 % des élèves de terminale ont au moins dix-huit ans (la moyenne d'âge des bacheliers est maintenant de dix-neuf ans et demi).

Comme ils sont majeurs, citoyens et électeurs, comment leur refuser de signer eux-mêmes leurs lettres d'absence ? Que leur reprocher, quand ils s'en prennent à leurs profs qui, crise de recrutement oblige, n'ont souvent que quatre ou cinq ans de plus qu'eux ? Comment, d'autre part, ne pas comprendre ces enseignants menacés et vilipendés qui sont des victimes toutes désignées ?

À cela s'ajoute, explique Jean-Marc Muller, «l'émergence de groupes ethniques, culturels et sociaux différents qui provoque des mélanges explosifs». La ville exporte ses difficultés dans les classes : tensions liées à l'immigration, au racisme, aux skinheads. Sans objectif, sans illusion, travaillée par la société de consommation, ouverte à toutes les influences, une forte mino-

rité du «peuple lycéen», selon l'expression du sociologue Gérard Vincent, se livre à la contestation sociale. Ils remplacent, par leur agitation, les étudiants d'hier. «À l'université, les jeunes travaillent parce qu'ils ont un objectif clair et qu'ils croient pouvoir s'en sortir, constate Daniel Zimmermann, professeur émérite de sciences de l'éducation à Paris VIII. Tandis qu'au lycée les adolescents se révoltent .»

La violence à l'école n'est rien d'autre : une révolte. Générée par un cadre éducatif défaillant, dépassé et démissionnaire, elle ne peut donc être apaisée et combattue que par la restauration de l'école dans son intégrité et son prestige.

Christian Makarian,
Le Point, n° 944, 22.10.1990.

116. LE MOUVEMENT DU TEXTE (ENCHAÎNEMENT DES PARTIES ET PLAN)

Le schéma idéal du texte (introduction posant un problème – succession de paragraphes équilibrés construits autour d'une idée centrale et s'enchaînant d'une manière logique – conclusion) existe rarement dans la réalité des textes.

■ Certains paragraphes sont plus riches que d'autres en informations. Un paragraphe peut n'être par exemple que l'expansion du précédent.

■ Le déroulement du texte et les enchaînements de paragraphes peuvent relever de schémas logiques divers :

→ *chronologie :* (avec, comme dans un film, des ruptures, des retours en arrière, des oppositions passé/présent, etc.) ;

→ *répartition :* dans le texte d'un certain nombre de sujets qui peuvent être annoncés dans l'introduction ;

→ *expansion :* tout est dit dans les premières lignes. Le reste du texte reprend l'idée principale en la reformulant, l'exemplifiant ;

→ *accumulation :* le texte juxtapose une série de faits ou d'arguments (par exemple les causes de la révolte des étudiants) ;

→ *opposition ou parallélisme :* le texte met en relation deux idées, deux séries de faits ou d'arguments.

a. Texte : La mise en scène théâtrale.

• Faites le plan détaillé du contenu de ce texte.

Ce plan détaillé doit permettre de visualiser d'un coup d'œil les principales tendances de la mise en scène et donner des indications suffisantes sur la spécificité de chaque tendance.

• Illustrez chacune de ces tendances par un exemple précis de mise en scène d'un spectacle.

• En utilisant vos notes, faites un exposé oral sur le sujet : «Tendances de la mise en scène théâtrale».

La mise en scène théâtrale

L'écriture théâtrale a ceci de particulier qu'elle propose des personnages en attente d'incarnation et des actions destinées à s'inscrire dans un espace singulier et autonome, doté de ses propres balises. D'où sa double dépendance, immémorialement reconnue, à l'égard de l'acteur et de l'ordonnateur du lieu scénique, quel que soit le nom qu'on lui donne. Lorsque la notion de mise en scène, telle que nous la connaissons aujourd'hui, apparaît en Europe autour de 1880, elle est gouvernée par l'idée qu'il importe d'organiser dans un ensemble cohérent la diversité des signes de la représentation, sous la responsabilité d'un maître d'œuvre unique : chargé de traduire l'œuvre sur un plateau, il lui revient de conduire le travail des comédiens et de donner à leur action un rythme, une couleur, une architecture spécifiques. Interprète central de l'œuvre et chef de l'orchestre appelé à la jouer, il met à son service son savoir, sa sensibilité et ses dons de constructeur. Mais, dans la mesure où il lui appartient de mettre en forme le sens et la force émotionnelle du texte qu'il porte à la scène, le metteur en scène se pose obligatoirement en double de l'écrivain, qui voit son œuvre se détacher de lui et ses paroles entrer dans la dépendance d'une autre parole : de là à se poser en coauteur lui-même, puisqu'il est le maître de la théâtralité sous-jacente

à l'écriture, il n'y a qu'un pas à franchir, mais il lui est interdit de succomber à cette tentation, sauf à mettre en cause les enjeux presque unanimement reconnus de la représentation et, par voie de conséquence, le statut du texte au théâtre.

À partir de là, se dessinent trois usages possibles de la mise en scène, soit qu'on lui assigne le statut intermédiaire que je viens de dire, soit qu'on revendique pour elle une autonomie absolue, soit qu'on se résigne à des transactions, qui demandent constamment à être légitimées, entre les deux choix précédents[1]. Sur la première conception, il n'y a guère à revenir, dans la mesure où elle s'est largement imposée sous les formes les plus variées, depuis Antoine et Stanislavski jusqu'à Vilar, Strehler, Planchon, Bondy ou Lassalle, en passant par Reinhardt, Copeau, Dullin et tant d'autres : elle a tracé, tout au long de notre siècle, une voie royale pour le théâtre européen, qui demeure largement empruntée.

L'autarcie radicale de la scène, elle, a d'abord été revendiquée dans des manifestes ou dans des écrits théoriques qui la décrivaient comme l'avenir du théâtre et qui lui donnaient pour objectif, plus exactement, la fondation d'un art si nouveau qu'il n'aurait presque plus rien de commun avec l'usage traditionnel de la théâtralité. Il s'agit moins ici du rêve wagnérien d'un théâtre total que d'une rupture définitive avec la littérature et avec le sens que prétend produire le langage articulé. La célèbre définition d'Edward Gordon Craig fournit les premiers articles d'un tel programme : «L'art du théâtre n'est ni le jeu des acteurs, ni la pièce, ni la mise en scène, ni la danse ; il est formé des éléments qui le composent : du geste qui est l'âme du jeu ; des mots qui sont le corps de la pièce ; des lignes et des couleurs qui sont l'âme même du décor ; du rythme qui est l'essence de la danse.» C'est donc du langage scénique, tel qu'il est tracé sur le plateau, qu'est attendue la création, hors de toute référence à une réalité extérieure, quelle qu'elle soit ; il n'y a plus alors de mise en scène, par la raison qu'il n'y a plus d'objet premier à transférer et à traduire, mais une invention qui se déploie dans un temps et dans un espace privés de tout référent, avec des instruments qui lui sont propres et dont le premier serait le corps de l'acteur. On ne saurait cependant se borner à cette vue, fortement liée au symbolisme et qui chasse de la scène tout pathos (à commencer par celui qu'y introduit nécessairement l'acteur, s'il n'accepte pas de se minéraliser à l'égal de la marionnette) : lorsque Artaud, quelques années plus tard, rêvera à son tour d'un théâtre autonome, en rejetant toutes les nouveautés introduites par la mise en scène en Allemagne et en Russie, il s'opposera avec la même véhémence au pur dynamisme des images et à la gratuité du sens impliqués par le nouvel art que Craig appelait de ses vœux ; il s'agira pour lui de toucher l'âme par l'«écheveau des nerfs»

et de montrer l'envers du monde, dans la violence et dans la douleur, au prix de l'holocauste du comédien dans un jeu qui le brûle.

Ces deux utopies, qui chassent l'une et l'autre l'écriture dramatique de la scène, ont trouvé leur aboutissement il y a environ vingt-cinq ans : la première, faite de la projection de rêves, de figures, d'images et d'objets dans un dynamisme et une temporalité absolument singulières, ne renvoyant qu'à elle-même comme une «musique visuelle», a pris corps chez Robert Wilson et ses épigones (surtout américains et allemands), inspiré de nouvelles ambitions à la danse et commencé à infléchir le cours de l'art de la marionnette, depuis la voie désignée par le Bread and Puppet jusqu'au théâtre d'objets et de figures qui s'affirme aujourd'hui ; la seconde, axée d'abord sur l'exploration des pouvoirs de l'acteur au théâtre-laboratoire de Grotowski, s'est incarnée avec une puissance exceptionnelle dans l'œuvre de Tadeusz Kantor, envahie par le retour des morts et par les résurgences d'une mémoire sarcastique, écrite dans l'espace avec les organismes des acteurs et au travers d'images tremblées, dangereuses et issues du plus profond de la vie. Dans les deux cas, le signataire du spectacle est unique et la référence au texte a disparu, tout à fait légitimement.

Robert Abirached, *Le Théâtre et le Prince (1981-1991)*, Plon, 1992.

[1] Cette troisième conception de la mise en scène n'est pas traitée dans cet extrait.

b. Extrait du *Tiers-Instruit.*

• Formulez en une phrase l'idée principale du premier paragraphe.

• Quel est le but du deuxième paragraphe ? Comment s'articule-t-il sur le premier ? Posez-vous les mêmes questions pour le troisième paragraphe.

• À quelle logique appartient le déroulement de ce texte ? (voir tableau, p. 116). Imaginez les sujets d'un cinquième et d'un sixième paragraphe qui soient conçus dans la même logique.

• Imitez la construction du texte de Michel Serres. Imaginez le plan détaillé d'un texte sur l'un des sujets suivants :

«Toute création est faite d'imitation.»
«Notre fin de siècle adore la déesse Image.»

Mis à part des cas rarissimes, moins de dix assurément pour quatre millénaires d'histoire connue, dont les noms signent presque toujours des œuvres de mathématiques et de musique, ces deux langages à mille valeurs parce que privés de sens discursif, on ne rencontre pas de génie naturel, immédiat et sauvage. Qui attend l'inspiration ne produira jamais que du vent, tous deux aérophagiques. Tout vient toujours du travail, y compris le don gratuit de l'idée qui arrive. S'adonner, ici et maintenant, d'un coup, à n'importe quoi, sans préparation, aboutit à l'art brut dont l'intérêt se borne à la psychopathologie ou à la mode : bulle passagère, pour tréteaux et bateleurs.

Œuvre d'art, voyons le mot. L'œuvre a pour auteur un ouvrier, de formation artisanale, devenu expert en sa matière propre, formes, couleurs, images, pour tels, langue pour moi, marbre ou paysage ailleurs. Avant de prétendre produire des pensers neufs, il faut, par exemple, ouïr les voyelles : un ouvrier, un artisan d'écriture les distribue dans la phrase et la page comme un peintre les rouges dans les verts, ou un compositeur les cuivres sur les percussions, jamais n'importe comment. Ainsi des consonnes ou des subordonnées :

labeur long sur la feuille trouée comme le tonneau des Danaïdes, si indéfini qu'on y passe sa vie. Créer : ne s'adonner qu'à cela, de l'aube à l'agonie.

Cela suppose la meilleure santé : dévorant le corps de son embrasement, la création épuise à mort et tue à la fleur de l'âge quiconque n'y résiste de vive force : Raphaël, Mozart, Schubert, autour de trente ans, Balzac et saint Thomas d'Aquin, vers quarante. Avant de se mettre à rimer, le vieux Corneille se déshabillait pour se rouler, tout nu, dans des couvertures de bure où il suait d'abondance, comme en un sauna : l'œuvre géniale transpire du corps ainsi qu'une sécrétion. Elle sort des glandes. Des dizaines de kilomètres, tous les jours, marchaient Rousseau et Diderot. Les idées nouvelles émanent d'athlètes. Le sobriquet Platon signifie, en grec : large d'épaules. Il faut imaginer les grands philosophes en joueurs de rugby. À travers le gréement du trois-mâts en route de Saint-Malo à Baltimore, Chateaubriand surclassait les matelots dans la gymnastique acrobatique et la voltige. [...]

Michel Serres, *Le Tiers-Instruit*, Éd. François Bourin, 1991.

c. Texte : «Immigrés : problèmes d'intégration»

• Retrouvez les principales étapes de l'explication de D. Lapeyronie. Entourez les mots (adverbes, conjonctions) qui signalent le passage d'une étape à l'autre. Montrez que le texte est construit sur une logique de l'opposition.

Immigrés : problèmes d'intégration

Autrefois, tout semblait simple. L'immigré venait pour travailler. Il s'installait, il obtenait un statut social, puis, petit à petit, par le travail, l'usine, les syndicats, l'église, il apprenait notre culture et notre mode de vie, il devenait français. Ses enfants, eux, l'étaient tout à fait, l'école de la République ayant fait son œuvre civilisatrice. Certes, tout n'était pas idyllique. Les Polonais étaient parfois renvoyés chez eux, les Italiens avaient bien mauvaise réputation, la xénophobie s'exprimait souvent avec une extrême violence contre ces polaks et autres ritals. Tout le monde finissait quand même par s'intégrer et le «creuset français» faisait la preuve de son efficacité. La France pouvait s'enorgueillir de tous ses étrangers qui ont tant contribué à sa prospérité et à sa gloire.

Aujourd'hui, tout est brouillé et le paysage est dévasté. Les immigrés arrivent de pays de plus en plus lointains et sont de plus en plus divers : après les Portugais et les Maghrébins, voilà les Turcs, les Africains et les Asiatiques. Entre le jeune beur né en France, scolarisé ici et qui n'est pratiquement jamais sorti de sa cité, le clandestin pakistanais qui sert de porteur dans le quartier du Sentier à Paris et l'Africain polygame qui continue de faire exciser ses filles, quoi de commun ? Pourtant, d'une génération à l'autre, notre pays continue d'intégrer ses immigrés. Les enfants d'immigrés deviennent de plus en plus souvent cadres ou cols blancs, et pour plus de la moitié d'entre eux ont une mobilité sociale ascendante. Les comportements s'alignent progressivement sur ceux des Français : les femmes immigrées font de moins en moins d'enfants (on est passé de 4,01 enfants par femme étrangère en 1968 à 3,19 en 1985), les mariages mixtes progressent lentement (8,7 % des mariages en 1986), la connaissance de la langue d'origine diminue sensiblement, de même que le niveau de pratique religieuse. Les immigrés se fondent dans les classes populaires françaises. Dans nombre de cités de banlieue, comme les Minguettes qui fut la cité «chaude» du début des années 80, celle d'où est partie la «marche pour l'égalité», cité massivement assistée, l'intégration est une réalité. Le climat s'est détendu, les jeunes sont moins agressifs, la délinquance a diminué, le cadre de vie s'est nettement amélioré. Dans les collèges de la cité la violence a disparu, les enseignants ne demandent plus à partir.

Mais ce tableau positif a son envers : il y a ceux qui ont raté le train de l'intégration et de la reprise économique. Les laissés-pour-compte, ceux dont la France n'a pas voulu, qui ont échoué ou qui n'ont pas eu les ressources suffisantes. Alors toute une partie de la population de ces cités, peut-être un quart, se replie sur ses quartiers et forme des zones de marginalité où elle se mélange avec les groupes les plus défavorisés de la société. Elle cherche souvent à y construire une communauté, une sorte de ghetto protecteur et dépendant qui fait oublier le ressentiment. Et entre ceux qui s'intègrent et ceux qui restent, l'hostilité est parfois plus que vive. À la logique de l'ascension individuelle des uns, les autres opposent leur conception de la solidarité communautaire : «Ou tout le monde a quelque chose ou il n'y aura rien pour personne.» Et tout naturellement l'échec conduit à mettre en avant ce qui reste en propre : un mode de vie, la religion, auxquels on donnera une tonalité radicale, communautaire qui choque tant les Français, mais qui vise d'abord ces autres immigrés qui trahissent en s'intégrant. Les graffitis à la gloire de Dieu, les prières collectives en public, les menaces envers les débits de boisson, les tentatives de diffuser des appels à la prière en installant des haut-parleurs, les propos et parfois les agressions anti-sémites, la violence contre les femmes marquent aujourd'hui les zones les plus déshéritées des cités. Et tous les signes culturels et religieux deviennent ainsi l'enjeu d'une sourde lutte. À l'islam communautaire des uns, les autres opposent leur ironie et leur islam individualiste, qui, au contraire, permet de s'intégrer. «Moi, je suis un vrai musulman, j'ai le respect.» «Le voile, je l'ai porté, je ne le porte plus. Mais je le reporterai un jour, quand j'en sentirai le besoin. Il faut que ça vienne de soi, pas des autres.» La religion, tantôt obstacle à l'intégration, tantôt son meilleur support.

La formation de ces zones de marginalité urbaines (les fameux ghettos) a jeté la suspicion sur la réalité de l'intégration. Le racisme s'alimente de ces échecs et encourage ceux des immigrés qui s'opposent à l'intégration : «Qu'on soit français ou non, on garde toujours notre gueule d'Arabe.» Pour les Français, l'impression négative l'emporte. Et dans une France qui doute, dont le nationalisme un peu désuet n'est plus aussi assuré, les immigrés sont sommés de se déterminer : veulent-ils ou non s'intégrer ?

Mais pour celui qui s'intègre, comment répondre à une telle question ? Le voilà contraint de faire face à un double défi : il doit combattre le racisme et en même temps la tentation du repli. Contre le racisme il doit affirmer la dignité de son milieu, de sa culture ou de son mode de vie ; contre une partie de sa communauté il doit affirmer sa volonté de modernité et d'intégration. Voilà le jeune beur qui va réclamer la construction d'une mosquée. Mais elle sera «pour les parents», qu'il faut à la fois défendre et rejeter. Aussi les immigrés ne peuvent-ils prendre position pour ou contre l'intégration. On l'a vu lors de l'affaire du voile islamique ou lors de la publication des *Versets sataniques.* Ils ne peuvent être pour qu'en étant contre et contre qu'en étant pour ! Accepter la modernité et l'intégration sans trahir sa communauté, son histoire ou son milieu. Comment pourrait-il en être autrement ?

Didier Lapeyronie (chercheur au CNRS),
Le Nouvel Observateur, 13.9.1990.

21

Dominer les textes

117. Exploiter ses connaissances

a. Texte : «Le personnage de roman».

Tout en lisant le texte, répondez aux questions qui sont posées en marge.

LE PERSONNAGE DE ROMAN

(Extrait de *L'Ère du soupçon,* essai de Nathalie Sarraute, 1956).

Et, selon toute apparence, non seulement le romancier ne croit plus guère à ses personnages, mais le lecteur, de son côté, n'arrive plus à y croire. Aussi voit-on le personnage de roman, privé de ce double soutien, la foi en lui du romancier et du lecteur, qui le faisait tenir debout, solidement d'aplomb, portant sur ses larges épaules tout le poids de l'histoire, vaciller et se défaire.

Depuis les temps heureux d'*Eugénie Grandet* où, parvenu au faîte de sa puissance, il trônait entre le lecteur et le romancier, objet de leur ferveur commune, tels les saints des tableaux primitifs entre les donateurs, il n'a cessé de perdre successivement tous ses attributs et prérogatives.

Il était très richement pourvu, comblé de biens de toute sorte, entouré de soins minutieux ; rien ne lui manquait, depuis les boucles d'argent de sa culotte jusqu'à la loupe veinée au bout de son nez. Il a, peu à peu, tout perdu : ses ancêtres, sa maison soigneusement bâtie, bourrée de la cave au grenier d'objets de toute espèce, jusqu'aux plus menus colifichets, ses propriétés et ses titres de rente, ses vêtements, son corps, son visage, et, surtout, ce bien précieux entre tous, son caractère qui n'appartenait qu'à lui, et souvent jusqu'à son nom.

Aujourd'hui, un flot toujours grossissant nous inonde d'œuvres littéraires qui prétendent encore être des romans et où un être sans contours, indéfinissable, insaisissable et invisible, un «je» anonyme qui est tout et qui n'est rien et qui n'est le plus souvent qu'un reflet de l'auteur lui-même, a usurpé le rôle du héros principal et occupe la place d'honneur. Les personnages qui l'entourent, privés d'existence propre, ne sont plus que des visions, rêves, cauchemars, illusions, reflets, modalités ou dépendances de ce «je» tout-puissant.

→ Qui est Nathalie Sarraute ? À quel mouvement littéraire contemporain a-t-elle participé (cf. livre de l'élève, p. 115).

→ Que signifie l'expression «croire à un personnage de roman» ?
À quel éternel débat sur l'art ou la littérature ce problème se rattache-t-il ?

→ Mettez à profit votre connaissance des romans du XIXᵉ siècle (Balzac, Flaubert, Zola, Maupassant). Choisissez un personnage que vous connaissez bien (par exemple Jean Valjean dans *Les Misérables*) et montrez que la façon dont il est présenté correspond à ce que dit N. Sarraute. Énumérez tout ce que fait un auteur du XIXᵉ siècle lorsqu'il présente un personnage de roman.
«Il raconte l'histoire de ses ancêtres …»

→ En quoi les personnages de N. Sarraute, de Robbe-Grillet (cf. livre, p. 114) correspondent-ils à cette description ?
→ N. Sarraute écrit en 1956. Cette conception du personnage a-t-elle vraiment fait école ?

Et l'on pourrait se rassurer en songeant que ce procédé est l'effet d'un égocentrisme propre à l'adolescence, d'une timidité ou d'une inexpérience de débutant, si cette maladie juvénile n'avait frappé précisément les œuvres les plus importantes de notre temps (depuis *À la Recherche du temps perdu* et *Paludes* jusqu'au *Miracle de la rose*, en passant par *Les Cahiers de Malte Laurids Brigge, Le Voyage au bout de la nuit* et *La Nausée*), celles où leurs auteurs ont montré d'emblée tant de maîtrise et une si grande puissance d'attaque.

Ce que révèle, en effet, cette évolution actuelle du personnage de roman est tout à l'opposé d'une régression à un stade infantile. Elle témoigne, à la fois chez l'auteur et chez le lecteur, d'un état d'esprit singulièrement sophistiqué. Non seulement ils se méfient du personnage de roman, mais, à travers lui, ils se méfient l'un de l'autre. Il était le terrain d'entente, la base solide d'où ils pouvaient d'un commun effort s'élancer vers des recherches et des découvertes nouvelles. Il est devenu le lieu de leur méfiance réciproque, le terrain dévasté où ils s'affrontent. Quand on examine sa situation actuelle, on est tenté de se dire qu'elle illustre à merveille le mot de Stendhal : «Le génie du soupçon est venu au monde.» Nous sommes entrés dans l'ère du soupçon. […]

Ce qu'il a appris, chacun le sait trop bien pour qu'il soit utile d'insister. Il a connu Joyce, Proust et Freud ; le ruissellement, que rien au-dehors ne permet de déceler, du monologue intérieur, le foisonnement infini de la vie psychologique et les vastes régions encore à peine défrichées de l'inconscient. Il a vu tomber les cloisons étanches qui séparaient les personnages les uns des autres, et le héros de roman devenir une limitation arbitraire, un découpage conventionnel pratiqué sur la trame commune que chacun contient tout entière et qui capte et retient dans ses mailles innombrables tout l'univers. Comme le chirurgien qui fixe son regard sur l'endroit précis où doit porter son effort, l'isolant du corps endormi, il a été amené à concentrer toute son attention et sa curiosité sur quelque état psychologique nouveau, oubliant le personnage immobile qui lui sert de support de hasard. Il a vu le temps cesser d'être ce courant rapide qui poussait en avant l'intrigue pour devenir une eau dormante au fond de laquelle s'élaborent de lentes et subtiles décompositions ; il a vu nos actes perdre leurs mobiles courants et leurs significations admises, des sentiments inconnus apparaître et les mieux connus changer d'aspect et de nom.

Il a si bien et tant appris qu'il s'est mis à douter que l'objet fabriqué que les romanciers lui proposent puisse receler les richesses de l'objet réel.

Nathalie Sarraute, *L'Ère du soupçon*, Gallimard, 1956.

→ En quoi les personnages de A. Gide (cf. livre de l'élève p. 80) relèvent-ils de cette analyse ?

→ Confrontez ces affirmations avec votre expérience de lecteur.

→ L'époque où N. Sarraute a écrit ce texte est aussi celle du théâtre de l'absurde (Ionesco, Beckett) et celle où on découvre en France le dramaturge allemand Bertold Brecht. Le climat politique et culturel de cette époque permet-il de comprendre l'analyse de N. Sarraute ?

→ Montrez que la conception freudienne du psychisme a pu déterminer une autre manière de concevoir le personnage littéraire.

→ Si vous connaissez les œuvres de J. Joyce et de M. Proust, dites en quoi elles révèlent une conception du personnage nouvelle pour l'époque.

→ Faites le relevé des caractéristiques du personnage présenté par N. Sarraute. Donnez des exemples.

b. Texte : «La ville, objet architectural».

• Avant de lire le texte de Ricardo Bofill, réfléchissez aux thèmes suivants et rassemblez vos connaissances :

– Qui est Ricardo Bofill ? Dans quel esprit travaille-t-il ? (Voir livre de l'élève, p. 175.)
– La forme de la ville dans l'histoire. A-t-elle été conçue de la même manière dans l'Antiquité romaine, au Moyen Âge, au XIXe siècle ? Quelles transformations importantes ont subies les grandes villes depuis 1945 ? Quelles ont été les diverses solutions trouvées pour répondre à l'afflux de population ? (De 1950 à 1990, la population de Paris est passée de six à neuf millions d'habitants, celle de Marseille, de deux à dix millions, celle de Los Angeles de quatre à treize millions.)

• Lisez le dossier «Les cadres de vie» (livre de l'élève, p. 174). Repérez les deux conceptions de l'architecture et de l'urbanisme : conception intuitive, artistique (voire sauvage)/conception scientifique et fonctionnaliste.

• Dégagez en une trentaine de lignes :
– le jugement que Ricardo Bofill porte sur l'évolution de l'urbanisme.
– ses propositions et ses suggestions.

• Commentez la deuxième partie du texte en vous appuyant notamment sur les réflexions de Michel Ragon (livre de l'élève, p. 174).

La ville, objet architectural

Question de légitimité : si l'architecte a des propositions à faire, c'est d'abord sur la ville, son domaine d'intervention naturel, qu'il peut les formuler. D'autant qu'en la matière, l'étendue des dégâts est considérable. La ville, symbole de malaises sociaux, de phénomènes d'exclusion. Les mutations économiques ont laissé partout des plaies ouvertes, des friches désespérantes, tandis que les crises démographiques des dernières décennies nous ont légué ces banlieues-dortoirs qui matérialisent, sur les cartes, ce qui reste de la notion de classe sociale.

C'est un comble : nous avons été les premiers à pouvoir construire des villes – les ruines de Pompéi témoignent clairement de cette maîtrise – et ce savoir-faire nous a échappé.

Plusieurs facteurs se sont conjugués pour ruiner ainsi notre patrimoine urbain : l'urgence des questions de logement, la spéculation, le manque de politique globale, mais aussi la haine que les architectes eux-mêmes ont vouée à la ville. Celle-ci s'est manifestée au milieu de ce siècle par le refus d'introduire une continuité urbaine. Les rues, les places, ont été abandonnées au profit d'unités d'habitation juxtaposées les unes aux autres. On connaît le résultat : des barres de béton séparées par des espaces verts vite transformés en parkings ou en terrains vagues.

Comme l'activité commerciale se concentrait, dans le même temps, dans quelques centres hypertrophiés, le bas de ces immeubles s'est trouvé déserté, sans boutiques ni magasins. La ville a cessé d'être un lieu de rencontre pour devenir le simple tracé de voies de communication. Les autoroutes ne se sont plus arrêtées à l'entrée des agglomérations, mais les ont traversées, déchirées.

Les architectes ayant renoncé à construire la ville, celle-ci s'est trouvée aux mains des promoteurs, puis, après le lancement du programme de villes nouvelles, aux mains des urbanistes. Ces derniers ont alors raisonné en ingénieurs ; ils ont étudié les différentes fonctions de la ville (industries, logements, loisirs, commerce…), puis l'ont quadrillée en secteurs. Compte tenu du relief, des infrastructures routières et autoroutières, ils ont réparti les fonctions qu'ils avaient préalablement isolées. Résultat : même lorsque l'on crée, à Cergy-Pontoise[1] par exemple, deux ou trois places, dont la situation a été rationnellement décidée, les gens ne se promènent pas, ne retrouvent pas de vie communautaire. […]

L'Europe est pourtant capable de mieux faire. Il faut pour le comprendre se reporter à la célèbre définition de la ville donnée par Alberti[2], à la Renaissance. Elle présente pour lui les mêmes caractéristiques qu'une maison : une ou plusieurs entrées, matérialisées par des portes, des arcs, ou simplement des signes distinctifs ; des couloirs, qui permettent de se déplacer d'une pièce à l'autre et de distribuer les différents espaces : ce sont les rues ; des salles de séjour, enfin, qui correspondent aux places publiques.

Au-delà de la métaphore, cette définition de la ville révèle une conception fondamentale : il n'y a entre la maison et la ville qu'une différence de degré, d'éléments à prendre en compte. Pour l'architecture, la démarche de création reste donc la même. Cela signifie que remplir un programme, répartir des fonctions n'épuise pas son activité. Tout comme ne l'épuise pas, à l'échelle d'un seul édifice, la mise en place d'escaliers et de cages d'ascenseurs.

Il faut revenir à une discipline développée à la Renaissance : le dessin de ville. Elle permet en effet d'envisager la création d'un tissu urbain selon des critères proprement architecturaux, c'est-à-dire spatiaux. On peut, sur le papier, dessiner des angles, des figures, des perspectives, allonger des axes, ou au contraire les infléchir.

On parvient ainsi à découvrir des systèmes d'organisation autrement plus complexes que la trame orthogonale de New York. Paris, ville dessinée tout au long de l'histoire, peut par exemple se lire comme un tissu réparti autour d'un axe sinueux, qui est la Seine. Perpendiculairement à cet axe, des esplanades introduisent une rythmique : la Concorde, le Trocadéro, les Invalides. De ces esplanades partent à leur tour des rues et des avenues qui forment un réseau très cohérent.

Rendre, donc, la ville aux architectes.

Ricardo Bofill, *Espaces d'une vie*.
Éditions Odile Jacob, 1987.

---

[1] *Cergy-Pontoise* : une des villes nouvelles de la banlieue de Paris, créée dans les années soixante selon une conception fonctionnaliste.

[2] *L.-B. Alberti* (1404-1472) : architecte italien, auteur d'un traité qui présente l'architecture comme l'art par excellence de la cité.

118. DÉGAGER LES INTENTIONS DE L'AUTEUR

Il est important de savoir déterminer :

■ *Les intentions générales de l'auteur.* Veut-il rapporter fidèlement et objectivement une information, faire partager un sentiment ou une conviction, défendre une idée, donner des conseils, amuser le lecteur, etc. ?

■ *Les intentions sous-jacentes.* Pour défendre une idée, l'auteur peut faire une démonstration logique. Au cours de cette démonstration, il peut vouloir surprendre, faire rire, mystifier, etc.

■ *Les moyens utilisés pour réaliser ces intentions.* Outre les procédés stylistiques et rhétoriques qui ont été abordés dans les dossiers 1 à 5 de ce cahier, vous serez attentif aux effets suivants :

– *l'ironie* : la caricature – la moquerie – le sarcasme ;

– *l'exagération* : l'emphase – l'hyperbole – le grossissement ;

– *l'atténuation* : l'euphémisme – la réticence – la litote ;

– *le non-dit* : tout ce que l'auteur occulte mais qui est implicite, sous-entendu (les omissions – les restrictions – les insinuations – les présuppositions – les allusions) ;

– *les ambiguïtés de sens* : l'équivoque – les mots ou les énoncés à double sens – le flou ;

– *les mises en relations* : les comparaisons – les métaphores – les parallélismes – les rapprochements sont toujours au service des intentions de l'auteur. Il peut pratiquer le paradoxe (défendre une opinion contraire à celle qu'il veut démontrer), la boutade (trait d'esprit comportant un effet d'exagération), l'amalgame (assimilation abusive d'arguments ou de situations).

a. Voici le début d'un article visant à déprécier le parti écologiste

les Verts. Étudiez :

– l'argumentation de l'auteur,

– les procédés rhétoriques qu'il emploie,

– les effets qu'il veut produire chez le lecteur (idées – sentiments – etc.).

LES SIX COMMANDEMENTS DES VERTS

« La modernité tu refuseras. La pureté tu rechercheras. Le passé tu idéaliseras. Tes racines tu chériras. La nature tu vénéreras. La culpabilité tu cultiveras… Comment pourrait-on être heureux quand les loutres sont devenues stériles et la couche d'ozone poreuse comme du gruyère ? »

Les plus affranchis le savent déjà depuis quelque temps : Dieu est mort. D'aucuns, tout aussi informés, n'ignorent pas qu'il en va de même pour Marx. En revanche, les Verts se portent plutôt bien. Nul doute qu'ils doivent une partie de leur vitalité aux cadavres illustres.

Les Verts ont beau relever plutôt de la constellation, de l'éparpillement que du groupe homogène, ils n'en communient pas moins aux mêmes commandements. Tous se réunissent autour d'un certain nombre d'hypothèses, de critiques ou de propositions qui permettent de réconcilier un philosophe nazi et un académicien médiatique, un maréchal de France et un ingénieur agronome. Tout aussi bien, on retrouvera associés un ancien officier allemand ayant servi dans les forces d'occupation en France et un ancien combattant de Mai 68. Au banquet des écologistes, à des titres divers, on rencontre en effet Heidegger* et Michel Serres*, Philippe Pétain* et Antoine Waechter*, Ernst Jünger* et Félix Guattari*. Tous sont d'accord pour la promotion d'une mystique nouvelle : réactionnaires, ingénus ou néo-gauchistes font tous l'article pour une morale de remplacement, une éthique qu'on dira postmoderne, en un mot une idéologie pour remplacer Dieu et Marx, plutôt défaillants ces temps-ci.

L'axe sur lequel se construit ce projet nouveau est la critique de la technique. S'il fallait une date de naissance à l'ère technologique et au modernisme, il faudrait l'élire en 1637, l'année de la publication du *Discours de la méthode* dans lequel Descartes invite à se rendre comme «maître et possesseur de la nature». Dans la relation qui unit l'homme et le monde, le premier est posé comme dominateur et le second au service de celui-ci. C'est peu ou prou sur ce modèle que se construiront les rapports des individus sujets et de la nature objet pendant des siècles.

Le premier des mauvais coucheurs, quant à ce projet, est Rousseau, le Genevois bilieux dont le projet est clairement – ce sont ses mots – de «jouer l'ignorance» et de «blâmer les sciences». Pêle-mêle, notre Suisse paranoïaque dénoncera l'imprimerie et le luxe, le commerce et l'argent, le théâtre et la gastronomie, les travaux intellectuels et le philosophe, tous coupables de corrompre la civilisation et de couvrir de gros nuages sales l'éden social d'avant la propriété. En même temps, par voie d'imprimerie, le philosophe fera commerce des livres dans lesquels il vantera les mérites de la rusticité, de l'ignorance, du travail manuel, du paysan et du laboureur. Quelque deux siècles plus tard, après Vichy, les tenants d'une bonne et belle nature emboucheront les mêmes trompettes.

En forme de variations sur le thème de la raison bucolique, les apôtres de l'écologie sacrifieront à un catéchisme dont les syllabus sont nets et précis. Dans la veine de la critique du projet cartésien, le premier credo est : «La modernité tu refuseras.» Impératif catégorique, commandement divin duquel presque tout découle. Lors d'une herborisation d'abord destinée à lui faire fuir ses contemporains, Rousseau découvrira, au beau milieu de ce qu'il croyait être la forêt pure, inviolée et sauvage, le cliquetis d'une filature installée en contrebas du lieu où il traquait l'herbe folle. Rage et désespoir. Il inaugurait de la

sorte les allergies qu'on peut aujourd'hui diagnostiquer chez l'écologiste aux abords des aéroports et des autoroutes.

Éloge de l'homme des cavernes et du néolithique, celui qui réunit Joseph Delteil* et René Dumont*. À l'heure de l'Airbus, l'écologiste vantera les mérites de la piste cyclable ; il installera le Concorde dans la remise pour lui préférer le radeau à propulsion éolienne ; il invitera à cesser le programme autoroutier pour développer le chemin vicinal et réhabiliter la draisienne. La seule concession qu'il fera à la modernité : le transport en commun – si et seulement si l'autobus est pourvu d'un pot catalytique.

Deuxième credo : «La pureté tu rechercheras.» Car l'écologiste fonctionne sur le vieux mode de l'impeccable, au sens religieux, la virginité, le sanstache, le pur. Le propre. Il partage cette idée fixe avec le Front national, lui aussi obsédé par ce fantasme de l'immaculé appliqué au registre social. De la même manière, l'écologiste use de métaphores médicales pour caractériser l'état du corps social. La société est corrompue, malsaine, malade : il faut la soigner, apporter une médication qui restaurera la vitalité, la santé et la force.

À l'origine de cette saleté, les hommes : «Espèces sales, singes et automobilistes, vite, laissent tomber leurs ordures, parce qu'ils n'habitent pas l'espace où ils passent et se laissent donc aller à le souiller», écrit Michel Serres. Filant la métaphore scatologique, l'homme en habit vert recourt aux excrétions pour expliquer l'origine de la propriété dont on sait, depuis les ravages de Rousseau, qu'elle est à l'origine de l'inégalité parmi les hommes, donc de tous les malheurs de la planète. […]

Michel Onfray, «Demain la terre», *Le Nouvel Observateur*, numéro spécial, juin 1992.

Heidegger (1889-1976) : philosophe allemand (critiqué pour avoir, dans un premier temps, donné son adhésion au parti nazi).

Michel Serres – Félix Guattari : philosophes français actuels.

Philippe Pétain : maréchal qui s'illustra pendant la guerre de 1914-18. Pendant la guerre de 1939-45 il est chef de gouvernement de la France occupée (régime de Vichy). Accusé de collaboration avec Hitler.

Antoine Waechter : chef du parti des Verts.

Ernst Jünger : écrivain allemand contemporain.

Joseph Delteil (1894-1978) : écrivain français, critique de l'inhumanité de l'âge moderne.

René Dumont : agronome français né en 1904, spécialiste problèmes de développement.

b. Extrait de *La Défaite de la pensée* d'Alain Finkielkraut

• Étudiez le texte suivant à l'aide du questionnaire.

• Faites-en un compte rendu organisé.

Les Jeunes : ce peuple est d'apparition récente. Avant l'école, il n'existait pas : l'apprentissage traditionnel n'avait pas besoin pour se transmettre de séparer ses destinataires du reste du monde pendant plusieurs années, et ne faisait donc aucune place à cette longue période transitoire que nous appelons l'adolescence. Avec la scolarisation de masse, l'adolescence elle-même a cessé d'être un privilège bourgeois pour devenir une condition universelle. Et un mode de vie : abrités de l'influence parentale par l'institution scolaire, et de l'ascendant des professeurs par «le groupe des pairs», les jeunes ont pu édifier un monde à eux, miroir inversé des valeurs environnantes. Décontraction du jean contre conventions vestimentaires, bande dessinée contre littérature, musique rock contre expression verbale, la «culture jeune», cette anti-école, affirme sa force et son autonomie depuis les années soixante, c'est-à-dire depuis la démocratisation massive de l'enseignement : «Comme tout groupe intégré (celui des Noirs américains par exemple), le mouvement adolescent demeure un continent en partie immergé, en partie défendu et incompréhensible à tout autre que lui. On en veut pour preuve et pour illustration le système de communication très particulier, très autonome et très largement souterrain, véhiculé par la culture rock pour qui le *feeling* l'emporte sur les mots, la sensation sur les abstractions du langage, le climat sur les significations brutes et d'un abord rationnel, toutes valeurs étrangères aux critères traditionnels de la communication occidentale et qui tirent un rideau opaque, dressent une défense impénétrable aux tentatives plus ou moins intéressées des adultes. Que l'on écoute ou que l'on joue, en effet, il s'agit de se sentir *cool* ou bien de s'éclater. *Les guitares sont plus douées d'expression que les mots, qui sont vieux (ils ont une histoire), et dont il y a lieu de se méfier*[1]...» [...]

Cette régression serait parfaitement inoffensive, si le Jeune n'était maintenant partout : il a suffi de deux décennies pour que la dissidence envahisse la norme, pour que l'autonomie se transforme en hégémonie et que le style de vie adolescent montre la voie à l'ensemble de la société. La mode est jeune ; le cinéma et la publicité s'adressent prioritairement au public des quinze-vingt ans ; les mille radios libres chantent, presque toutes sur le même air de guitare, le bonheur d'en finir avec la conversation. Et la chasse au vieillissement est ouverte. [...]

Et les jeunes sont d'autant moins enclins à transcender leur groupe d'âge (leur «bio-classe», dirait Edgar Morin) que toutes les pratiques adultes entament, pour se mettre à leur

1. Ce texte est extrait d'un ouvrage paru en 1987 et intitulé *La Défaite de la pensée*. Quelles idées peut-on s'attendre à voir développées dans l'ouvrage ?

2. Quel est l'effet rhétorique de la première ligne ?

3. Notez les détails de l'analyse historique d'A. Finkielkraut :
– Avant la scolarisation de masse...
– Après...

4. Faites le relevé des caractéristiques du «peuple Jeunes».
En quoi l'analyse de l'auteur est-elle originale par rapport à l'idée banale : «les jeunes sont différents des adultes» ?

5. Résumez en une phrase l'idée essentielle introduite dans ce premier paragraphe.

→ Cette phrase est la phrase clé du texte. En quoi nous éclaire-t-elle :
– sur le paragraphe précédent ?
– sur les développements à venir ?

6. Quelle idée est introduite dans ce paragraphe ? Pouvez-vous maintenant dégager clairement l'intention de l'auteur ?

7. Caractérisez ce paragraphe d'un point de vue rhétorique. (Que fait l'auteur ?)
8. Montrez que ce paragraphe vise à :

portée, une cure de désintellectualisation : c'est vrai, on l'a vu, de l'Éducation, mais aussi de la Politique (qui voit les partis en compétition pour le pouvoir s'évertuer identiquement à «moderniser» leur look et leur message, tout en s'accusant mutuellement d'être «vieux dans leur tête»), du Journalisme (l'animateur d'un magazine télévisé français d'information et de loisir ne confiait-il pas récemment qu'il devait son succès aux «moins de quinze ans entourés de leur mère» et à leur attirance pour «nos rubriques chanson, pub, musique[2]» ?), de l'Art et de la Littérature (dont certains chefs-d'œuvre sont déjà disponibles, en France tout au moins, sous la forme «brève et artistique» du *clip culturel*), de la Morale (comme en témoignent les grands concerts humanitaires en mondiovision) et de la Religion (si l'on en juge par les voyages de Jean-Paul II).

Pour justifier ce rajeunissement général et ce triomphe du cucul sur la pensée, on invoque habituellement l'argument d'efficacité : en pleine période de quant-à-soi, de volets clos, de repli sur la sphère privée, l'alliance de la charité et du rock'n roll réunit instantanément des sommes fabuleuses ; quant au pape, il déplace des foules immenses, au moment même où les meilleurs experts diagnostiquent la mort de Dieu. À y regarder de près pourtant, un tel pragmatisme se révèle totalement illusoire. Les grands concerts pour l'Éthiopie, par exemple, ont subventionné la déportation des populations qu'ils devaient aider à nourrir. C'est le gouvernement éthiopien, on s'en doute, qui est responsable de ce détournement de fonds. Il n'empêche : le gâchis aurait pu être évité si les organisateurs et les participants de cette grand-messe mondiale avaient consenti à distraire leur attention de la scène pour réfléchir, ne fût-ce que sommairement, aux problèmes soulevés par l'interposition d'une dictature entre les enfants qui chantent et qui dansent, et les enfants affamés. Le succès que rencontre Jean-Paul II, d'autre part, tient à sa manière et non à la substance de ses propos : il déchaînerait le même enthousiasme s'il autorisait l'avortement ou s'il décidait que le célibat des prêtres perdait, à partir de maintenant, tout caractère d'obligation. Son spectacle, comme celui des autres super-stars, vide les têtes pour mieux en mettre *plein la vue,* et ne véhicule aucun message, mais les engloutit tous dans une grandiose profusion de son et de lumière. Croyant ne céder à la mode que sur la forme, il oublie, ou feint d'oublier, que cette mode-là vise précisément l'anéantissement de la signification. Avec la culture, la religion et la charité rock, ce n'est pas la jeunesse qui est touchée par les grands discours, c'est l'univers du discours lui-même qui est remplacé par celui des vibrations et de la danse.

[1] Paul Yonnet, *Jeux, modes et masses*, Gallimard, 1985, pp. 185-186. (Je souligne.)
[2] Philippe Gildas, *Télérama*, n° 1929, 31 décembre 1986.

Alain Finkielkraut, *La Défaite de la pensée*, Gallimard, 1987.

– étayer la thèse énoncée dans le paragraphe précédent ;
– prouver l'amplitude du phénomène ;
– introduire des arguments et des explications complémentaires.

9. A. Finkielkraut analyse deux faits de société de la fin des années quatre-vingt. Lesquels ?

10. Pour chacun de ces faits, dégagez :
– l'idéologie critiquée par l'auteur (les modes de pensée et d'action qui ont cours dans le domaine religieux et dans celui de l'action humanitaire) ;
– l'argumentation critique d'A. Finkielkraut.

11. Commentez cette argumentation.

12. Montrez la cohérence de la démonstration d'A. Finkielkraut avec le titre de l'ouvrage.

22

RÉDIGER UN COMPTE RENDU

119. HIÉRARCHISER - REFORMULER - RÉSUMER

Nous travaillerons ces trois compétences à partir d'un texte que nous vous conseillons de lire d'abord dans son ensemble.

L'AMOUR DANS LA SOCIÉTÉ FÉODALE DU MOYEN ÂGE

[…] l'esprit ludique de la chevalerie s'épanouit dans les gratuités de l'amour courtois. Depuis deux siècles, tous les poèmes, tous les romans composés à son usage invitaient le chevalier à aimer. Les clercs domestiques des cours princières avaient utilisé les ressources de l'analyse scolastique pour codifier en règles précises les rites complexes qui, dans la société des nobles, devaient gouverner le comportement respectif du gentilhomme et de la femme bien née. Les livres que le soir tout seigneur se faisait lire, entouré de sa maisonnée, l'imagerie qui les illustrait, celle qui ornait dans l'ivoire les coffrets et les miroirs, diffusaient largement les prescriptions de ce rituel. Tout homme, s'il voulait être reçu dans les assemblées chevaleresques, se devait de s'y conformer. Il était tenu de choisir une dame et de la servir. En l'éclat de sa jeunesse, le roi Édouard III d'Angleterre aspirait de toutes ses forces à devenir dans son temps le modèle de la chevalerie. Il était marié, et la reine lui donnait de beaux enfants ; elle possédait toutes les vertus de la parfaite épouse, et c'était un très bon mariage. Édouard vint pourtant un jour au château de la dame de Salisbury, dont le mari, son vassal, capturé à son service, se trouvait alors en prison pour lui. Il sollicita d'amour la dame et mima pendant une soirée, devant les gens de son escorte, le jeu du cœur captivé, de l'amour triomphant mais impossible. En effet, « Honneur et Loyauté lui défendaient de mettre son cœur en telle fausseté, pour déshonorer si noble dame et si loyal chevalier comme était son mari. D'autre part, Amour le contraignait si fort qu'il vainquait et surmontait Honneur et Loyauté ». Et ce fut

a. Hiérarchiser.

Ce premier paragraphe apporte les informations suivantes :

– l'amour courtois présente un aspect ludique (c'est une sorte de jeu) ;

– l'amour courtois est un rituel parfaitement codifié ;

– l'environnement culturel du chevalier (romans, poèmes, images) invite le chevalier à observer ce code ;

– pour être reconnu le chevalier doit observer ce code ;

– Édouard III d'Angleterre, bien qu'il fût heureux en mariage, a déclaré son amour à la femme de son vassal ;

– cette anecdote nous donne des indications intéressantes sur le rituel de l'amour courtois. C'est un combat entre l'amour (l'attirance pour l'ensemble des qualités de la dame) et l'honneur (la loyauté envers le mari ami). Mais l'amour est le plus fort (parce que les qualités de la dame sont exceptionnelles).

De toutes ces informations, quelle est celle qui vous paraît la plus importante ? Organisez le compte rendu du paragraphe à partir de cette idée principale.

peut-être pour la dame élue qu'il fonda l'ordre des Chevaliers de la Jarretière, qu'il en ordonna les fêtes et qu'il en choisit la devise.

Fête et jeu, l'amour courtois réalise l'évasion hors de l'ordre établi et l'inversion des relations naturelles. Adultère par principe, il prend d'abord revanche sur les contraintes matrimoniales. Dans la société féodale, le mariage visait à étendre la gloire et la fortune d'une maison. L'affaire était traitée froidement, sans nul souci des élans du cœur, par les anciens des deux lignages. Ceux-ci fixaient les conditions de l'échange, de l'acquisition de l'épouse, qui devait devenir, pour le futur seigneur, la gardienne de sa demeure, la maîtresse de ses domestiques et la mère de ses enfants. Il la fallait surtout riche et de bon parage, et fidèle. Les lois sociales menaçaient des pires sanctions l'épouse adultère, et celui qui tenterait de la dérober. Mais elles accordaient toute liberté sexuelle au mari, qui trouvait à sa portée des concubines et des ribaudes. Fort complaisantes, des demoiselles non mariées attendent dans chaque château les chevaliers errants des récits de courtoisie. L'amour courtois ne fut donc point simple divagation sexuelle. Il est élection. Il réalise le choix qu'interdisait la procédure des épousailles. Cependant, l'amant ne choisit pas une pucelle, mais la femme d'un autre. Il ne la prend pas de force, il la gagne. Il vainc peu à peu ses résistances. Il attend qu'elle se rende, qu'elle lui livre ses faveurs. Il déploie pour cette conquête une stratégie minutieuse, qui apparaît en fait comme une transposition ritualisée des techniques de la vénerie, de la joute, de l'assaut des forteresses. Les mythes de la poursuite amoureuse se développent volontiers en chevauchées dans la forêt. La dame élue est une tour qu'on assiège.

(Suite du texte p. 128)

b. Reformuler

Certaines phrases du texte qui contiennent les idées essentielles ne peuvent pas être résumées. On peut donc soit les *citer* s'il s'agit de formulations particulièrement frappantes, soit les *reformuler*.

La reformulation n'implique pas que l'on remplace obligatoirement tous les mots par des synonymes. Selon le cas, elle peut être plus longue ou plus courte que le texte de l'auteur.

• Dans le paragraphe ci-contre, recherchez en quoi l'amour courtois :

– «réalise l'évasion hors de l'ordre établi»
– «réalise l'inversion des relations naturelles»
– «prend revanche sur les contraintes matrimoniales».

• Quand vous avez bien compris ce que signifient ces phrases, reformulez-les de la manière qui vous paraît la plus claire et la plus simple possible.

Exemple : reformulation des trois phrases soulignées. «Le mariage, qui a pour but de maintenir le renom et la fortune d'une famille, ne laisse aucune liberté de choix aux époux. La conception de l'amour courtois permet au contraire à l'homme et à la femme de se choisir. Par ailleurs, elle codifie et moralise la liberté sexuelle qui était le privilège des hommes.»

N.B : On s'aperçoit que la reformulation permet d'intégrer des informations qui se trouvent ailleurs dans le texte.

Mais cette stratégie place le chevalier en position de servitude. L'amour courtois inverse, ici encore, les rapports normaux. Dans le réel de la vie, le seigneur domine entièrement son épouse. Dans le jeu amoureux, il sert sa dame, il s'incline devant ses caprices, il se soumet aux épreuves qu'elle décide d'imposer. Il vit agenouillé devant elle, et dans cette posture de dévouement se trouvent cette fois traduites les attitudes qui, dans la société des guerriers, réglaient la subordination du vassal à son seigneur. Tout le vocabulaire et tous les gestes de la courtoisie sortent des formules et des rites de la vassalité. Et d'abord la notion même de service, et son contenu. Comme le vassal envers son seigneur, l'amant envers sa dame se doit d'abord d'être loyal. Il a engagé sa foi, il ne saurait la trahir, et ce lien n'est pas de ceux qu'on dénoue. Il se montre vaillant, combat pour elle, et ce sont les victoires successives de ses armes qui le font avancer dans ses voies. Enfin, il doit l'entourer d'attention ; il lui fait la cour, c'est-à-dire qu'il la sert encore. Tout comme les vassaux réunis en cour féodale autour de leur seigneur. Mais comme les vassaux, l'amant entend bien pour ce service obtenir un jour récompense et gagner des dons successifs.

Georges Duby, *Le Moyen Âge (volume 3, 1280-1440)*, Skira, 1984.

c. Résumer

Si les informations apportées par le texte ont bien été prélevées et hiérarchisées, le résumé se fait en reformulant ces idées selon un ordre de priorité.

Par exemple, pour le paragraphe ci-contre :
– Idée principale :
→ «Les rapports entre le chevalier et sa dame sont, dans le vocabulaire et dans les actes, à l'image des relations entre le vassal et son seigneur.»
– à laquelle on peut ajouter pour un résumé moins restrictif :
«Ils reposent sur un contrat moral qui implique servitude, soumission, loyauté de l'homme à l'égard de la femme et de la part de celle-ci promesse du don de soi.»

Rédigez un résumé du paragraphe précédent.

120. INTRODUCTION – DÉVELOPPEMENT – CONCLUSION D'UN COMPTE RENDU

Voir livre de l'élève, pp. 192 et 193.

■ *Compte rendu et résumé.*
Le compte rendu se différencie du résumé par une certaine distance que le rédacteur peut prendre par rapport au texte. L'objectif est de transmettre au lecteur non seulement les informations apportées par le texte, mais aussi des données sur l'organisation du texte, son style, le ton adopté par l'auteur. Ainsi le compte rendu peut comporter des formulations comme : «Dans la deuxième partie de sa démonstration, l'auteur s'attache, sur un ton polémique, à critiquer…» Il peut aussi comporter quelques éléments extérieurs au texte mais uniquement si ces éléments sont susceptibles d'en faciliter la compréhension. Par exemple pour rendre compte du troisième paragraphe du texte de Nathalie Sarraute (p. 124 du présent ouvrage), on pourra dire : «Nathalie Sarraute trace ensuite avec humour une sorte de portrait robot du personnage de roman classique dans lequel on peut reconnaître certains héros de *La Comédie humaine* ou des romans de Zola.»
Mais en aucun cas le compte rendu doit se transformer en commentaire (sauf si l'on est invité à commenter les opinions de l'auteur).

■ *L'introduction*

Elle doit mettre en valeur le projet et les intentions de l'auteur, l'idée directrice et le ton général.

Si le texte comporte une introduction classique, celle-ci peut être reprise et reformulée.

Si, comme c'est souvent le cas, l'auteur débute par un exemple ou une information annexe, l'introduction devra s'appuyer sur une compréhension générale du texte. On peut également situer la réflexion de l'auteur dans un cadre plus général ou par contraste avec une autre réflexion (voir livre de l'élève, p. 192).

■ *Le développement*

Il s'agit de rendre compte des idées et des informations, de leur hiérarchie et de leur enchaînement logique, du style et du ton, ainsi que de la position de l'auteur par rapport à son sujet (voir chapitres 19, 20, 21 du présent ouvrage).

Lorsque le texte suit un plan déterminé, celui-ci pourra être adopté pour le compte rendu. Si des informations du même ordre sont dispersées dans le texte, il conviendra de les regrouper. Il peut aussi arriver que, pour des raisons stylistiques, le texte ne suive pas un plan parfaitement logique. Le travail de synthèse devra permettre de retrouver un enchaînement simple et logique des idées.

■ *La conclusion*

Elle permettra de dégager ce qui fait l'originalité, la spécificité de la réflexion ou de l'apport d'information. Les toutes dernières lignes pourront suggérer quelques pistes de commentaire : faire part de vos interrogations sur le problème, porter un jugement de valeur, etc.

Texte : «Les impostures de la modernité»
À la différence des textes qui ont été proposés jusqu'ici, l'article suivant
n'est pas construit selon un plan immédiatement perceptible. Après avoir
relevé les principales informations et points de vue apportés par l'auteur,
vous vous attacherez à trouver les idées forces autour desquelles
s'organisera le compte rendu.

L'ART CONTEMPORAIN SE PAYE-T-IL NOTRE TÊTE ?

LES IMPOSTURES DE LA MODERNITÉ

[L'article débute par une énumération d'«œuvres d'art» exposées ces dernières années.]

Gober avec ses bondes et ses lavabos, Jeff Koons avec ses cinq aspirateurs en vitrine – titre : *Le Cœur et la Raison* –, Beuys avec son piano à queue recouvert de feutre – quand il est mort, la critique allemande a comparé Beuys à Dürer –, Dennis Oppenheim avec son cerf dont les bois crachent des flammes de butane, Boltansky avec ses tiroirs à chaussettes, Ben Vautier avec le verre dans lequel il a pissé, Yves Klein avec ses monochromes bleus, Buren avec ses sempiternelles rayures alternées, Arman avec ses violoncelles cassés, Carl André avec ses deux bouts de bois à angle droit, voilà entre des milliers quelques échantillons d'art contemporain, le vrai, le dur, le pur. À force de hanter les galeries pleines d'anti-œuvres, les salles de concerts pleines d'anti-musique, le client de base s'en va revoir l'*Ève* de Cranach ou écouter le concerto n° 21 de Mozart.

Selon le cinéaste Claude Berri, qui a ouvert rue de Lille une galerie férocement contemporaine, les vibrations que l'on partage avec un artiste vivant sont irremplaçables. Il a raison. Mais pour vibrer, il faut aujourd'hui un ascétisme singulier. […]

Venet entortille des poutrelles d'acier qu'il pose par terre. Passons sur le baratin dont Venet assaisonne ses nouilles métalliques, sur le «chaos primitif et brutal» qui «tourne le dos à l'autoritarisme du carré noir sur fond blanc». Ces machins s'appellent «combinaisons aléatoires de lignes indéterminées». De deux choses l'une : ou les lignes ne sont pas aléatoires, auquel cas Bernar (sans d) est un escroc ; ou elles sont vraiment indéterminées, et n'importe quel tas de ferraille abandonné sur un chantier fait aussi bien l'affaire. L'œuvre contemporaine n'existe pas, seule l'intention de l'exposer fait son prix. De 300 000 à 800 000 francs sur catalogue, selon le poids desdites nouilles, ça fait cher l'intention. Le chantier, au moins, est gratuit. «N'importe quoi peut être associé à n'importe quoi, n'importe comment, avoue Rauschenberg. Ce qui en résulte n'a pas d'autre sens que d'être là.» Terrible pour le client qui, depuis Lascaux, a toujours eu besoin d'art comme de pain : musique, peinture, sculpture, il n'y a plus rien à se mettre sous la dent que les exquises cuisines d'hier. Nous sommes condamnés, faute de contemporain, au passé. L'arrêt de l'histoire nous interdit, malgré Berri, de vibrer avec les vivants et c'est monstrueux d'être ainsi contraints de regarder, faute d'avenir, derrière nous. Van Gogh ou Toulouse-Lautrec attirent des millions de dévots ; le contemporain, une élite infime.

Que personne n'ose nous traiter, nous tous misérables frustrés, de poujadistes acharnés à salir l'art qui demain sera universel comme l'impressionnisme ou Picasso. Comment, en effet, être coupable de bouder l'avant-garde alors qu'il n'y en a plus ? «L'avant-garde, c'est du vide», dit le célèbre musicien Luciano Berio, qui doit savoir de quoi il parle. Pis que du vide. Un académisme repu, pas plus subversif que Bernard Buffet. Luc Ferry parle d'«opposition exténuée». «Et si les avant-gardes, dit-il, se mouraient d'être devenues banalité ?» Le roi est nu sous ses oripeaux. La seule attitude d'avant-garde, désormais, c'est de le proclamer.

Les croyants, alors, vous excommunient. Voyons ! Pour comprendre, il faut y mettre du sien, faire son éducation… Et puis, les révolutionnaires ne sont jamais reconnus tout de suite : voyez Courbet, les impressionnistes, le cubisme, Wagner !

Certes. Mais les avant-gardes étaient, jadis, vite assimilées par le public éclairé après de saines empoignades. Nos «contemporains», eux, vaticinent depuis soixante-dix ans, et le monde s'en fiche. Ils n'arrêtent pourtant pas de s'auto-proclamer d'avant-garde. En musique, un Varese est déjà bien rassis : où sont ses auditeurs transfigurés ? L'abstrait lui-même, dont l'accès n'est pas si facile, vit parce qu'il dit des choses. Le contemporain, au contraire, reste muet ; entendu seulement par une poignée de sourds, parfois bas-bleus et souvent gogos, qui s'obstinent à confondre leur légitime désir d'être émus avec une émotion communiquée par l'art. Quelle sorte d'art, qu'il faudrait des années d'études – et de foi –pour digérer enfin ?

Il y a, décidément, comme un défaut. Les artistes le savent, les soirs de déprime. «J'ai supprimé tout sujet jusqu'à l'uniformité, disait déjà Rodchenko en 1920, et maintenant je me demande où l'on peut aller plus loin.» On ne peut pas. Inconcevable ? Il y a toujours eu des créateurs d'art, il y en aura toujours ? Rien ne le prouve.

L'art a eu un commencement, du côté de Lascaux. Les récepteurs de télévision empilés par Nam June Paik, le camembert de Spoerri, les tubes au néon de Dan Flavin et tant d'autres pierres tombales montrent que l'art, tel que nous sommes capables de le concevoir, touche à sa fin.

Cette éventualité fait hausser les épaules à ceux qui tirent leur joie des œuvres de tous les temps. «Que devient l'art ? Ce n'est pas mon affaire. Moi, j'aime ou je n'aime pas, voilà tout. Peu m'importent les commentaires.» Comme tant d'autres amateurs, le prix Nobel Gilles de

Gennes professe cette sorte d'agnosticisme. Facile, de consommer de l'art en laissant les créateurs affronter seuls le futur !

Si vraiment l'art a une histoire, donc un commencement et une fin, nous sommes tous concernés. Or il n'est pas douteux que l'histoire des arts exprime celle de notre pensée, avec ses révolutions successives. L'essence du Beau n'est pas donnée par les dieux, nous la fabriquons avec les moyens du bord et du moment. Kant lui-même admet que l'œuvre d'art «concrétise une idée du monde». Dans un livre récent, Georges Steiner nous rappelle qu'aucun créateur ne part de zéro. Il y a, en art comme en science, accumulation d'un savoir qui s'oriente selon le siècle. L'œuvre est un état des lieux. Le cubisme, par exemple, est lié aux connaissances de son temps sur la structure de la matière ; la musique sérielle tient compte de la mathématique non euclidienne de Lobvatchevsky et Riemann…

Un coup d'œil panoramique sur le parcours de l'art montre les glissements accélérés de la communion vers l'individualité, de la tradition vers la modernité. Il suggère aussi que l'accomplissement de l'art occidental implique son achèvement. […]

L'épuisement technique de l'art, qui, après des siècles de conquêtes, n'a plus de nouvelles avenues à découvrir tout comme il n'y a plus sur la Terre rétrécie de *terra incognita* à explorer, n'a rien d'accidentel. Il est un aboutissement de l'Histoire, du triomphe de l'individu qui torpille l'émotion partagée des Anciens. La coopération entre les hommes ne va plus de soi, elle se fait utilitaire ; très bien, sauf qu'elle ne pousse pas à vibrer en chœur. La démocratie, dit Luc Ferry, ne favorise guère la communion sous les espèces du Beau. Nous sommes libres, affranchis de toute tradition partagée. On se méfie, avec Nietzsche, de l'«art qui magnifie le monde en tant qu'erreur». Fini les emblématiques où chacun se reconnaît d'emblée. La mort de Dieu pousse l'individu solitaire à l'écoute de son Moi impénétrable. Cette exaspération de la subjectivité stérilise la peinture et la sculpture qui représentent le monde, la musique qui l'exprime, la poésie qui le suggère. La littérature, qui le raconte, a senti le vent du boulet avec Joyce ou le nouveau roman ; le cinéma aussi, avec Cassavetes et Godard. Mais des histoires à dire, il y en a toujours. Le roman et le film ne sont pas tombés dans le gouffre de l'individualisme total alors que les arts du sensible, eux, n'avaient aucune branche où se rattraper.

La victoire du Moi condamne l'expression plastique, malgré tant de réussites grandioses, à l'autisme. Le cubisme, l'abstrait, la musique moderne, restaient abordables, fût-ce au prix d'une difficile gymnastique.

Jean-Francis Eze, *L'Événement du jeudi*,
18.6.1992

23

LA SYNTHÈSE DE DOCUMENTS

La synthèse consiste à rassembler des informations, des réflexions et des points de vue *extraits de plusieurs documents* dans un compte-rendu *organisé*. Ce travail s'effectue selon les étapes suivantes :

■ *Recherche et relevé des informations* selon les procédures qui ont été vues au chapitre 19. L'idéal est de disposer d'une grande feuille de papier sur laquelle on pourra faire apparaître les informations propres à chaque document.

Doc 1	Doc 2	Doc 3	Doc 4

Ce mode de relevé facilitera le travail ultérieur de confrontation des idées.

■ *Mise en relation des informations et découverte des axes autour desquels s'organisera la synthèse.*

La synthèse n'est pas une juxtaposition de comptes rendus mais le résultat d'une mise en relation des documents les uns avec les autres. Cette confrontation doit faire apparaître des convergences, des divergences, des apports complémentaires, des nuances dans les points de vue, etc. Il faut donc se poser les questions : pour quel objectif commun peut-on utiliser ces documents ? Quel problème vont-ils permettre de poser (ou de résoudre) ? Quelle question vont-ils permettre de traiter ?

Quel que soit le domaine auquel appartiennent les documents (domaines littéraire, sociologique, psychologique, artistique, scientifique, etc.), l'essentiel est de dégager *une problématique commune* à l'ensemble des textes.

Voici quelques axes généraux qui peuvent servir à regrouper les documents :

– *définition d'une notion*. Par exemple si les documents donnent tous leur point de vue sur ce qu'est l'identité culturelle.

– *débat contradictoire*. Un texte démontre que l'intelligence est innée. Un autre prouve qu'elle dépend essentiellement de l'éducation, etc.

– *éclairages ou explications complémentaires.* Par exemple, diverses interprétations du genre litté-raire tragique. Les explications (historique, psychanalytique, marxiste, etc.) ne se contredisent pas mais se complètent.

– *présentation des différents aspects d'un problème.* Un article fait un historique de l'immigration en France, un autre en souligne les conséquences, des statistiques en donnent une idée quan-titative, etc.

L'objectif (ou la problématique) que vous vous serez fixé déterminera l'organisation de votre synthèse.

■ *Rédaction de la synthèse*

Elle repose sur les principes généraux de la rédaction (livre de l'élève, p. 176). Son contenu présente essentiellement les informations et les idées, et il n'est pas nécessaire de faire des remarques sur l'organisation de chaque texte. Toutefois, certaines indications sur le ton ou la qualité du document peuvent être utiles («À l'opposé des conceptions de X, Y démontre avec véhémence…»).

La synthèse implique de nombreuses références aux auteurs. Attention aux répétitions des noms ! Utilisez des mots de substitution : l'auteur, l'écrivain, le journaliste, le critique, celui-ci, ce dernier…).

121. REVUES DE PRESSE

a. Pour ou contre le spot publicitaire anti-drogue ?

En décembre 1990, le ministère de la Santé a fait diffuser, sur les chaînes de télévision, un spot publicitaire destiné à décourager les jeunes de faire l'expérience de la drogue. Parce qu'il montrait l'hésitation d'un adolescent devant une «ligne de cocaïne» qu'il finissait par rejeter, le spot a été jugé inutile ou dangereux par certains, sain ou dissuasif par d'autres.

Voici deux opinions contradictoires sur ce spot. Présentez-les dans un texte d'une dizaine de lignes.

GEORGINA DUFOIX

Déléguée générale à la Lutte contre la drogue et la toxicomanie

JEAN BERGERET

Professeur à l'université de Lyon II, directeur scientifique de l'Institut de recherche européen sur les facteurs de risque chez l'enfant et l'adolescent

Image du spot télé
Polémique immédiate

«Le combat contre le trafic de drogue, c'est l'affaire des policiers et des douaniers. Nous, notre souci est celui de la demande. On a d'abord étudié toutes les campagnes anti-drogue du monde. Elles étaient toutes fondées sur des messages de peur, qui disaient : "Attention, danger !" Cela ne suffit pas à éloigner ceux qui sont extrêmement tentés par la drogue. Ensuite, nous nous sommes aperçus que la toxicomanie était le signe d'une société qui souffrait. Un drogué – dépendant – est quelqu'un qui a mal et qui n'a pas la force intérieure pour répondre positivement à sa souffrance. Tous les spécialistes français s'accordent avec nous sur ce point.

«Je suis systématiquement contre toutes les campagnes anti-drogue. Je pense que l'intention des créateurs du spot est honnête, mais leur inexpérience, leur maladresse et leur imprudence sont extrêmes. Autant je suis d'accord pour répondre – et je fais cela depuis dix ans – aux questions qui me sont posées par des organismes publics ou privés, par les enfants, les adolescents, les professeurs ou les parents, autant je pense que parler de la drogue de cette façon à la télévision est dangereux à plus d'un titre.

D'abord, augmenter le discours sur la drogue revient à augmenter le phénomène drogue. La toxicomanie est un symptôme, la

On a donc voulu avoir une communication qui ne parle pas du produit mais de l'homme et de sa souffrance.

Nous avons choisi de diffuser ce spot à une heure de grande écoute, car tous les jeunes ont été ou seront confrontés à la drogue un jour ou l'autre. Tous peuvent être tentés. Et il fallait leur donner des arguments pour qu'ils disent non à la drogue. Si l'on voit le produit, c'est pour que les spectateurs comprennent bien de quoi il s'agit. La seule façon de répondre à la peur de la drogue est de montrer cette drogue. La peur de la peur est pire que la peur elle-même.

C'est vrai que peuvent exister des effets pervers, mais il était avant tout important de répondre à la peur des gens. Notre campagne va durer six mois, organisée comme un combat. Elle n'a de sens que si elle est visible à un moment donné. Engager un combat souterrain ne suffit pas : il est important que ce combat soit nommé pour que la peur se transforme en une action. Ce spot est donc la partie visible de l'iceberg.

Il a une autre nécessité. Le combat contre la drogue a lieu au sein des familles, dans l'intime. Seule la télé touche à l'intime. Aucune vie associative, aucun réseau aussi organisé soit-il ne touchera avec une telle efficacité à l'intime de l'être. Seule la télé permet d'entrer chez les gens.»

drogue est un accessoire qui ne peut être le point central de ce qu'on appelle les toxicomanies. La seule action à mener est une action de prévention primaire : ne pas attendre qu'il soit question de drogue. Les pouvoirs publics, eux, n'ont toujours fait que de la prévention secondaire, tardive, dilapidant ainsi les crédits et amusant l'opinion publique. Quand il s'agit de construire un sous-marin ou un porte-avions, on établit un programme sur dix ans. Pourquoi ne ferait-on pas la même chose en matière de prévention primaire ? On préfère se limiter à de petits bricolages comme ce spot, qui n'est que de la poudre aux yeux. Une telle publicité n'a qu'une fonction : prouver que telle ou telle mission interministérielle existe. Si l'on échoue avec les toxicomanes, c'est qu'on a agi trop tard.»

(Propos recueillis par François Rousselle.)
17.12.1990 - *Le Point* numéro 952.

b. Réactions face à un fait divers médiatique.

Chaque semaine, dans l'émission de télévision «7 sur 7», la journaliste Anne Sinclair invite une personnalité à venir commenter les événements de la semaine. Le 11 octobre 1992, cette personnalité était Madonna, et la prestation de la chanteuse-comédienne provoqua de nombreuses réactions dans la presse.

Vous faites chaque matin la revue de presse pour une station de radio.

Rédigez une synthèse des réactions et des commentaires de la presse sur le passage de Madonna à «7 sur 7».

L'auteur de l'article vient d'expliquer que la crédibilité d'une émission est obtenue non par la vérité du message mais par la force et les artifices (décors, éclairages, présentateurs vedettes) avec lesquels il est transmis.

Sainte Madonna, priez pour nous !

Le passage de Madonna entre Bérégovoy et Valéry Giscard d'Estaing à «7 sur 7» illustre bien mon propos. Je ne sache pas que les huit millions – pas moins : quel succès, chère Anne ! – de téléspectateurs aient recueilli la moindre information de la bouche pailletée d'or de Mme Ciccone. Si on a bien compris, l'artiste la mieux payée du monde (cette affirmation est supposée nous faire tomber à genoux pour nous prosterner devant cet érotique veau d'or), oui, si on entend bien Madonna, la religion est une affaire privée et le sexe une messe à concélébrer publiquement. On doit avoir un tête-à-tête secret avec Dieu, mais on ne doit jamais priver les foules de l'exhibition de nos fantasmes pornos. Dans le premier cas, c'est de la spiritualité. Dans le second, c'est de l'art.

Je veux bien. Je veux tout ce qu'on veut. Tout ce que veulent les Américains et leurs jeunes vassaux dans le monde, lorsqu'ils prétendent lutter contre l'ordre puritain de George Bush en s'affichant voyeurs. Bientôt on va nous donner à choisir entre le maccarthysme et le life-show. Dira-t-on que Mme Ciccone n'est pas mon type ? On ne m'aura pas de cette façon. Je n'aurais pas apprécié que Marilyn Monroe, je n'apprécierais pas que Michelle Pfeiffer galvaudent leur magie et portent atteinte au mystère de leur érotisme en passant de la promesse à l'acte, en supprimant la promesse qui, dans l'art japonais, dans *Les Mille et Une Nuits*, dans les voix de Bardot, de Moreau et de Marilyn, génère ce chuchotement efficace de la sensualité. Mais à lire les commentaires sur le dialogue entre Anne Sinclair et Madonna, je vois qu'on n'a plus le choix que de les suivre pour paraître dans le coup ou de les refuser en semblant bouder son époque. Ou le Bourgeois gentilhomme, ou Alceste. Car il y a du Monsieur Jourdain dans le regard décontenancé et émerveillé que pose une bourgeoise sur le sex-symbol du siècle. Au fait, pour marquer un anniversaire, en 1492 Christophe Colomb a découvert le Nouveau Monde. En 1992, c'est la planète Sexe que notre irrésistible conquérant met à notre disposition.

Jean Daniel
Le Nouvel Observateur,
15.10.1992, n° 1458.

La dent en or de Madonna

Peut-être, les nuits d'insomnie, la porte de la suite royale refermée sur le dernier courtisan, Madonna cauchemarde-t-elle que le carrosse redevient citrouille. Les couvertures de magazine, les cascades de dollars, les gardes du corps, les émeutes devant le palace, les barrières de sécurité, les lancements planétaires, tout le lourd accoutrement de star mondiale crève comme une bulle de savon, abandonnant aux griffes de l'aube une petite gagneuse âpre et moite, une haletante Louise Ciccone, si seule dans l'univers. Alors ?

Alors guère d'autre salut que d'obtempérer à la société du spectacle, ce Méphisto en paillettes qui en exige chaque soir davantage. Tu as signé, petite étoile.

Faire parler, donc. Repartir sans cesse à l'assaut du mur, toujours plus rude, de l'indifférence. Elle apparut chez Anne Sinclair parée d'une incisive en or, qui scintillait sous les projecteurs. La prochaine fois se couperait-elle un doigt en direct ? Peu importait. Pour forcer un instant l'attention du monde, l'arme du jour était la dent. La bouche pérorait, souriait, enchaînait les banali-

tés. Mais seule comptait la dent. Au centre de l'écran, la dent en or de la star mondiale rayonnait comme un phare absurde dans la nuit de la pensée, portant jusque dans les pampas et les savanes, en Somalie et en Georgie, à Jérusalem et à Sarajevo, aux guérilleros et aux affamés, ce message étincelant et vide du rêve américain, cette nouvelle presque sublime d'insignifiance : Madonna s'est mis une dent en or.

Daniel Schneidermann
Le Monde, 13.10.1992.

Il fut un temps où les invités étaient considérés comme l'élément essentiel des émissions auxquelles ils participaient. La qualité de leur prestation mesurait la qualité de celui qui les recevait. Désormais c'est l'inverse. La vedette appartient aux présentateurs uniquement. Ce sont, il faut en convenir, de bien étranges maîtres ou maîtresses de maison qui estiment qu'ils (ou elles) vous font honneur en vous priant de venir chez eux (ou chez elles). Vous n'avez été invités que comme faire-valoir. Il n'est pas nécessaire de vous montrer brillant. Vous n'êtes là que pour faire de la figuration.

Toute galanterie mise à part, que reste-t-il de l'interview Madonna-Sinclair à «7 sur 7» ? Rien du tout.

Rien du tout. Et c'est normal. Il s'agissait d'assurer la promotion d'un disque et d'un album de photos d'art. De ce point de vue-là, personne n'a le droit de se plaindre, ce fut du bon boulot.

On peut tout de même se demander si ce n'était pas l'occasion d'essayer de comprendre le succès mondial de cette demoiselle. Mais, ce jour-là, Madonna jouait à guichets fermés. Anne Sinclair n'a guère tenté de s'aventurer dans les dessous et les coulisses de ses exploits.

On savait déjà qu'elle n'avait pas (et c'est naturel) la langue dans sa poche, qu'elle préférait faire l'amour plutôt que la guerre ; que le puritanisme américain lui donnait de l'urticaire ; qu'elle défendait la cause des Indiens (et sans doute des

bébés phoques), qu'elle votait démocrate ; qu'elle ne buvait pas d'alcool et qu'elle utilisait la capote anglaise en dehors de ses heures de bureau.

Nous sommes bien contents de le savoir, mais il y a quand même des millions de jeunes personnes dans le coup. Évidemment, toutes ne disposent pas d'un cul de notoriété publique comme le sien, mais cela suffit-il à expliquer la gloire de Madonna ?

Voulez-vous que je vous dise le fond de ma pensée ?

Je m'en fous complètement.

Yvan Audouard
Le Canard enchaîné,
14.10.1992.

A propos de Madonna

Mgr Poupard et Madonna – éminences dans leurs paroisses respectives – viennent de mettre les gros projecteurs sur un phénomène majeur de notre société : l'effondrement du «système» chrétien. Le cardinal en a laissé tomber le constat : «La culture catholique n'existe pratiquement plus.» Quant à Madonna, la banalisation de son tonitruant message sexuel, le lancement épanoui de ses brûlot érotiques, qui lui eussent valu, il y a seulement trente ans, opprobres et censures, sa faveur, enfin, dans toute une partie de la jeunesse, tout montre que le magistère chrétien du «péché» a cessé de régenter nos mœurs et nos lois. Qu'elle vous réjouisse ou vous révulse – et peu importe Madonna ! – c'est la mutation dont elle est le totem dont il faut, à cette occasion, prendre toute la dimension.

Si les prestiges commerciaux de Madonna invitent bizarrement à ce genre de considérations plus austères que sa silhouette, c'est que, symboliquement et médiatiquement, elle frappe très fort au cœur du dispositif moral chrétien : celui des relations des hommes et des femmes. Dans cette «mutation bouleversante, la plus importante de notre civilisation» (Duby *dixit*), l'essentiel s'est joué, il y a vingt-cinq ans, lorsque la contraception chimique a disputé au Dieu créateur le mystère de la naissance. Une révolution qui aura plus libéré les femmes que ne le fit leur accession massive dans les métiers. Mais ce qu'y ajoute le symbole Madonna, c'est la proclamation, par scandale médité, de la conquête par les femmes d'un érotisme d'apanage masculin. Madonna et ses sœurs popularisent, pour les femmes, un droit au plaisir confiné, jadis, par la morale ambiante à l'aristocratie mâle et réputée infâme des libertins.

Contre les fantasmes répressifs de la honte et du péché, elles affichent, en suffragettes du plaisir, la revendication de leurs fantasmes libertaires. Ils se déclinent, désormais, dans les magazines féminins entre les conseils de beauté et les recettes de cuisine. On y bovaryse avec Emmanuelle. Contre le diptyque «mère ou putain»-«ange ou démon» de la femme latino-chrétienne, Madonna, vêtue ou dévêtue d'un harnachement psychédélique, invite des démons de bande dessinée aux pizzerias du samedi soir. Elle dynamite, par paroxysme et dérision, un féminisme hommasse et blafard, ressassant sa révolte contre le «sexisme» masculin. Les spécialistes vous diront que la pratique sexuelle des ménages de France ne sera guère modifiée par ce messianisme de bacchantes. Certes ! Mais l'idée qu'on s'en fait, oui ! Ainsi, par exemple, d'une tolérance nouvelle à l'homosexualité et aux minorités érotiques, qui évoque, peu à peu, celle de l'univers antique.

Il est, accessoirement, piquant de constater que Madonna, provocatrice organisée, se présente en même temps comme une artiste réglée par un ascétisme gymnaste et diététique. Et qu'elle s'affiche surtout en croyante préoccupée de «spiritualité», ou en démocrate avisée lorsqu'elle affirme – banal mais juste ! – que les démocraties ne se sauveront que par «l'éducation renforcée de leurs peuples».

En somme, Madonna, à sa manière, fait de la politique. En amont de la politique. Libre à chacun, et selon sa pendule, d'y voir une succube de Sodome et Gomorrhe avant leur chute. Ou la messagère d'une aventure nouvelle des libertés. C'est, en tout cas, un «phénomène de société». Un sacré phénomène !

Claude Imbert

Le Point, 17.10.1992, n° 1048.

122. Synthèse d'un débat

En ayant pour objectif le débat autour de la question : «L'aide au tiers monde est-elle possible ?» faites, en quatre cents mots environ, une synthèse des documents suivants.

Document 1

COMMENT NOURRIR LA PLANÈTE

A Khartoum, des enfants squelettiques tendent la main. Beaucoup plus au nord, en France et ailleurs en Europe ou aux États-Unis, des agriculteurs détruisent des monceaux de viandes, de fruits ou de légumes pour protester contre la politique agricole menée par leur gouvernement. D'un côté, la famine, de l'autre, les stocks surabondants de lait dont on ne sait que faire en Europe. [...]

Suffit-il alors, comme la logique pourrait le suggérer, d'envoyer aux habitants du Sud les milliers de tonnes de beurre, de lait ou de viande stockées dans d'immenses chambres froides par les pays riches ? En fait, il serait illusoire, et dangereux, d'imaginer un partage des tâches entre le Nord, qui produirait davantage, et le Sud, qui consommerait des surplus.

Car l'agriculture est bien souvent la première source de richesse des pays du Sud encore très peu industrialisés. Plus l'agriculture s'appauvrit, plus grandit la dépendance qui est, elle-même, un facteur d'appauvrissement : l'aide alimentaire permanente fournie par les pays riches enfonce encore plus les pays qu'ils prétendent aider.

Philippe Chalmin, économiste et spécialiste des matières premières, va même plus loin : «N'exportez pas vos excédents !» L'aide alimentaire, si elle s'installe, tue les agricultures déjà fragiles des pays destinataires. On l'a qualifiée «d'oreiller de paresse». Un cadeau empoisonné. [....]

Mais l'aide alimentaire n'est pas la seule à avoir de tels effets pervers. Prenons un pays pauvre qui importe massivement du grain à bon marché produit par les agricultures superpuissantes du Nord. Celles-ci vendent certes la tonne de blé 500 francs sur le marché mondial. Mais, en fait, cette tonne rapporte 1 000 francs aux agriculteurs européens, que leur gouvernement et la Communauté ont les moyens de subventionner massivement. Quant aux autres fournisseurs, en particulier certains pays d'Asie (Malaisie, Thaïlande), ils ont aussi compris qu'ils n'avaient pas d'autre choix que de protéger et subventionner leur secteur agricole.

Les États africains, eux, ont fait exactement le contraire. Sur l'ensemble du continent noir, la production agricole par habitant a chuté de 20 % en trente ans. Non seulement les gouvernements n'ont pas su mettre en œuvre des révolutions vertes en soutenant leurs paysans : ils consacrent en moyenne 10 % de leur budget à l'agriculture, alors que celle-ci reste de loin le premier secteur économique. Mais, en plus, ils assomment les paysans de taxes multiples pour tenter, dans le meilleur des cas, de financer un modèle de développement à l'occidentale fondé sur l'industrialisation. En vain le plus souvent. Ainsi, sur la route de Podor, au Sénégal, on sert au passant une bouillie à base de brisures de riz et de lait en poudre. Le riz n'est pas d'ici, pas plus que le lait. Le riz vient tout droit de Thaïlande *via* le port de Dakar où, à la sortie des cargos, il coûte moins cher que celui produit dans la vallée du Sénégal, dans l'arrière-pays. Le drame de la faim ne se réduit donc pas forcément aux caprices du climat, au lessivage des sols et à la surpopulation. Même si ces facteurs aggravants existent. [...]

Il ne suffit pas non plus de s'en prendre à la surpopulation. La Chine dépasse le milliard d'individus. Tous les ans, il lui faut nourrir 15 millions de bouches en plus. Sa population a doublé en quarante ans. Le pourcentage de mal nourris, lui, a baissé. À aucun moment la population n'a crû plus vite que la production agricole. En s'adaptant, grâce à l'utilisation d'engrais et à la décollectivisation, l'agriculture arrive à suivre.

La faim est sœur de pauvreté et d'exclusion. Les facteurs démographiques ou économiques ne suffisent pas à expliquer ces catastrophes. La solution tient à une véritable politique de répartition et de lutte contre les inégalités. Surtout, les gouvernements ne viendront pas à bout du problème de la faim sans améliorer le revenu et le statut du paysan. Et sans briser ce cercle vicieux. Car si les villes ne peuvent plus faire vivre les campagnes, comment s'étonner que celles-ci soient désertées ? On prend ainsi le chemin inverse de l'autosuffisance et de la sécurité alimentaires puisque les villes se remplissent et qu'il n'y a plus de paysans pour les nourrir. Chaque année, 6 % des Africains fuient la pauvreté de la campagne pour ne trouver en ville que la misère. À l'aube du XXIᵉ siècle, la moitié de la population africaine sera urbaine. Et face à cette situation, les organismes mondiaux savent que, même si le Nord continue à produire des excédents, ceux-ci ne résoudront en rien le drame vécu par près d'un cinquième de l'humanité...

Laurence Monroe

ÇA m'intéresse, n° 139, septembre 1992.

Document 2

Un débat s'est principalement cristallisé autour de la capacité de l'Afrique à s'engager dans une dynamique de modernisation.

À ce propos, deux livres provocants : *Et si l'Afrique refusait le développement ?* et *Faut-il un ajustement structurel pour l'Afrique ?* jettent un pavé dans la mare. Les deux ouvrages soutiennent une thèse similaire. Si l'Afrique s'avère incapable de se développer ce n'est pas uniquement du fait de la dette, des échanges inégaux, de la faiblesse de l'aide, etc., mais à cause des Africains eux-mêmes.

Le procès intenté par les deux économistes camerounais est sévère. Les Africains se comportent à l'égard de la modernité comme des assistés. Refusant de prendre en charge leur propre destinée, ils attendent de l'Occident que celle-ci organise le développement à leur place.

Et D.E. Manguelle[1] de dresser un procès en règle d'une mentalité africaine passive et résignée.

Le fatalisme africain ? L'auteur en veut pour exemple le fait qu'en trois siècles les Noirs ne se sont jamais révoltés contre l'esclavagisme et que ce sont les «maîtres» blancs qui ont émancipé ces derniers.

Le second caractère de la personnalité africaine serait la soumission aux forces de la nature et à l'ordre divin à la différence d'une culture occidentale prométhéenne et conquérante. Autre trait : une mentalité archaïque ancrée sur le passé, la sagesse millénaire, une fidélité aux ancêtres qui comptent plus que l'avenir et la nouveauté. La solidarité familiale serait un autre facteur d'inertie. L'Africain qui reçoit un salaire fixe ne va pas accumuler ses biens mais en faire profiter ses frères, cousins et toute la famille élargie. Enfin «l'enflure de l'irrationnel», c'est-à-dire l'omniprésence de la sorcellerie et de la magie, conduit à l'idée que la misère ou la richesse, la santé ou la maladie dépendent de forces occultes, de bons ou mauvais sorts, et non de l'effort personnel. Bref, tout concourrait au fatalisme et à la résignation. L'Africain n'est pas acteur de sa vie. Il attend tout de l'extérieur, et notamment de l'Occident. «Piètre *homo economicus*», la mentalité africaine s'opposerait trait pour trait au profil de l'entrepreneur capitaliste.

Une critique aussi radicale et sévère sentirait fort le racisme si elle ne venait d'un économiste camerounais, impliqué dans le développement du continent. La dureté du ton est à la hauteur de l'importance de l'enjeu car l'Afrique n'a pas le choix entre s'occidentaliser ou rester elle-même. La résistance au développement, un repli sur «la négritude» vantée par Léopold Senghor est illusoire. Le seul choix est «changer ou périr». C'est la logique implacable de l'évolution historique. Il lui faut se moderniser pour maintenir son identité.

Jean-François Dortier
Sciences Humaines, n° 23, décembre 1992.

1. Auteur de *L'Afrique a-t-elle besoin d'un programme d'ajustement culturel*, Éditions Nouvelles du Sud, 1991.

Document 3

L'hebdomadaire L'Express *a réuni Abdoulaye Wade, ministre sénégalais et Guy Sorman, journaliste français, pour parler des problèmes de l'aide au tiers monde.*

G.S. : N'oublions pas l'échec du modèle politico-économique, celui de l'aide et celui des élites africaines elles-mêmes. L'échec du modèle me paraît être le plus important. Dans tous les pays, on a cru pouvoir rattraper le retard économique en appliquant, avec le soutien des intellectuels français, avec le soutien des organisations internationales, un système bureaucratique de socialisme africain. Deuxième cause : l'échec de l'aide. Telle qu'elle a été apportée à l'Afrique depuis trente ans, elle consolidait des élites peu respectables, souvent corrompues, qui l'ont, non pas totalement, mais en grande partie, gaspillée.

A.W. : Tout cela procède, au départ, de bonnes intentions. On est parti de l'idée qu'il fallait créer des emplois. Pour cela, il faut de l'argent. Alors, c'est l'aide ou l'emprunt. On a emprunté, on a implanté des entreprises un peu partout. Je voudrais bien que la Banque mondiale ou le FMI fassent une enquête, à travers l'Afrique, sur ce cimetière d'usines qui n'ont jamais fonctionné, ou qui ont mal fonctionné et qui sont mortes parce qu'elles ne pouvaient pas fonctionner. Le coût de l'emploi est tellement élevé et tellement absurde, chez nous, qu'on a créé des industries qui ne peuvent supporter aucune concurrence étrangère. Résultat : un échec absolu. Depuis 1981, on en est enfin venu à considérer qu'il fallait développer l'agriculture pour nourrir les populations. Mais on néglige toujours l'agriculture familiale, qui ne permet pas aux financiers occidentaux de réaliser d'énormes profits.

Lorsque j'étais enfant, mon père cultivait pratiquement tout ce que nous consommions. Aujourd'hui, allez au Sénégal, et vous verrez que personne ne produit rien à l'échelle domestique. Il faut donc revenir à la polyculture vivrière familiale. C'est ainsi que pourra être réalisée l'auto-suffisance alimentaire, que tous les pays inscrivent à leur programme, mais dont les vrais résultats tardent à venir.

G.S. : Prenons garde d'idéaliser un autre modèle, celui du retour à la terre ! Beaucoup de jeunes Africains ne le souhaitent pas. Aussi, il ne faut pas passer du mythe d'une Afrique industrielle à celui de l'Afrique ancienne. Mais plutôt réfléchir aux secteurs de l'économie agricole et industrielle africaine capables de s'insérer dans le commerce international. [...]

L'EXPRESS : Alors, faut-il maintenir l'aide à l'Afrique ou la modifier ?

A.W. : Certains ont imaginé qu'on pouvait lui faire marquer une pause.

G.S. : Ce n'est pas une question théorique. On pourrait envisager un sevrage brutal. Pour que les Africains s'aident eux-mêmes. Cependant, cette vision n'est pas réaliste. Les dégâts causés par une interruption brutale seraient considérables. Car on jouerait avec la vie des gens. Mais il faut répondre aux interrogations de l'opinion publique occidentale, extraordinairement lasse d'avoir alimenté un gouffre sans fond et sensible à l'échec du développement, à la corruption, au gaspillage... Un mouvement favorable à l'interruption de l'aide serait très fort, aujourd'hui. D'autant que l'Europe occidentale se sent de plus en plus proche des pays de l'Est et de la Russie. Mais l'aide à l'Afrique répond d'abord à un impératif de solidarité humaine qui continue de se manifester. On le voit, actuellement, dans le cas de la Somalie. L'aide est donc nécessaire. Souhaitons qu'elle soit plus utile. Toutefois, je suis curieusement plus nuancé que vous en disant que l'aide n'a pas été totalement inutile quand même, parce qu'elle a permis, à grands frais, de créer des États. L'État, c'est ce qui permet d'assurer la sécurité civile des citoyens. Et, dans un pays comme la Somalie, maintenant où il n'y a plus d'État, on voit ce qui se passe...

A.W. : Je n'ai pas dit que l'aide était inutile. J'ai dit qu'elle avait entraîné beaucoup de gaspillages. Je suis d'accord, en tout cas avec vous, pour dire qu'elle a entraîné plus que des contre-performances, des conséquences assez désastreuses sur les comportements et sur les mentalités. J'ai toujours souffert, chaque fois que s'est posé un problème dans nos pays, de ce réflexe de la part des gouvernements : allons chercher l'aide extérieure pour le résoudre. Alors que, moi, je suis le raisonnement tout à fait inverse : essayons d'abord de résoudre le problème et, seulement si nous ne pouvons pas, alors, à ce moment-là, nous pouvons nous adresser à l'extérieur.

(Propos recueillis par Christian Hoche et André Pautard.)

L'Express, 8.10.1992.

Document 4 in *Sciences Humaines*, n° 23, décembre 1992.

Document 5

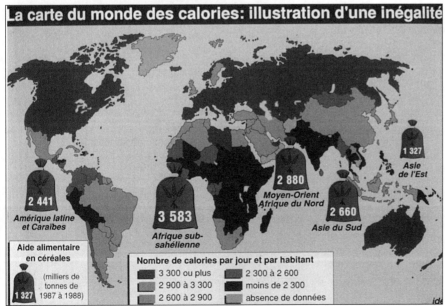

Besoin alimentaire quotidien d'un homme : 2 200 calories. In *ÇA m'intéresse*, n° 139, p. 118.

123. DÉFINITION D'UNE NOTION

À l'aide des documents suivants, vous rédigerez un texte ne dépassant pas quatre cents mots et ayant pour titre : «Qu'est-ce que l'intelligence ?»

Document 1

Du XVIIIᵉ siècle à aujourd'hui, la définition de l'intelligence a beaucoup évolué.

Selon le dictionnaire Quillet, intelligence vient de *inter* (parmi) et *legere* (choisir). Littéralement, donc, c'est le pouvoir de choisir, parmi plusieurs idées, celle qui est juste, conforme à la vérité ou adaptée aux circonstances. Historiquement, la définition a varié.

«J'entends par intelligence le pouvoir de former des notions ou de s'élever aux idées générales, ce qui ne saurait s'exécuter que par le pouvoir de la parole, chose dont les animaux sont privés» (*Palingénésie philosophique,* par Charles Bonnet, 1754).

«L'intelligence de l'homme consiste surtout à modifier sa conduite conformément aux circonstances de chaque cas, ce qui constitue le principal attribut de la raison» (*Philosophie positive,* par Auguste Comte, 1842).

«L'organe fondamental de l'intelligence, c'est le jugement, autrement dit le bon sens, le sens pratique, l'initiative, la faculté de s'adapter. Bien comprendre, bien raisonner, ce sont les ressorts essentiels de l'intelligence» (*L'Étude expérimentale de l'intelligence,* par Alfred Binet, 1903).

«Si les psychologues ne sont guère d'accord sur ce que l'intelligence est, ils le sont davantage sur ce qu'elle fait et sur les circonstances dans lesquelles elle intervient. Elle intervient lorsque l'individu se trouve aux prises avec une situation nouvelle que ni l'instinct ni l'habitude ne lui permettent de surmonter» (*Le Mystère animal,* par Édouard Claparède, 1920).

«L'intelligence est caractérisée par la puissance indéfinie de décomposer selon n'importe quelle loi et de recomposer selon n'importe quel système.» (*L'Évolution créatrice,* par Henri Bergson, 1907).

«L'intelligence désigne non pas une faculté mentale parmi d'autres, mais la forme la plus générale de la coordination des actions ou opérations» (*Psychologie de l'intelligence,* par Jean Piaget, 1947).

Le Nouvel Observateur, 14.5.1992.

Document 2

Le jeu d'échecs sans aucun doute fait appel à l'intelligence : sens stratégique, maîtrise du temps et de l'espace, capacité d'adaptation et de concentration, etc., Bobby Fisher possédait au plus haut point toutes ces qualités. Mais seulement devant les 64 cases. En dehors, il était d'une inculture encyclopédique. Il ne s'intéressait à rien, ne connaissait rien – hormis les aventures de Superman. On aurait pu le prendre pour un idiot. C'était une intelligence hyper-spécialisée. Résultat : un des plus grands joueurs d'échecs du siècle. Et un QI à la limite de la débilité. Un cerveau unidimensionnel. Fisher ou l'anti-Léonard.

La neurobiologie moderne commence à éclairer ce mystère de l'intelligence sélective. Le cerveau est formé de modules chargés de remplir différentes fonctions. Interpréter une sonate, démonter un moteur, résoudre une équation à deux inconnues, ces trois opérations relèvent de l'intelligence mais ne mobilisent pas les mêmes zones du cerveau, ni les mêmes circuits. Ceux qui servent souvent sont en parfait état de marche, ils fonctionnent même de mieux en mieux ; les autres se rouillent. Il faut imaginer le cerveau comme un réseau de chemins forestiers : là où il y a beaucoup de passage, le chemin est large, commode, bien entretenu. Là où personne ne passe, il est peu à peu envahi par les ronces et devient bientôt impraticable. L'embryologiste Alain Prochiantz explique : «Le cerveau se modifie tout au long de l'existence. Il est modelé par l'expérience. À mesure qu'un individu grandit et apprend, cet apprentissage se trace dans son cerveau par des modifications physiques. Des synapses deviennent de plus en plus actives ; des neurites, c'est-à-dire des branches de neurones, poussent, d'autres meurent… Et l'extraordinaire chez l'homme est que cette plasticité, ce caractère quasiment embryonnaire, est maintenu jusqu'à sa mort.»

Chacun, donc, possède une ou des intelligences plus ou moins spécialisées. Et chaque société, chaque groupe social tend à valoriser et privilégier une forme d'intelligence au détriment des autres. Qu'en est-il aujourd'hui en France ? Quelles sont la ou les formes d'intelligence les plus reconnues ? Il existe une idée tout faite de l'«intelligence à la française».

Bourgeoise d'adoption mais aristocratique de naissance, elle descend en ligne directe de l'«esprit» français («esprit» est d'ailleurs le mot communément employé jusqu'au XIXᵉ siècle pour désigner l'intelligence). C'est un cocktail de culture, d'humour, d'éloquence, de vivacité intellectuelle, d'habileté à jongler avec les concepts et les idées générales. C'est la tradition du bel esprit, de l'honnête homme, de l'encyclopédiste éclairé, tradition ininterrompue des salons du XVIIIᵉ (siècle) à ceux du XVIᵉ (arrondissement). De la ruelle de Mᵐᵉ de Staël au grand oral de l'ENA. De Pic de la Mirandole à Alain Minc. L'intelligence, c'est Swann. C'est Guitry, qui plaisante encore quand on vient l'arrêter pour *intelligence* avec l'ennemi : «En effet, je n'en manque pas…»

Autant qu'une vertu individuelle, cette intelligence-là est un signe de reconnaissance. Et une machine à exclure. L'imbécile, c'est celui qui ne possède pas le code. Longtemps, ce fut le paysan. […] Mais à partir du XIXᵉ, c'est le bourgeois qui lui ravit la vedette. Voyez Baudelaire, Balzac. Voyez surtout Flaubert, si obsédé par la bêtise qu'il lui consacre un monument littéraire, *Bouvard et Pécuchet*, avec son inénarrable *Dictionnaire des idées reçues*. […]

De là le grand malentendu qui va traverser notre siècle, le fossé d'incompréhension qui sépare le monde de l'esprit de celui des affaires. Le bête, c'est l'autre. Car si l'intellectuel tient le marchand pour un âne, l'autre le lui rend bien. Aux yeux de celui-ci, il n'est qu'un penseur en chambre, un phraseur prétentieux, la tête toute farcie d'idées fumeuses et improductives. Intelligence contre bon sens. Théorie contre pratique. Sartre contre Bouygues. Économie du sens contre sens de l'économie.

Claude Weill, *Le Nouvel Observateur*, 14 .5.1992.

Document 5

L'intelligence est une qualité antérieure et extérieure à la pensée humaine, si nous définissons l'intelligence comme aptitude à traiter, résoudre des problèmes dans des situations de complexité (multiplicité des informations, enchevêtrement des inter-rétroactions, variations dans la situation, incertitudes et aléas). En effet, nous avons pu constater de l'intelligence, non seulement chez les animaux dotés d'un appareil neuro-cérébral, mais aussi même dans le règne végétal. En effet, bien que dépourvus de cerveau et de système nerveux, les végétaux disposent de stratégies inventives pour résoudre leurs problèmes vitaux : jouir du soleil, refouler les racines voisines, attirer les insectes butineurs, et c'est de façon non métaphorique que l'on peut parler de l'intelligence des plantes.

Toutefois, c'est bien chez les vertébrés, particulièrement oiseaux et mammifères, que se développe un art stratégique individuel, comportant conjointement la ruse, l'utilisation opportuniste de l'aléa, la capacité à reconnaître ses erreurs, l'aptitude à apprendre, toutes qualités proprement intelligentes, qui, réunies en faisceau, permettent de reconnaître un être intelligent. Ainsi, l'intelligence précède l'humanité, précède la pensée, précède la conscience, précède le langage, et, c'est même de son développement pré-humain que résulte en partie l'émergence du langage, de la pensée et de la conscience ; c'est toutefois le langage, la pensée, la conscience qui permettent le développement de l'intelligence proprement humaine.

Le propre de l'intelligence humaine est de demeurer à la fois vivante, animale, individuelle, tout en devenant spirituelle et culturelle, de se développer aux niveaux inter-corrélés du langage, de la pensée, de la conscience, et de se déployer dans toutes les sphères des activités et pensées humaines. […]

Il est sans doute divers types d'intelligence, plus ou moins adaptés ou aptes aux activités pratiques, techniques ou théoriques, ou encore aux divers types de besoins ou problèmes (abstraits ou concrets, généraux ou particuliers, domestiques ou politiques, matériels ou psychologiques, spéculatifs ou empiriques, etc.), et il est des intelligences développées dans un domaine circonscrit, mais endormies hors de ce domaine. […]

Edgar Morin, *La Méthode III, Connaissance de la connaissance*, éd. du seuil, 1986.

Document 3
Claire Bretécher, in *Le nouvel Observateur,*
14.5.1992

Document 4

RÉSULTATS D'UN SONDAGE

Parmi les activités suivantes, quelles sont celles qui, selon vous, demandent le plus d'intelligence ?

Faire une découverte scientifique................	48
Diriger une grande entreprise.......................	45
Écrire un livre de philosophie.......................	18
Être le meilleur ouvrier de France (menuiserie, orfèvrerie…)	18
Être ministre..	10
Créer une œuvre d'art	7
Sans opinion	4

Le total des pourcentages est supérieur à 100, les personnes interrogées ayant pu donner deux réponses.

Pour chacune des personnalités suivantes, pouvez-vous me donner une note d'intelligence allant de 0 à 100 ? 0 si vous ne la jugez pas intelligente du tout, 100 si vous la jugez extrêmement intelligente

	Note moyenne sur 100
Le commandant Cousteau..................	80
Le professeur Schwartzenberg.............	77,1
Bernard Pivot...............................	72,4
Pierre-Gilles de Gennes....................	71,6
Jacques Delors	66,1
Valéry Giscard d'Estaing	63,8
François Mitterrand...........................	63,2
Jean-Claude Killy	63,2
Marguerite Duras	63,2
Pierre Bérégovoy............................	61,6

Chez les autres, quelles sont les qualités auxquelles vous attachez le plus d'importance ? Et, à votre avis, quelles sont les qualités les plus utiles pour réussir dans la vie ?

	Les qualités jugées les plus importantes chez autrui	Les qualités les plus utiles pour réussir
L'honnêteté..........	79	25
Le courage............	26	36
L'ouverture aux autres	24	10
L'intelligence	16	26
La volonté............	14	43
La débrouillardise .	8	27
Sans opinion.........	0	0

Le total des pourcentages est supérieur à 100, les personnes interrogées ayant pu donner deux réponses.

Sondage effectué pour Antenne 2 – «Direct» et Le Nouvel Observateur, *le 30.5.1992, auprès d'un échantillon national de 800 personnes représentatif de l'ensemble de la population âgée de 18 ans et plus.*

Le Nouvel Observateur, 14 mai 1992.

124. EXPLICATION/INTERPRÉTATION D'UN SUJET

Après avoir défini à quelle problématique commune répondent les textes
suivants, faites-en la synthèse en quatre cents mots environ.

Document 1

Sur l'origine mythique des contes

Parmi les questions les plus constantes que pose la genèse des contes, se
trouvent enfin toutes celles qui évoquent leur origine sociale. On voit bien
comment pourraient et peuvent s'opposer des contes «populaires» recueillis de
la bouche même des conteurs ruraux et les textes fignolés, à la limite de la précio-
sité, que sont les *Contes* de Perrault. Ce que l'on voit beaucoup moins bien, par
contre, c'est le lieu des genèses premières et la nature des sociétés où elles ont
pu se développer.

Pour certains, les contes furent conçus dans les couches populaires, tout
particulièrement dans les régions rurales ou semi-rurales. Pour d'autres, ils
seraient un héritage déformé de récits mythiques ou épiques fort en honneur
dans le monde aristocratique de la fin du Moyen Âge. On note, par exemple, des
glissements significatifs du tragique au comique dans des légendes ou «sagas»
que la «happy end» transforme en contes. Les héros des légendes, sagas, ou chansons de geste appartiennent à un monde que gouvernent Dieu ou les dieux. Les
personnages des contes ignorent la Divinité ou, s'ils la connaissent, elle ne semble
pas avoir de regard sur leur destin. L'univers des contes est un univers où les
hommes semblent émancipés de la tutelle divine. Et l'un des plus étonnants
paradoxes du «merveilleux» est que les «miracles» magiques n'y constituent pas
la preuve de pouvoirs transcendants. Examinant ce problème, Jean de Vries écrit :
«La conclusion est claire : les mythes nous ont fourni les diverses étapes du
déroulement de l'action mais qui, du monde divin, sont transposées au monde
humain. L'épopée a aussi emprunté aux mythes les récits de destinées humaines,
elle a même transformé des dieux en héros. Mais le héros qui assume une action
divine se met en marge du monde purement humain et paie sa témérité de sa
vie. Le héros du conte de fées, en revanche, triomphe, en se jouant des difficultés ; ce qui domine ici est une vision optimiste de la vie puisque le héros finit
par obtenir la princesse et la moitié du royaume.»

Georges Jean, *Le Pouvoir des contes*, Casterman, 1990.

Document 2

La magie des contes

[Et pourtant] «le magique» des contes les plus anciens garde toute sa place dans l'imaginaire des enfants d'aujourd'hui. Car cette magie-là demeure totalement dans le pouvoir des mots du conteur ; elle concerne moins le réel, que la science peu à peu «dérange» totalement, que le possible. Par la magie, dans les contes, tout peut arriver et rien n'arrive. Magie qui inquiète à peine et rassure à la fin presque toujours. Magie par laquelle les contes et la poésie verbale se rejoignent. Cette magie se perçoit très bien lorsque l'on compare la version «verbale» d'un conte et une version cinématographique. Par exemple *Blanche-Neige*. Le cinéma est en soi magie technique. Il fait exister des êtres de «mots» ou de «papier». Il montre les lieux, la forêt, la mine, le palais de la vilaine reine-sorcière. Et de ceci l'enfant et d'ailleurs l'adulte s'enchantent. Mais le film propose une série d'images dont à la fin on ne peut se défaire, le film fixe les songes, au sens où un fixateur arrête définitivement l'apparence d'une photographie. En l'occurrence, le film de Walt Disney impose sa version du conte de Grimm à des milliers de personnes. Version par ailleurs anthropomorphique, réduction à la fois effrayante (pour les petits) et puérile, alors que dans le texte du conte repose toutes les possibilités d'interprétations personnelles. La magie, alors, c'est de faire de chaque enfant le porteur des pouvoirs de métamorphoses et le prince charmant qui réveille d'un baiser Blanche-Neige endormie, pourquoi ne pas en faire la personnification du printemps qui transforme la terre endormie de l'hiver.

On sait que l'un des ressorts de la magie, blanche (ou noire d'ailleurs), est la prolifération de formules mystérieuses par lesquelles le langage a puissance de vie et/ou de mort, de métamorphoses, de déplacement, etc. Les poètes usent ainsi des mots : «Et par le pouvoir d'un mot, je recommence ma vie», écrit Éluard dans un poème fameux. Le «Sésame ouvre-toi», du conte des *Mille et Une Nuits* «Ali Baba et les quarante voleurs», relève de la même magie. Ce qui me conduirait à dire que, dans «le merveilleux», le «magique» est ce qui confère aux contes leur force poétique secrète et réelle : un langage !

Georges Jean, *Le Pouvoir des contes*, Casterman, 1990.

Document 3

Le conte, petit roman familial

On voit que les qualités les plus apparentes du conte, sa naïveté, son charme enfantin, sont loin de justifier son étonnante survie. En réalité, il est profondément ambigu, et s'il plaît par la simplicité de son dessin, il fascine par tout ce que l'on y sent de vrai, quand même on ne tenterait pas de traduire sa vérité. Tout masqué qu'il est par les symboles et les images, il parle cependant un langage plus direct que le mythe ou la fable, par exemple, et les enfants le savent d'instinct, qui y «croient» dans la mesure même où ils y trouvent ce qui les intéresse le plus au monde : une image identifiable d'eux-mêmes, de leur famille, de leurs parents. C'est là sans doute l'un des secrets du conte, et l'explication de sa durée : il parle uniquement de la famille humaine, il se meut exclusivement dans cet univers restreint qui, pour l'homme, se confond longtemps avec le monde lui-même, quand il ne le remplace pas tout à fait. Le «royaume» du conte, en effet, n'est pas autre chose que l'univers familial bien clos et bien délimité où se joue le drame premier de l'homme. [...]

Avec une remarquable économie de moyens, le conte, et spécialement le conte de Grimm, nous présente donc un petit roman familial dont le schéma est pour ainsi dire invariable : un enfant naît dans une famille anonyme en un lieu non situé (l'anonymat des lieux est constant, mais on remarquera aussi combien les noms de personnages sont rares dans nos histoires : on parle simplement du héros comme du «prince» ou plus souvent encore comme du «jeune homme») ; il est, selon les cas, aimé de ses parents ou maltraité par eux, et chose remarquable, les pires traitements lui viennent surtout de sa mère, dont la férocité tranche nettement sur la bonté un peu lâche, un peu rêveuse aussi, du père. [...]

Jamais l'enfance du héros merveilleux ne se passe sans accidents : s'il est aimé de ses parents, il est haï d'un frère ou d'une sœur. S'il est entouré d'affection, il est poursuivi par une faute antérieure à sa naissance, généralement commise par l'un des siens : oubli, vœu imprudent, promesse naïve au diable. De sorte qu'il ne peut grandir normalement : à peine adolescent, il lui faut quitter sa famille et aller, comme dit si joliment le conteur, tenter sa chance «dans le vaste monde»... Et là, dans ce monde de la «forêt obscure» où il s'égare nécessairement, il rencontre le besoin, l'angoisse de la solitude et la première atteinte de l'amour. Il lui faut alors s'engager sur le chemin semé d'embûches où une volonté mauvaise le pourchasse, comme si l'éloignement même ne pouvait le soustraire à la fatalité familiale. Sa seule chance de salut est de rencontrer l'être aimé qui le «délivre» de l'enchantement où le tiennent encore ses attachements infantiles.

Marthe Robert, préface aux Contes de Grimm,
Folio, Gallimard, 1976.

Document 4

Les contes de fées et la situation existentielle

Pour pouvoir régler les problèmes psychologiques de la croissance (c'est-à-dire surmonter les déceptions narcissiques, les dilemmes œdipiens, les rivalités fraternelles ; être capable de renoncer aux dépendances de l'enfance ; affirmer sa personnalité, prendre conscience de sa propre valeur et de ses obligations morales), l'enfant a besoin de comprendre ce qui se passe dans son être conscient et, grâce à cela, de faire face également à ce qui se passe dans son inconscient. [...] C'est ici que l'on voit la valeur inégalée du conte de fées : il ouvre de nouvelles dimensions à l'imagination de l'enfant que celui-ci serait incapable de découvrir seul. Et, ce qui est encore plus important, la forme et la structure du conte de fées lui offrent des images qu'il peut incorporer à ses rêves éveillés et qui l'aident à mieux orienter sa vie. [...]

Les contes de fées ont pour caractéristique de poser des problèmes existentiels en termes brefs et précis. L'enfant peut ainsi affronter ces problèmes dans leur forme essentielle, alors qu'une intrigue plus élaborée lui compliquerait les choses. Le conte de fées simplifie toutes les situations. Ses personnages sont nettement dessinés ; et les détails, à moins qu'ils ne soient très importants, sont laissés de côté. Tous les personnages correspondent à un type ; ils n'ont rien d'unique.

Contrairement à ce qui se passe dans la plupart des histoires modernes pour enfants, le mal, dans les contes de fées, est aussi répandu que la vertu. Dans pratiquement tous les contes de fées, le bien et le mal sont matérialisés par des personnages et par leurs actions, de même que le bien et le mal sont omniprésents dans la vie et que chaque homme a des penchants pour les deux. C'est ce dualisme qui pose le problème moral ; l'homme doit lutter pour le résoudre.

Bruno Bettelheim, Psychanalyse des contes de fées,
Robert Laffont, 1976.

CORRIGÉS
DES EXERCICES

1. LES MOTS ET LEUR HISTOIRE

1. **Orchestre** : vient d'un mot grec du vocabulaire théâtral (l'espace entre le public et la scène). Ce sens a évolué dans deux directions :

    (a) le sens original s'est appliqué à l'endroit où se mettent les musiciens (à partir de 1665). Il s'est ensuite étendu aux places du public proches de la scène, dans toute salle de spectacle.

    (b) sens de «groupe de musiciens» (1750), par extension.

    Cor : vient d'un mot latin qui signifie «corne». Ce sens a évolué dans trois directions :

    (a) le sens d'instrument de musique. D'abord, de l'instrument fabriqué avec la corne de l'animal (1080). Puis, d'une série d'instruments à vent en métal (cor de chasse, cor d'harmonie, etc.). Puis, d'autres instruments à vent mais pas en métal.

    Expression figurée : «à cor et à cri» (vocabulaire de la chasse à courre) ;

    (b) le sens de bois du cerf (restriction du sens original) (1375) ;

    (c) callosité située sur les doigts de pied (1753) par association avec la dureté de la corne.

    Fraise : du latin «fraga». Même étymologie que «framboise».

    On remarquera tous les sens issus d'une ressemblance avec le fruit : terme d'anatomie – pièce de vêtement (collerette) portée au XVI⁷ et au début du XVII⁷ siècle – outil et instrument de chirurgie permettant de forer.

    À noter également les expressions figurées construites à partir du sens originel.

    Ces expressions ne sont plus guère employées aujourd'hui, sauf «sucrer les fraises».

2. • Les mots de la langue française ont des origines diverses. Ils sont issus du latin (cf. assiette – cité) ou de l'allemand (occupation de la Gaule par Rome puis invasions germaniques entre le III⁷ siècle avant J.-C. et le V⁷ siècle après J.-C.). On trouve aussi des mots d'origine grecque (cf. chirurgie) et des vestiges du gaulois (cf. balai). Certains mots rappellent des moments de l'histoire : «chocolat» vient d'un mot aztèque par l'intermédiaire de l'espagnol (au XVI⁷ siècle). D'autres mots ont été créés par onomatopée (cf. chouette).

    • Les mots subissent des évolutions variées :

    assiette : le sens évolue par contiguïté. D'abord, manière d'être assis. Puis, action de placer les convives à table. Puis, pièce de vaisselle.

    balai : c'est la matière qui sert à fabriquer l'objet (le genêt) qui a donné son nom à l'objet.

    chirurgie : le sens s'est spécialisé. De «travail manuel» en général à «opération chirurgicale».

    chocolat : pas de changement.

    chouette : c'est l'onomatopée imitant le cri de l'oiseau qui a donné son nom à l'oiseau.

    cité : le sens s'est généralisé et déplacé. Au départ, il avait un sens politique (l'ensemble des citoyens d'une ville). Puis, il a eu le sens de «ville». Aujourd'hui, celui de «grande ville».

    • On remarquera que les langues se sont influencées mutuellement selon les hasards de l'Histoire.

3. **a.** 1. **hôtel** : lieu d'accueil › accueil des malades › hôpital.

    2. **potion** : breuvage médicamenteux › breuvage empoisonné › poison.

    3. **bure** : étoffe › étoffe qu'on place sur la table › table › bureau › lieu où se trouve le bureau.

    4. **pédestre** : qui marche à pied › qui est pauvre (ne peut pas s'acheter un cheval) › médiocre.

    5. **libérer** : laisser partir › laisser partir un objet › remettre › livrer.

    6. **échelle** : lieu où l'on pose l'échelle pour débarquer › escale.

    b. 1. **diable** : le Diable est bien celui qui s'est séparé de Dieu.

    2. **secrétaire** : le confident est celui à qui on confie la rédaction des lettres personnelles.

    3. **dîner** : au début, même mot que «déjeuner» = rompre le jeûne. Puis, quand le premier des deux principaux repas quotidiens a été reculé (changement d'habitudes alimentaires), on a eu : déjeuner (matin) – dîner (midi) – souper (soir).

Cette distribution est encore courante dans le sud de la France.

La distribution actuelle (petit déjeuner - déjeuner - dîner) est apparue à Paris au XIXᵉ siècle quand l'heure du premier repas principal a été reculée.

scrupule : inquiétude sur un point précis (une petite chose).

climat : inclinaison du soleil par rapport à la terre › région › climat.

c. cordonnier (Cordoue) – cravate (Croate) – esclave (Slave) – galerie (Galilée) – gitan (Égypte) – hermine (Arménie) – jean (Gênes) – macédoine (Macédoine) – maroquin (Maroc) – sardine (Sardaigne).

3. **a. vol :** même étymologie pour les deux sens – le sens de «dérober» s'est développé dans la langue de la chasse au XVIᵉ siècle dans des expressions comme «le faucon vole la perdrix».

table : même étymologie (surface plane) › forme de relief (plateau) – meuble – écrit disposé en tableau ou en listes (table de multiplication – table de la loi).

botte : à l'origine «touffe de lin». La même étymologie a peut-être donné «botte» (assemblage de végétaux dont les tiges sont liées ensemble) et «botte» (chaussure grossière, puis, sens actuel).

cours : même étymologie (sens général d'écoulement). Le cours de la rivière – le cours des saisons (déroulement) – le cours de géographie – le cours de la monnaie (la cote, le prix) – le cours Mirabeau (l'avenue).

aube : même étymologie (sens général de «blanc»). Début du jour – vêtement ecclésiastique.

pièce : même étymologie (élément d'un ensemble). Pièce d'un vêtement, d'un appartement, d'un jeu, de monnaie. Également, le sens d'œuvre théâtrale (pièce de théâtre), de document (une pièce d'identité).

dé : deux étymologies différentes. Objet qui protège le doigt quand on coud. Petit cube dont les faces sont marquées de 1 à 6.

b. bras : (1) division du fleuve que partage une île, (2) accoudoir, (3) sans l'éviter, avec courage, (4) main-d'œuvre.

tête : (1) partie où repose la tête, (2) il dirige, (3) c'est le principal acteur du spectacle, (4) résister.

dent : (1) partie en forme de dent, (2) il m'en veut, (3) ils étaient très armés, (4) il est ambitieux.

corps : (1) et (3) idée de «partie principale», (2) groupe, (4) pleinement, en assument tous les risques.

pied : (1) socle, (2) ennuyer, importuner, (3) il m'a devancé dans l'obtention d'un avantage, (4) elle a perdu son assurance, le fil de son raisonnement, etc.

front : (1) le bord de mer, le rivage, (2) groupe politique, (3) partie avancée de l'armée qui se trouve en contact avec l'ennemi, (4) hardiment, sans détours.

5. **a.** 1. licite – 2. un aval – 3. un lexicographe – 4. louable – 5. une acception – 6. un substitut.

b. une société = une entreprise – contrôler – gérer (la gestion) – placer de l'argent – un portefeuille = un avoir constitué de valeurs mobilières (actions, obligations).

c. Il n'existe pas d'équivalent en français. On aurait pu utiliser le mot «trust», emprunté à l'anglais et entré depuis longtemps dans le dictionnaire. Cependant, ce mot a pris en France une connotation péjorative. On aurait pu traduire par une périphrase mais cela eût été peu économique pour la langue. *Holding* a été adopté en raison de sa brièveté et de sa précision.

d. 1. les instructions – 2. une allure – 3. parrainé – 4. c'est impératif – c'est incontournable – 5. un excès.

2. Les styles et les parlers

6.

Norme socioculturelle	Norme situationnelle
courant – familier – populaire – vulgaire – trivial – relâché – châtié – recherché – soutenu – élevé – noble – sophistiqué – ésotérique – jargonnant – enfantin.	administratif – didactique (discours et ouvrages d'enseignement) – élevé, noble (propres à des situation où l'on exalte certaines valeurs) – poétique – spécialisé – technique – oratoire (discours qui suit les règles de l'art de parler en public) – télégraphique.

7. **a.** voiture (C) – bagnole (F), véhicule (AD) – piaule (A), maison (C), demeure (S) – porte (C), huis (S et archaïque), lourde (A) – vêtement (C), fringues (F), effets (S) – emploi (AD), travail (C), boulot (F) – plumard (A), couche (S, archaïque), lit (C) – bruit (C), boucan (F), vacarme (S) – désordre (C), pagaille (F), bordel (V) – bosser (F), travailler (C), vaquer (S) – dormir (C), faire dodo (E), roupiller (F) – se hâter (S), se dépêcher (C), se grouiller (F) – malpropre (S), dégueulasse (F), sale (C).

b. Exercice ouvert.

8. **a.** 1. un agent de renseignement – 2. une stratégie – 3. petites divergences – 4. accord satisfaisant – 5. vocation – 6. ajustement des prix.

b. 1. politicien – 2. on a assisté à une reculade du gouvernement incapable d'affronter le conflit – 3. les chômeurs ont reçu quelques maigres subventions – 4. les pays qui sont dans la misère – 5. le gouvernement a pris de sévères mesures d'expulsion – 6. mes alliés du moment

Lorsque le mot a un sens courant non vulgaire, celui-ci est indiqué entre parenthèses.
s'étaler : s'effondrer psychologiquement (se répandre)
bon Dieu : juron
merde : matière fécale, juron
mince : interjection marquant la surprise
scier : étonner, suffoquer, décontenancer (couper avec une scie)
déconner : déraisonner, plaisanter, agir d'une manière absurde
un bordel : un désordre ou une situation compliquée (maison où on se livre à la prostitution)
dégueulasse : sale
la bouffe : la nourriture
con : juron dont on a perdu le sens propre. À l'origine le «sexe féminin». Utilisé comme nom (un con) ou adjectif (ce con de…). Dépréciatif vulgaire.
chier (faire) : ennuyer (déféquer)
une nana : une fille
un truc : peut signifier un objet quelconque ou un stratagème
embarquer : emporter (monter sur un bateau ou dans un avion)
putain : juron péjoratif (une putain = une prostituée)
shit : mot anglais lui-même argotique, utilisé récemment pour «drogue»
baiser : faire l'amour (le sens de «donner un baiser» est archaïque)

10.

Mots et expression populaires	Mots et expressions soutenus Formulations qui évoquent le langage des habitants des beaux quartiers
mec (argot) – un quartier paumé (perdu, éloigné du centre) – c'est la croix et la bannière (c'est difficile et il faut faire beaucoup d'efforts) – mon pote (mon ami) – chier – c'est pas du gâteau (c'est pas facile).	Charles-Henri (prénom à connotation bourgeoise) – un hôtel particulier – se sustenter (se nourrir) – Huber… duc de Montmorency – zut, flûte, crotte (jurons acceptables par quelqu'un qui surveille son langage) – la boîte de papa (l'entreprise de mon père) – on ne peut plus souffrir (on ne peut plus supporter).

3. LES MOTS ET LA CULTURE

11. 1. le coq est supposé chanter au point du jour – 2. image d'une France rurale traditionnelle – 3. fier d'être admiré – 4. être soigné, dorloté – 5. recette culinaire – 6. le coq est un des symboles de la France qui date de l'occupation romaine (jeu de mots entre «gallus» = coq et «gallus» = gaulois) – 7. allusion à la crête rouge du coq ; la rougeur marque la timidité ou la honte – 3. passer d'un sujet à l'autre sans transition.

12. **a.** 1. force, énergie – 2. mère attentive qui protège, qui couve ses enfants – 3. évoque la dureté, quelqu'un de sévère – 4. évoque la saleté – 5. caractère têtu, qui n'apprend rien – 6. quelqu'un a été sacrifié au nom du groupe – 7. curiosité, activité laborieuse – 8. saleté.

b. 1. des moutons (aveuglement, servilité, douceur) – 2. crocodile (hypocrisie) – 3. l'autruche (refuser de voir le danger comme une autruche qui se cache la tête) – 4. veaux (bêtise abrutissement) – 5. lapins (précarité, entassement) – 6. renard (ruse).

13. 1. d'une main de fer – 2. sa théorie est bâtie sur du sable – 3. il est sur la paille – 4. il faut aller au charbon – 5. cette affaire vaut de l'or – 6. ne manque pas de sel – 7. ce livre sent le soufre.

14. **a.** • **L'affiche de la campagne électorale de 1981** représente le candidat avec à l'arrière-plan un petit village de France. Le slogan est «La force tranquille». Le symbole du parti socialiste représente une rose rouge fermement tenue par un poing fermé. Sur certaines affiches le candidat apparaît en manteau, avec une écharpe et un chapeau.
• **Titre de deux ouvrages de François Mitterrand :** *La Paille et le Grain, L'Abeille et l'Architecte.*
Ces images et ces idées de force, de tranquillité, d'enracinement dans la France profonde et rurale sont faites pour rassurer et pour montrer que le P.S se préoccupe de l'ensemble des Français.
• L'hebdomadaire satirique *Le Canard enchaîné* avait appelé le président de Gaulle «le roi». François Mitterrand fut affublé de deux surnoms : «Tonton» pour son image familière et bon enfant, «Dieu» pour la haute idée qu'il se fait de la grandeur de sa fonction et qui transparaît dans certaines attitudes empruntées et autoritaires.
• La fête de la Musique a lieu tous les ans, le premier jour de l'été. Nombreuses manifestations pour la plupart improvisées dans tous les lieux publics.
• Chaque lundi de Pentecôte, le président Mitterrand, accompagné de ses proches (famille, amis politiques) fait l'escalade de la roche de Solutré (près de Mâcon). Les journalistes notent soigneusement qui est invité (ou ne l'est pas) à cette promenade. À la fin de la journée le Président se laisse interroger par les journalistes. C'est l'occasion pour lui de prononcer quelques «petites phrases» au contenu allusif ou ambigu qui alimenteront les articles de presse de la semaine.

b. Procédés humoristiques :
– Utilisation de l'analyse ethnologique et du vocabulaire de l'ethnologie et du folklore pour décrire la vie politique (les

rites agraires, la célébration du solstice d'été, l'ascension de la roche de Solutré qui devient une sorte de cérémonial sacré, etc.).
– La création de mots (la Mitterrandie ; Tontonix).
– Les effets cocasses d'opposition (Giscard lit le «Financial Times» mais Mitterrand sait qu'il va pleuvoir).
– Les caractérisations amusantes (socialisme potager, etc.).

15. forces vives – contenu intrinsèque – antagonisme fondamental – logique interne – courant irréversible – retour au passé sclérosant – volonté inébranlable – recherche efficiente – perspective globale.

16. **Noël** › la bûche – les cadeaux – la crèche – la messe de minuit – «Minuit Chrétien» – le réveillon – le sapin.
Le 1er janvier › les cartes de vœux – le champagne – le foie gras – les huîtres – le réveillon.
L'Épiphanie › les galettes des rois.
La Chandeleur › les crêpes.
Mardi-Gras › le carnaval – les déguisements – les masques.
Le 1er avril › les farces (les poissons d'avril).
Pâques › les cloches – les œufs en chocolat.
Le 1er mai › le muguet.
Le 14 juillet › l'armée – les bals populaires – le défilé – le feu d'artifice – les pétards.
Le 11 novembre › le défilé – l'armée – le monument aux morts.
La Toussaint › les chrysanthèmes – le cimetière.

17. Exercice ouvert.

4. LA COMMUNICATION

18. 1. reconnaître – 2. révéler – 3. revendiquer – 4. annoncer – 5. clamer – 6. émettre – 7. présenter – 8. déclarer – 9. proférer – 10. relater – 11. colporter – 12. débiter – 13. rapporter – 14. répandre – 15. exposer – 16. prononcer – 17. déclamer – 18. réciter – 19. dénoncer – 20. ébruiter.

19. **a.** accepter/consentir – acquiescer/dire oui – approuver/être d'accord – autoriser/permettre – avertir/mettre en garde – commander/exiger – conseiller/recommander – convaincre/persuader – défendre/interdire – demander/revendiquer – démentir/nier – insulter/invectiver – s'engager à/promettre – proposer/suggérer – rassurer/tranquilliser – refuser/rejeter.

b. «Tu as pensé…» › demande indirecte (la question porte sur la demande faite antérieurement).
«Ma réponse est non» › refus (qui porte sur la demande antérieure).
«Mais, je suis ton frère…» › argumentation, supplication, implication du frère.
«Ça m'est égal…» › indifférence, argumentation qui vise à un rééquilibrage (il n'a aucune dette envers son frère).
«Et bien j'ai eu tort…» › excuser, repentir, invitation à la compréhension.
«Trop tard» › nouveau refus.
«Fais attention…» › mise en garde, menace.
«Mais quels moyens…» › argumentation qui vise à anéantir la menace, insulte.
«Et toi un salaud…» › insulte, nouvelle menace.
«Sors d'ici…» › ordre, menace.

c. Exercice ouvert.

20. 1. un symptôme de grippe – 2. un signal d'arrêt – 3. un indice – 4. une preuve – 5. un présage de bonheur – 6. une marque d'amour – 7. une caractéristique des Asiatiques – 8. une indication de modification de direction – 9. une manifestation de la peur, de la timidité – 10. l'annonce d'une nouvelle importante.

21. 1. indique – 2. signifie – 3. correspond à – 4. évoquer, suggérer – témoigne de – 5. marque – veut dire (implique), équivaut à.

22. **a.** **Idée de mise en relation** : être lié à – être consacré à – être en relation avec.
    Idée de participation : participer à – assurer – communiquer.
    Idée de signification : le symbolisme – un symbole – un emblème – signifier – passer pour.

    b. 1. représentations, conventions, l'attribut – 2. l'emblème – 3. allégories, symbolise (matérialise), matérialisent (symbolisent).

23. **b.** **Comportements :**
    Les gens se contentent d'une idée de sport. Ils se laissent influencer par les publicitaires. Ils s'imaginent que les activités les plus anodines (marcher – respirer) deviennent sportives dès lors qu'ils ont revêtu les tenues adéquates ou que ces activités sont organisées par des gens qu'A. Schifres dénonce comme des mystificateurs.

    Techniques utilisées par les publicitaires :
    – vendre des «idées de sport»,
    – la sophistication, les arguments scientifiques,
    – donner le nom de sport à toutes les activités physiques et imaginer un matériel et des accessoires pour ces activités,
    – inventer de nouvelles activités en combinant ou en modifiant les accessoires (raffinement – simplification – changement de but – combinaison).

    Effets comiques :
    • **opposition** : le premier paragraphe,
    • **parallélisme** : «Les vieux enfilent des joggings…»,
    • **tournures amusantes** : «l'air visible» – «la populace»,
    • **comparaisons inattendues et mises en relation incongrues** : «Le sport, comme du sable…» – comparaison des nouvelles chaussures de sport à «des fers à vapeur» ou à des «navettes spatiales»,
    – **citations** : de slogans publicitaires (Reebok fait de la marche un nouveau sport), de phrases clichés (oh, le beau paysage),
    – **changements de registres** : passage au registre familier («tatanes», «groles» pour «chaussures»), passage à un style philosophique ou ethnologique (on sent, dans le perfectionnement de la planche à voile, l'émouvant désir d'arriver à l'invention du bateau), passage au style oral («Je déteste la campagne…»).

5. L'HUMOUR ET LE LANGAGE

24. Exercice ouvert.

25. **a.** descendant, grands, mauvaise, chaud-froid, plat.

    b. 1. couturière – 2. électricien – 3. journaliste – 4. plombier – 5. menuisier – 6. boulanger – 7. photographe – 8. professeur de latin.

26. Assurancetourix › assurance tous risques.
    Agecanonix › âge canonique.
    Achille Talon › talon d'Achille.
    Vincent Poursant › 100 %.
    Alain et Alex Terrieur › à l'intérieur et à l'extérieur.
    Jean Aimar › j'en ai marre.
    Clotaire de Bruyère Empot › terre de bruyère en pot.

27. **a.** 1ᵉ **vignette** : tous mes concurrents sont grillés (vaincus, dépassés) – prix étincelants (extraordinaires)

2ᵉ **vignette** : calorifère (appareil de chauffage) – la canicule (la très forte chaleur) – échauffer les oreilles (énerver – agacer) – fumiste (pas sérieux) – réduire en cendres (détruire) – s'enflammer (s'enthousiasmer ou s'emporter) – pincettes (instrument qui sert à déplacer les bûches ou le charbon incandescents) – il n'est pas à prendre avec des pincettes (il faut le ménager)

3ᵉ **vignette** : mon foyer (ma maison)

4ᵉ **vignette** : la fournaise de la curiosité (métaphore qui traduit l'intense curiosité) – brûler de ... (avoir envie de...) – flamber (dépenser) – feu (interjection qui, lors d'une bataille, donne le signal de tirer ; ici : synonyme de «allons-y») – faire quelque chose à chaud (sans attendre) – de derrière les fagots (conservé, réservé pour une occasion particulière) – faire fondre quelqu'un (réduire ses réticences) – tirer à boulets rouges – (en utilisant les armes les plus puissantes) – calciner (brûler – détruire par le feu).

28. **a.** Le style propre au récit mythologique est un style noble, élevé. Les dieux et les héros sont des créatures hors du commun. Tout l'humour de Vialatte consiste à alterner le style noble et le style familier, les notations qui évoquent la grandeur des personnages et les remarques réalistes qui en font des êtres de tous les jours.

– **Remarques prosaïques** : «pour un oui pour un non» – **Détails descriptifs** : «la calvitie des poètes – les prêtres qui «sautillent» – **Imprécisions** : «couraient çà et là» – «frappant des objets en cuivre» – **Vocabulaire spécialisé propre à d'autres domaines** : «écorchés par le trot assis» – «jouant du tambour de basque» – **Distance par rapport à l'époque** : «un phénomène sublime propre à l'Antiquité classique» – «des poèmes qui traversaient les siècles».

b. Exercice ouvert

6. Les notions générales

29. 1. s'est révélée , elle incarne – 2. personnifie – 3. s'est manifesté, matérialiser – 4. règne – 5. se concrétiser – 6. s'est formé.

30. **a.** Le narrateur est victime d'hallucinations. Le monde concret et réel se transforme. Le mirage du bédouin se métamorphose en tronc d'arbre. Le tronc d'arbre se change en bloc de marbre. Peu à peu, ces visions lui font prendre conscience d'un autre univers caché sous le monde tangible, celui du début des temps où le désert était une forêt resplendissante. La réalité minérale s'évanouit et fait place à un univers végétal et animal.

b. La vie : toutes les images de transformation et de métamorphose – le passage de l'univers minéral à l'univers végétal – les pierres qui deviennent des colonnes de cathédrales – les colonnes sur lesquelles on peut apercevoir «les torsions de la vie» – la forêt avec ses oiseaux et sa musique.

La destruction : le passage à l'univers minéral – l'ouragan destructeur qui a abattu la forêt – les fûts brisés des colonnes qui jonchent le sol – les images de pétrification, de vitrification – les épaves – l'image finale du corps humain périssable qui va se dissoudre dans l'univers minéral.

Le passé : la vision de la forêt antédiluvienne emportée voilà cent mille ans par un ouragan de genèse – la perception de traces de vie dans l'univers mort.

La malédiction : tout se passe comme si le monde vivant avait été frappé de malédiction et changé en sel (allusion à un épisode de la Bible) – importance de la couleur noire.

31. **a.** se rattache – 2. s'accorde – 3. dépend – 4. ne correspondent pas – 5. mettre en relation – 6. concordent – 7. se conformer à – 8. associe.

b. 1. Il y a une parenté... – 2. Il y a accord entre le verbe et son sujet – 3. Il y a assujettissement de la politique étrangère aux orientations... – 4. Il n'y a pas d'adéquation entre ses actes et ses idées – 5. Il y a une relation entre... – 6. Il y a concordance entre... – 7. Il doit y avoir conformité entre... – 8. Il y a corrélation entre...

32. **a.** intrigue romanesque (trame) – exposé (plan) – rôle (distribution) – moteur (schéma) – ville (plan, infrastructure) – tâches (répartition) – phrase (structure) – pièces d'une maison (agencement) – tableau abstrait (combinaison) – planètes (système).

b. 1. analyser – classer – cataloguer – délimiter – différencier – grouper – mettre en ordre – regrouper – répertorier – trier.
2. classer – classifier – mettre de l'ordre – organiser – ranger – répertorier – trier.
3. agencer – arranger – composer – disposer – placer – ranger.
4. analyser – débrouiller – démêler – organiser.
5. classifier – composer – échelonner – graduer – hiérarchiser – ordonner – organiser – répartir.

33. **a.** **L'unité :** cohérence (cohérent) – homogénéité (homogène) – identité (identique) – uniformité (uniforme).
La pluralité : diversité (divers) – dualité (duel) – multiplicité (multiple) – variété (varié).
La complexité : complication (compliqué) – enchevêtrement (enchevêtré) – sophistication (sophistiqué) – intrication (intriqué).
L'abondance : foisonnement (foisonnant) – masse – luxuriance (luxuriant) – profusion.
L'excès : démesure (démesuré) – pléthore (pléthorique) – surnombre – saturation (saturé).
Le manque : absence (absent) – carence – déficit (déficitaire) – pénurie.

b. Exercice ouvert.

c. 1/a,d – 2/a,d,e – 3/h,i – 4/g – 5/b,e – 6/e – 7/f,h – 8/e – 9/c – 10/j.

7. LA PSYCHOLOGIE

34. Éléments du texte que l'on pourra compléter par des observations personnelles :
Intelligence : elle est supérieure à la normale. Le langage et la pensée abstraite se développent plus précocement. Il est vif et rapide.
Caractère : il se développe seul sous le regard des adultes. Il est souvent maniaque. Il manifeste souvent de l'anxiété (peur de l'échec).
Aspect relationnel : sa relation privilégiée est une relation avec les adultes. Il lui manque «l'école de la vie» que constitue la présence de frères et de sœurs. Il a rarement le sens de l'humour et il n'est pas prêt à affronter les autres. Sa solitude est un refuge.
Affectivité et sensibilité : il a tendance à être surprotégé. Il montre une sensibilité exacerbée face aux agressions extérieures. Un drame familial comme la séparation des parents est une catastrophe.
Morale : il est très vite raisonnable car les adultes sont ses modèles. Mais il fait beaucoup plus tard que les autres l'apprentissage de l'injustice, de la violence et de la dérision.

35. ... les problèmes affectifs... sont *refoulés*... que Freud appelle *l'inconscient*. Ces moments douloureux sont stockés sous forme d'*affects* ou d'*images* qui peuvent ... *se manifester* dans les rêves... c'est un lieu où l'auteur met en scène ses *fantasmes*... ils sont déviés sous forme d'éléments *symboliques*.
... de repérer dans le texte des *images* qui se répètent et s'organisent autour de quelques structures fondamentales : les *archétypes*. Ces structures fondamentales de *l'imaginaire* de l'auteur...

36. **a.**

Complexes	Adjectifs	Verbes
Jocaste	castrateur – autoritaire – protecteur – dirigiste – intransigeant	materner – couver
Cadet	jaloux – envieux – révolté – rebelle	s'affirmer – s'opposer – se révolter
Prométhée	ambitieux – orgueilleux – prétentieux – présomptueux	défier – briguer – convoiter
Empédocle	idéaliste – extrémiste – fanatique – jusqu'au-boutiste – mystique – aventurier – téméraire – révolutionnaire	s'engager – s'aventurer – risquer – se donner
Jonas	craintif – peureux – timoré – poltron – pusillanime – passif – soumis – replié sur lui-même – humble	se protéger – se réfugier – se replier
Lohengrin	altruiste – généreux – désintéressé – plein d'abnégation – charitable – bienveillant	se donner – s'offrir – se priver
Jehovah	orgueilleux – intolérant – sectaire – obtus – étroit d'esprit	écraser – mépriser – se vanter
Octopus	égoïste – égocentrique – méfiant – suspicieux – travailleur – laborieux – hyperactif – envahissant – importun	se méfier – se défier de – douter – se charger de – superviser

37. 1. réaliste – 2. rêveur – 3. généreux – 4. étourdi – 5. autoritaire – 6. prodigue – 7. colérique – 8. équilibré – 9. capricieux – 10. médisant.

38. «… ces soirées et ces week-ends où *il ne faisait aucun effort* pour… et restait *à paresser* devant la télévision. Et ces heures qu'elle avait passées à *attendre* dans le froid… Pendant des années *elle s'était fait avoir* avec ces soi-disant rendez-vous… Et elle qui était *inquiète*… Ah, *il l'avait bien trompée* quand il lui avait fait croire… Jusqu'au jour où une lettre *lui avait révélé* la vérité. Mais elle n'avait rien dit, n'osant pas *intervenir maladroitement*… Peu à peu, elle *s'était éloignée de lui* et *s'était repliée sur elle-même*.
Mais maintenant… Elle allait *se révolter*, lui *dire brutalement* tout ce qu'elle avait sur le cœur et *rompre* définitivement.»

8. La philosophie et la morale

39. 1. sceptique – 2. empirique – 3. pragmatique – 4. fataliste, déterministe – 5. idéaliste – 6. hédoniste, épicurien – 7. rationaliste, cartésien – 8. matérialiste, existentialiste – 9. individualiste, cynique – 10. stoïcien.

40. 1. il est indiscret – 2. il est impoli – 3. elle est téméraire – 4. c'est un pédant – 5. elle est avare – 6. il est obséquieux – 7. elle est lâche – 8. elle est prodigue – 9. il est vaniteux.

41. 1. dissimuler, feindre – 2. calomnier, diffamer – 3. se vanter, se targuer – 4. s'effacer, se faire tout petit – 5. convoiter, envier – 6. amasser, épargner – 7. se dévouer, prodiguer – 8. affronter, s'engager – 9. flancher, mollir.

42. 1. honnêteté – 2. lâcheté – 3. malhonnêteté – 4. tolérance – 5. prodigalité – 6. courage – 7. modération – 8. manque de sérieux – 9. ivrognerie – 10. avarice.

43. – 44. Exercices ouverts.

45. **a. bizutage :** cérémonie que les anciens élèves de certains établissements imposent aux nouveaux (les bizuts). La cérémonie consiste en brimades et obligations étranges et cocasses. Se pratique généralement dans certaines grandes écoles d'enseignement secondaire ou supérieur.
    des pompes : une des brimades infligées aux bizuts. À plat ventre sur le sol, il faut se soulever à la force des bras, plier les bras, etc.
    un bleu : un nouvel élève, un bizut.
    un rite : cérémonie qui prend son sens dans un ordre ou une force supérieure. Les rites de passages des sociétés primitives consacrent le passage de l'enfance à l'âge adulte. Chaque geste du rite a un sens. Le bizutage, qui est souvent une succession de brimades nées de l'imagination des anciens, n'a pas de sens.

    b. Au XIXᵉ siècle, le bizutage pouvait avoir une fonction : effacer les différences entre les élèves. Le groupe des nouveaux se trouvait uni par le fait même que tous ses membres avaient subi les mêmes brimades. Du même coup, ce groupe était intégré au reste de l'école puisque l'année suivante, il infligerait ces brimades aux futurs bizuts. Mais ce rôle du bizutage ne peut être effectif que si le type de brimades n'introduit pas des inégalités. Or, aujourd'hui, seuls les élèves les plus fragiles sont pris pour cible.

    c. Exercice ouvert.

9. LES DOMAINES ESTHÉTIQUES

46. **a.** Notions associées à la beauté :
    › peut être un idéal absolu (au sens platonicien). Il y a progression de la beauté du corps à celle de l'âme. Beau et bon se confondent.
    › divine et intemporelle. C'est la conception chrétienne héritée du platonisme. Elle est aussi universelle.
    › subjective. Elle dépend des goûts de chacun et de l'amour qu'on porte à l'autre. L'amour peut conférer à l'autre la beauté.
    › relative. Elle dépend des humeurs, des modes, du snobisme environnant.

    b. Titres possibles :
    – La beauté selon Platon.
    – La beauté dans l'art chrétien.
    – Évolution de la représentation de la beauté dans la peinture.
    – La conception de la beauté a changé selon les époques.
    – La beauté varie selon les pays.
    – La beauté est-elle universelle ?
    – Les images de la beauté aujourd'hui.
    – Beauté et subjectivité.
    – Que signifiera être beau dans le futur ?
    – L'homme a-t-il besoin de l'idée de beauté ?

47. **a.** 1. spectaculaire – 2. magnifique, splendide, superbe – 3. importante – 4. appétissante – 5. considérable – 6. violente – 7. généreux – 8. grave – 9. enchanteur, magnifique, splendide, féerique – 10. loyal – 11 excellente.

    b. 1. Je l'ai échappé belle ! – 2. J'ai eu beau travailler. Ça n'a pas marché ! – 3. Je suis dans de beaux draps ! – 4. C'est bel et bien lui. Il y a belle lurette qu'on ne s'était pas vus – 5. Ça me fait une belle jambe – 6. J'en apprends de belles ! – 7. Elle est arrivée un beau jour, au beau milieu de l'après-midi.

48. Texte de Malraux

Malraux évoque Saigon par une succession de petites touches à peine ébauchées. Cette juxtaposition d'images brèves traduit bien l'impression de déroulement de la course en «coolie-pousse» sous la pluie. Chaque vision efface la précédente et donne l'impression que le narrateur est perdu dans une ville qu'il ne connaît pas. Certains détails pittoresques s'imposent au milieu de l'accumulation des autres : les «enseignes dorées à beaux caractères noirs», «les guichets poussiéreux» et surtout les deux employés qui sont traités en caricature (opposition de deux détails descriptifs).

Texte de Zola

Dans cette description de la blanchisserie de Gervaise, c'est la couleur qui s'impose : une couleur bleue dominante qui expose toutes ses nuances (bleu tendre, bleu Pompadour, ramages bleuâtres des rideaux), qui joue avec les autres couleurs claires de la pièce (le jaune des lettres, le blanc des vêtements) et qui tranche avec la couleur noire des autres magasins de la rue. Cette palette bleue est hautement symbolique. Elle traduit la volonté de Gervaise d'échapper à sa condition misérable et de réaliser son idéal.

49. Exercice ouvert.

50. a. «*Sa barbe était d'argent…*» : allitération de «r» (qui évoque le bruit du ruisseau) et de la voyelle «a» (claire et joyeuse). Le deuxième vers nous introduit dans une atmosphère plus sombre : résonance de «an» et du «o» ouvert où domine le souffle du feu évoqué par les allitérations de «f».

• «*Un frais parfum sortait…*» Allitération de «f» et de «l» (souffles légers bruissements, frôlements), alternance de sonorités douces et feutrées «ou» et de sonorités plus claires «ai» traduisent bien l'atmosphère paisible d'une nuit d'été étoilée.

• «*Alors, levant la tête…*» Sonorités de roulements «r», sonorités éclatantes et dures «a», «ai» combinées avec des sons profonds et résonnants «an» traduisent la fureur et la grandeur de Charlemagne.

• «*Tout m'afflige…*» Notez l'importance des «i» qui s'allongent et dont l'écho retentit lancinant sur toute la longueur du vers (tristesse, mélancolie, ennui).

• «*Pour qui sont ces serpents…*». Allitération de «s». Sifflements insupportables liés à la vision hallucinée.

• «*Et la source sans nom…*» Notez l'harmonie imitative de la fin du vers (chute des gouttes d'eau).

b. • «*Un mort s'en allait tristement…*» : effet de parallélisme entre les deux phrases (même structure grammaticale). Mais le rythme n'est pas le même. Dans la première phrase : 2 + 6 + 3 + 5. Dans la seconde : 3 + 5 + 8. La première donne une impression de lenteur par rapport à la seconde, plus rapide (effet comique).

• «*Je fais souvent ce rêve étrange…*» Une seule phrase qui s'étire en longueur par adjonctions successives de propositions introduites par «et» ou par «qui». Évoque le vagabondage infini du rêve, la recherche jamais terminée de la femme idéale.

• «*Que le vent qui gémit…*» Il s'agit d'une invocation, d'une envolée lyrique. Les trois alexandrins ont des rythmes différents : rythme binaire, un seul souffle, rythme ternaire. La phrase prend son envol qui se poursuit d'une manière ample et majestueuse. Le mouvement est tout entier tendu vers le vers final de six pieds qui en constitue l'apogée. À noter aussi, la reprise des «que» d'injonction. Il s'agit bien d'un appel nostalgique et passionné pour faire revivre le passé.

10. LES DOMAINES SCIENTIFIQUES ET TECHNIQUES

51. a. b. – **Conception d'après l'idée du créateur :** concept du produit – avoir l'intention de… – concevoir – ébaucher – inventer – explorer – combiner – rechercher – créer.

– **Organisation :** structuration de l'entreprise autour du produit – expérimenter – tester – élaborer – essayer – réaliser – effectuer – fabriquer – confectionner – mettre au point – lancer.

– **Socialisation du produit.** Il s'inscrit dans un marché. Il devient un techno-système qui est un système culturel. Le public le dote de valeurs ou d'interdits. Il peut être rejeté ou détourné – observer – régler – adapter – rénover – retoucher – refondre.

c. d. Exercices ouverts.

52.

	Verbes	Noms	Adjectifs
Idée de déterminisme	régir – commander – déterminer – impliquer – lier à – régler – fonctionner	une machine un paramètre – la causalité le déterminisme la nécessité – l'ordre	déterministe rigide – astreint déterminé – contingent contraignant
Idée de chaos	osciller – fluctuer – s'aventurer – hasarder – risquer	un système complexe l'auto-organisation le chaos – une fluctuation un accident – la confusion le hasard – l'impondérable	aléatoire imprévisible accidentel – fortuit indéterminé imprévu – instable

53. a.

Impulsion	Attraction	Répulsion	Choc	Équilibre	Déséquilibre	Inertie
forcer pousser propulser stimuler presser	absorber attirer aspirer drainer graviter	évacuer refouler rejeter repousser	se briser frapper heurter percuter	compenser équilibrer pondérer stabiliser	chanceler déséquilibrer déstabiliser vaciller	se figer immobiliser paralyser

b. Exercice ouvert.

54. a. Un congrès a réuni… pour *faire le point*… il est urgent de *focaliser* les actions sur l'aide humanitaire… cette attitude revient à *voir les choses par le petit bout de la lorgnette* et que l'*objectif* essentiel… l'assistance éducative relève d'*une vision* dépassée… Le tiers monde ne peut être *le reflet* du monde occidental. Il ne faut pas le voir *à travers le prisme déformant* de notre pensée occidentale. Il convient d'envisager l'aide au développement *sous un angle radicalement différent*… les tenants de cette conceptions *avaient* plusieurs organisations *dans le collimateur*.

b. 1. Le personnage de Heide… dégage un tel *magnétisme*… Heide est une sorte de *catalyseur* qui *cristallise* les passions les plus extrêmes. Son arrivée… déclenche une série de *réactions en chaîne*…
2. La poésie surréaliste veut réaliser une véritable *alchimie* du langage.
3. … j'ai l'impression qu'il émet *des ondes négatives*. Il n'y a aucun *courant* de sympathie… On sent de fortes *résistances* à son égard… On dirait qu'il *polarise* toutes les rancœurs… Certains, d'ailleurs, commencent à le *court-circuiter*.

11. LES VALEURS ET LES EMPLOIS DES TEMPS

55. 1. moment présent
2. futur envisagé comme proche
3. état présent ayant des prolongements dans le passé
4. mise en relief d'une action future – force donnée à l'engagement
5. passé immédiat
6. vérité permanente
7. action habituelle
8. mise en relief dans un récit au passé

56. 1. imparfait › souhait
    2. imparfait › action conditionnelle
    3. passé simple › action passée achevée
    4. imparfait › action passée habituelle
    5. passé composé › action passée ponctuelle – imparfait › action envisagée dans son déroulement, pendant qu'une autre action se produit – imparfait › état passé
    6. imparfait › expression d'une condition
    7. imparfait › futur dans le discours indirect
    8. imparfait › politesse

57. 1. Il a entré – 2. Nous avons monté – 3. Nous sommes rentrés – 4. Nous avons rentré – 5. Michel a sorti la poubelle – 6. Il a tombé la veste – 7. Elle a descendu les marches.

58. **a.** Tu les a vus sortir – 2. Je l'ai entendue chanter – 3. … je n'ai plus entendu parler – 4. … que j'ai vu jouer – 5. Nous les avons regardés descendre – 6. Il l'a laissée faire la cuisine.

    b. 1. Elles se sont levées – 2. Ils se sont battus – 3. Elle s'est coupé le doigt – … 4. Ils se sont lavé les mains et ils se sont douchés – 5. Ils se sont vu interdire – 6. Ils se sont regardés. Ils se sont reconnus. Ils se sont parlé.

59. **a.** Tous les verbes se conjuguent avec l'auxiliaire «avoir» sauf les verbes pronominaux (se rencontrèrent › se sont rencontrées, s'enflammèrent › se sont enflammés – s'évanouit › s'est évanouie) et le verbe passer (est passé).
    … elle fut souffletée › elle a été souffletée – … dès qu'elle fut revenue a elle-même (le passé antérieur n'est pas modifié). Tout fut consterné › tout a été consterné.
    Le passé simple produit un récit vif et alerte. Les actions s'enchaînent rapidement.

    b. Ce qu'il disait › commentaire d'une action au passé simple – comme on sortait de table › action envisagée dans son déroulement pendant qu'une autre action se produit.

60. **a.** Deux Français *voyageaient* en Espagne ; ils ne *savaient* ni l'un ni l'autre l'espagnol et cela les *embarrassait* parfois.
    Un jour… ils *sont entrés* (entrèrent) dans un restaurant, *ont examiné* (examinèrent) le menu, n'y *ont* rien *compris* (n'y comprirent rien) et *ont décidé* (décidèrent)… Ils *essayaient* d'exprimer leur désir mais le garçon *n'arrivait* pas à les comprendre.
    … l'un des voyageurs *a saisi* (saisit)… *a dessiné* (dessina), *a inscrit* (inscrivit) et *a remis* (remit)… ils *ont attendu* (attendirent)… le garçon *est revenu* (revint) ; il *apportait*…

    b. Exercice ouvert.

61. 1. éventualité – 2. ordre – 3. action future (certitude) – 4. atténuation d'une affirmation – 5. changement de point de vue dans le récit au passé – déroulement antérieur à l'action précédente – 6. action future – action antérieure à cette action future – 7. fait à venir rapidement accompli.

62. **a.** **Premier paragraphe :** trouva (action passée) – cherchait (action prise dans son déroulement) – gisait (état permanent) – avait été emporté (action survenue antérieurement).
    Deuxième et troisième paragraphe : passage au présent qui donne du relief au récit.
    Quatrième paragraphe : changement de point de vue narratif – passage au futur (on envisage les suites du canular). Le reste du texte joue ainsi avec les changements de point de vue.

    b. On peut par exemple varier les temps du récit de la manière suivante.
    «Nous sommes en 1755. Un homme nommé Mandrin, accompagné d'une troupe armée, s'arrête à Marsac dans le Puy-de-Dôme… (toute cette scène au présent).
    Mandrin était originaire du Dauphiné. Vers 1745, il avait déserté l'armée royale et pris la tête d'une troupe… (passé).
    La légende le représente… (présent intemporel)… mais il s'agissait d'un véritable brigand qui n'hésitait pas à tuer

(imparfait d'habitude)…

Quelques mois après son passage à Ambert, Mandrin sera arrêté… (changement de point de vue narratif).»

La dernière phrase n'est pas modifiée.

63. *qu'il aurait une mauvaise note :* futur dans le passé

qu'il aurait des notes convenables : action soumise à une condition

j'aimerais tant : souhait

que tu pourrais l'aider… tu travaillerais : suggestions

elle serait plus difficile : affirmation non confirmée

ils augmenteraient le coefficient : possibilité

ils feraient ça : éventualité qui provoque un sentiment de surprise, d'indignation.

64. **a.** 1. La première phrase est une affirmation. La seconde traduit l'expression d'une volonté. «Partir» et «aller au diable» sont donc, ici, des vues de l'esprit.

2. La deuxième phrase exprime un souhait.

3. Le fait d'«unir ses efforts» est considéré comme une nécessité. Mais c'est encore envisagé par l'esprit.

4. Expression de la préférence. Le fait que l'autre conduise n'est pas encore une réalité.

5. Expression de la crainte.

b. À condition que… En admettant que : introduisent des actions soumises à des conditions (donc irréelles).

Jusqu'à ce que… : introduit une action future dans une relation de dépendance par rapport à l'action de rester. On pourrait dire «je quitterai la maison (seulement) à condition que tu sois rentrée».

Pour que… De sorte que… : introduisent une idée de but (donc des vues de l'esprit).

Bien que… : le subjonctif est ici plus difficile à expliquer. En effet le fait d'être «ravie de voir tes amis» est une certitude. Le subjonctif est employé parce qu'il déplace cette certitude vers l'ordre de l'incertitude, de la possibilité. Ainsi, on accentue l'opposition entre les deux membres de la phrase concessive. On pourrait dire : «Il est possible que je sois toujours ravie de voir tes amis mais…»

12. LE DÉROULEMENT ET LA DURÉE DE L'ACTION

65. **a.**

Idée d'imminence	Début de l'action	Action en cours	Fin de l'action
dans un instant	commencer	continuer – se prolonger	(s')achever
être sur le point de…	débuter	se conserver	(s')arrêter
immédiat	démarrer	se dérouler – rester	clore
imminent	s'engager dans	se développer	conclure
se mettre en train	entamer	durer – s'étendre	finir
proche	entreprendre	être en train de…	interrompre
	se lancer dans	persister – subsister	mettre un point final à…
	se mettre à	se maintenir	prendre fin
	naître	se succéder	rompre
	ouvrir	se perpétuer	venir de…

b. Exercice ouvert.

66. **a.** PATRICK : … je t'ai attendue *jusqu'à* une heure. Je suis arrivé à 17 h… *Au bout d'*une demi-heure… *Il n'y avait pas* 5 minutes que j'étais assis… *Ça faisait* 3 ans que je ne l'avais pas vu. Exactement *depuis* le jour de son mariage… On s'est quand même promis de se revoir *dans* une semaine. *À partir de* ce moment là, je n'ai pas cessé… J'ai attendu *jusqu'à* 18 h…

AGNES : ... Figure-toi qu'*en* une heure ma réunion était terminée... «qu'est-ce que je vais faire *d'ici à* 17 h ?»... *Depuis* le temps que j'avais envie de le voir !...

b. Exercice ouvert

67. ... il fallait *d'abord* inventer l'ascenseur. Celui-ci a été mis au point *en* 1857... *Soudain*, l'étage noble n'était plus... *Dès lors*, la course aux sommets peut s'engager. Elle commence à Chicago *vers* la fin du XIXᵉ siècle. *Ce n'est qu'en* 1913 que New York pourra s'enorgueillir... qui sera *pendant* près de 20 ans...
En 1930, le Chrysler Building dépasse enfin la tour Eiffel qui narguait *jusqu'alors* l'Amérique...
Enfin, nouveau record en 1932... qui demeurera *pendant* longtemps l'immeuble le plus haut du monde et qui reste *encore* aujourd'hui le plus célèbre bien qu'il ait été *depuis* dépassé, *d'abord* par le World Trade Center, *puis* par la tour Sears de Chicago.

68. «*Dès que* nous arrivons à 40 mètres de la banque, Paul et moi nous descendons de voiture. *Aussitôt que* nous sommes descendus, Dédé va se garer... *Pendant ce temps,* Paul et moi nous entrons dans la banque. *À peine* sommes-nous entrés que Paul braque le public *pendant que* j'entre chez le caissier... *Après* avoir rempli les sacs, je me dirige vers la sortie... *Pas plus tôt* sortis, tu mets le moteur en marche...»

69. 1. Avant d'atteindre un haut degré de technique vocale, le chanteur a beaucoup travaillé.
2. Le chanteur a le trac jusqu'à ce qu'il entre en scène.
3. Les musiciens accordent leurs instruments en attendant que le chef d'orchestre arrive.
4. Avant que le spectacle ne soit mis au point, plusieurs mois de préparation sont nécessaires.
5. Le chanteur reste dans sa loge jusqu'à ce qu'on vienne l'appeler.
6. Avant que le chanteur ait fini son air, un tonnerre d'applaudissements retentit.

70. – D'habitude... a terminé... retentissent.
– Hier (ce jour-là, il y a quelques années),... eut terminé... ont retenti (retentirent).
– D'habitude (il y a quelques années),... terminait... retentissaient.
– Hier, (ce jour-là),... termina... retentirent.
– D'habitude (il y a quelques années),... avait terminé... retentissaient.
– Demain,... terminera... retentiront.
– Demain,... aura terminé... retentiront.

71. **a.** – Quand (au moment où, lorsque) elle s'est trouvée nez à nez avec lui, elle a crié.
– Au moment où on entendit un coup de tonnerre...

b. – Comme, pendant que ... il pleuvait Jacques travaillait.
– tant que, alors que, quand, lorsque ... Mireille voyage en Italie, Arnaud se repose en Crète.

c. – Elle a reçu la visite de Philippe quand (pendant que, lorsque, alors que) elle était à l'hôpital.
– Les voleurs s'introduiront dans la maison quand (pendant que, lorsque, alors que) les occupants seront en vacances.

d. – Plus ils se connaissent, plus ils s'apprécient. (Au fur et à mesure qu'ils se connaissent mieux, ils s'apprécient.)
– Aussi longtemps qu'elle a fait des séjours en Espagne son espagnol s'est amélioré.

72. En arrivant sur la place des Mimosas, Marcel vit la maison des Dupuis. Ce bâtiment ayant été construit dans les années vingt et n'ayant jamais été rénové tranchait... En s'approchant, il entendit vaguement le son d'un piano venant de l'arrière de la maison... ne troublant pas la musique... y colla son oreille ne percevant dans la maison... Il entra en utilisant son sésame et en refermant la porte... la musique venant du premier étage.

13. LA DÉTERMINATION ET LA CARACTÉRISATION

73. • **Déception**… un quartier… les poings serrés… les poches… Une profonde amertume… Travail, amis, famille… une Sylvie… la Sylvie…
    • **Au restaurant**… de (d'un) poisson… une (la) truite meunière… une escalope à point… le côtes-du-rhône…
    • **Éloges**… l'admirable poète… le poète du XXᵉ siècle… un poète qui figurera…

74. 1. un sac en (de) cuir – 2. un timbre à 3,50 F – 3. un verre de vin – 4. un verre (une coupe, une flûte) à champagne – 5. un appartement de 150 m² – 6. un chèque de 1 000 F – 7. une chambre à deux lits – 8. une glace à la vanille – 9. des lunettes de soleil – 10. un train de nuit.

75. 1. Il est fort en anglais – 2. Elle est sujette à des angines – 3. Il est sûr de réussir – 4. Elle est apte à ce travail. – 5. Il est sensible à mes arguments – 6. Il est heureux en amour – 7. Il est attentif au jugement des autres – 8. Elle est pauvre en calcaire – 9. Il est tranquille sur son sort.

76. 1. de ses propres mains – les mains propres
    2. les yeux noirs – de noirs desseins
    3. un texte sacré – un sacré menteur
    4. un brave homme – un homme brave
    5. un simple soldat – un repas simple
    6. un triste personnage – une femme triste
    7. notre chère maison – un appartement cher
    8. un bel homme – un beau matin
    9. le mois dernier – les derniers jours d'octobre

77. 1. Le directeur, qui était très pressé, refusa de nous recevoir.
    2. Quelqu'un qui contreviendrait à cette réglementation serait passible d'une amende.
    3. Le sport que tous pratiquent est le tennis.
    4. Philippe, qui est malade, peut quand même travailler.
    5. La conférence que j'ai écoutée était passionnante.
    6. Un enfant qui commet une faute grave doit être sévèrement réprimandé.

78. bilan d'une société mère auquel… – décision législative ou réglementaire par laquelle… – situation d'une économie dans laquelle… – contrat grâce auquel… – chiffre à partir duquel… –

79. **a.** D : déterminative – E : explicative – P : présentative
    dont il confie le commandement à C. Shouten (E) – qui… découvre. un îlot (E) – qu'il baptise du nom du port (E) – dont il est parti aux Pays-Bas (D) – c'était le Pacifique qui battait contre sa coque (P) – où les fantasmagories sont possibles… admises (D) – où l'on est presque toujours sûr… héroïsme (D) – dont on se croit habité (D) – où l'instinct de survie fait donner… ingénieuses (D) – qui ne sera commercialement défié que beaucoup plus tard (E) – que l'on pourrait presque comparer… aviation (E) – dont s'est entouré leur brillant calvaire (D).

    b. 1. La crise des prisons, qui dure depuis un mois et dans laquelle le gouvernement semble s'être embourbé, s'est encore envenimée.
    2. Il y a 3 jours, la grève des surveillants, qui avait provoqué des révoltes de détenus, a été interdite…
    3. Mais les propositions qui ont été faites par le gouvernement et qui portaient sur quelques augmentations de salaire n'ont pas satisfait les surveillants.
    4. Les surveillants, dont les revendications ne sont pas d'ordre salarial et qui réclament de meilleures conditions de sécurité à la suite de deux meurtres dont deux de leurs collègues ont été victimes pendant l'été, ont décidé de répliquer vivement…

80. **a.** 1. Un film qui soit gai – le film dont Myriam nous a parlé hier.

2. La personne qui fait ces magnifiques tableaux – une personne qui fasse la décoration.

3. Des devoirs qui soient lisibles – les devoirs qui ont été demandés.

4. Quelqu'un qui a la compétence de Jacques – personne qui ait l'humour…

5. Des livres qui pourront lui être utiles – aucun livre qui puisse plaire…

b. 1. Neil Armstrong est le premier homme qui ait marché sur la Lune – l'homme qui, le 21 juillet 1969, a marché… l'homme qui, le premier, a marché…

2. La seule personne qu'il ait jamais aimée – la seule personne qu'il a aimée dans sa vie.

81. 1. Construite en 1889 pour l'exposition universelle de 1889 et conservée pour servir de support aux antennes radio, la tour Eiffel est aujourd'hui, l'un des monuments les plus visités de France.

2. Mis en minorité lors de la dernière réunion du conseil municipal et par ailleurs impliqué dans des affaires de corruption, le président du conseil général songe à démissionner.

3. Associé au groupe Primex et débarrassée de son secteur électroménager déficitaire, l'entreprise Sica pourrait être sauvée.

4. Perdue dans ses rêves romanesques, incomprise par ceux qui l'entourent, Emma Bovary, prise au piège de la société rigide dans laquelle elle évolue ne parvient pas à réaliser l'idéal qu'elle porte en elle.

5. Mis en scène par Alain Blanc, un homme venu de l'Opéra, le spectacle du Châtelet, dont le rôle principal est interprété par C. Lamarque, une actrice bien connue des cinéphiles, est excellent.

14. LES SUBSTITUTIONS ET LES TRANSFORMATIONS

82. Non, elle ne m'a pas encore parlé de lui - Non, il ne lui en envoie plus – Non, elle ne leur avait pas parlé de lui – Non, elle ne la lui a pas rendue – Non, il n'y en a aucun.

83. **a.** **Napoléon Ier** : l'Empereur, le maître de l'Europe, le général des armées, le Corse.

Charles de Gaulle : le général, l'ancien président, l'homme du 18 juin, l'ancien chef de l'État.

La Peugeot 205 : la voiture, le véhicule, la meilleure vente de Peugeot, la 205, la petite Peugeot, l'automobile.

Le château de Versailles : la résidence de Louis XIV, le palais, le chef-d'œuvre architectural du XVIIe siècle.

Les Misérables : le roman, l'œuvre, le chef-d'œuvre de Victor-Hugo, le livre, l'aventure de Jean Valjean.

b. 1. L'hexagone (France) – le pays des fjords (Norvège) – la péninsule (Espagne) – outre-Rhin (Allemagne) – la botte (Italie) – l'île de Beauté (Corse) – outre-Atlantique (USA).

2. Les forces de l'ordre (police) – les soldats du feu (pompiers) – les hommes en blanc (médecins) – les personnes du 3e âge (personnes âgées) – le grand argentier de Bercy (ministre des finances) – le patron des patrons (le président du Conseil national du patronat français, CNPF).

3. L'or noir (le pétrole) – le billet vert (le dollar) – le métal jaune (l'or) – la vénérable institution du quai Conti (l'Académie française) – la maison de Molière (la Comédie Française).

c. Exercice ouvert

84. **a.** La réduction du chômage nécessite la poursuite de trois objectifs :

– Diminution du nombre des actifs. On y parviendra par l'allongement de la scolarité obligatoire, la prolongation… le contrôle de… l'avancement de…

– Partage du travail. Il sera possible grâce au développement du… à l'octroi d'une… et à l'interdiction des…

– Création d'emplois. On peut en créer grâce à l'augmentation de… la diminution des… la reconquête du… la multiplication des… et l'encouragement à…

b. – En 1992, réalisation de «Tango» par P. Leconte… – Début du tournage des «Vaisseaux du cœur» de Benoîte Groult par A. Birkin. Rôle principal tenu par G. Scacchi – Tournage en Floride d'un thriller érotique avec… – Faible distribution des films français en Italie l'an dernier : 24 films. Dix fois moins qu'il y a dix ans.

85. **a.** 1. Les fonctionnaires estiment percevoir des traitements insuffisants.

   2. Jacques espère pouvoir aller écouter *Carmen*.

   3. L'élève croit savoir sa leçon.

   4. Mireille pense ne pas pouvoir venir.

   5. Il sait ne pas être capable de faire ce travail.

   b. 1. Un accident est à craindre.

   2. Une maison est à vendre.

   3. Cette lettre est à corriger.

   4. Sa robe lui va à ravir.

   5. Ce film est triste à pleurer.

   c. 1/d – 2/a – 3/e – 4/c – 5/f – 6/b.

   d. 1. Prendre une douche glacée met en forme le matin.

   2. Avoir davantage de loisirs, c'est ce qu'elle pensait quand elle a pris ce nouvel emploi.

   3. Travaillez régulièrement, vous réussirez !

   4. Traduire les mouvements de la sensibilité et donner un rôle important à la musique des mots sont les deux fonctions essentielles de la poésie de Verlaine.

   5. Sa nomination à Nice est son plus vif espoir.

15. LES RELATIONS LOGIQUES

87. 1. le mobile – 2. un prétexte – 3. sa source – 4. raison – 5. un ferment – 6. pourquoi – 7. le motif – 8. les sujets.

88. 1/a – 2/b – 3/b – 4/b – 5/a.

89. … *en raison de* nombreux problèmes de revendications territoriales… *au sujet de* l'Alsace-Lorraine… était *d'autant plus forte que* la France…

   Par ailleurs,… *sous l'effet du* progrès des nationalismes… pouvaient *être la cause d'*une intervention… et, *sous prétexte de* voler au secours des Serbes…

   Enfin,… *était source d'*inquiétude pour l'Angleterre… *À force de* développer son potentiel militaire…

   Ainsi, *faute de* pouvoir régler… *rendant* le conflit général presque inévitable.

90. 1. séquelles – 2. effet – 3. conséquences, contre coup, effet – 4. fruits, conséquences, effet – 5. incidence, conséquences – 6. retentissement – 7. impact, effet – 8. conséquences, séquelles – 9. les tenants et les aboutissants – 10. corollaire.

91. … *déterminer* des réactions positives… *soulever* l'enthousiasme des foules… *déclencher* les rires de l'auditoire… *entraînera* des adhésions… *provoquer* des oppositions… *attirer* des ennuis… *amener* des difficultés… ça ne *produit* plus aucun effet… *susciter* un regain d'intérêt.

92. … *de manière que* tout soit fini… et *de façon que* le patron… *si bien que* je n'ai pas pu entrer.

   … *de sorte que* j'ai pensé… *tant et si bien que* plusieurs fenêtres… *à tel point que* j'ai cru qu'ils allaient appeler la police… *au point que* j'ai dû battre en retraite… *En conséquence*, je n'aurai pas la joie… *de peur qu'*il ne sous-estime…

93. **a.** Exercice ouvert.

   b. 1. Il joue de temps en temps aux cartes quoique ce ne soit pas un très bon joueur.

   2. Quoi que puisse en penser Didier, l'immobilier…

   3. Quelles que puissent être ses raisons d'agir, je ne l'excuse pas.

   4. Quelque difficile que puisse être l'ascension du mont Blanc (quoique l'ascension du mont Blanc soit difficile), on

y rencontre beaucoup de monde.

… Marseille va gagner, quoi que fasse Lyon.

16. Les discours rapportés

94. a. 1. D'où venez-vous ? – 2. De quelle région ? – 3. Depuis combien de temps êtes-vous en France ? – 4. Combien de temps allez-vous rester ? – 5. Où logez-vous ? – 6. Vous êtes seule ? – 7. Pourquoi êtes-vous venue à Paris ? – 8. Lequel préférez-vous ? – 9. Pour quelles raisons ?

b. 2. Y-avait-il beaucoup de monde ?
3. L'ambiance était-elle bonne ?
4. Josiane et Rémi sont-ils venus ?
5. Vos aventures au Brésil, les leur avez-vous racontées ?
6. En ont-ils ri ?

c. Exercice ouvert.

95. Début possible d'adaptation. Entre crochets : les jeux de scènes. Entre parenthèses : des commentaires justificatifs.
CHARLES : Bonjour Mademoiselle.
EMMA : [se retourne vivement]. Ah ! (surprise) c'est vous Docteur ! Bonjour.
CHARLES : J'étais dans le coin. Alors, j'en ai profité pour voir comment allait notre malade (il doit justifier sa présence).
EMMA : Oh, il va très bien maintenant. D'ailleurs, il est aux champs. Mais asseyez-vous donc. Vous ne voulez pas boire quelque chose ?
CHARLES : Non, Non, merci…
EMMA : Mais si j'insiste. Je vais vous accompagner [elle se dirige vers le buffet et prend deux verres et une bouteille de curaçao].
CHARLES : Alors, dans ce cas… etc.

96. a. «Il m'a déclaré qu'il avait des reproches à me faire et m'a expliqué que mon travail laissait à désirer… Il savait que la veille, je m'étais trompé sur le montant d'un chèque et qu'une semaine auparavant j'avais oublié d'envoyer des factures. Il s'est même demandé ce que j'allais encore faire comme erreur la semaine suivante. Il a reconnu que je n'étais dans la maison que depuis trois semaines mais m'a fait remarquer que cela aurait dû suffire pour m'habituer. Il m'a conseillé de fermer la porte de mon bureau pour ne pas être distrait par les secrétaires. Et pour finir, il m'a mis en garde. Il m'a prévenu que ma distraction pouvait me coûter cher et m'a averti que si je ne changeais pas d'attitude, j'aurais à le regretter.»

b. Kaliayev *affirme qu'*il n'a pas pu lancer la bombe et *demande pardon* à ses complices. Lorsque ceux-ci lui *demandent si* c'est par peur qu'il n'a pas agi, *il répond que* la seule cause de son hésitation était la présence d'enfants dans la voiture du Grand-Duc. *Il raconte comment* il a été paralysé par leur regard, *se défend d'*être un lâche, *plaide* au nom de circonstances imprévues et *promet d'*accomplir le geste meurtrier si le groupe le lui demande. Il s'ensuit un débat entre les complices au cours duquel Stépan *soutient que* dans la lutte révolutionnaire, l'objectif doit être atteint quels que soient les moyens. Ses camarades *prétendent que* tous les moyens ne sont pas justes.

17. LA VISION DES FAITS

97. Exercice ouvert.

98. **a. b. c.**

Intérêt	Sympathie	Admiration	Haine	Inquiétude	Satisfaction	Honte	Surprise
1 R	2 R	7 C(+)	9 C	5 C	3 C (+)	4 C	16 C
10 C (−)	6 C	8 C	18 C	15 R (+)	20 C	11 R (+)	17 C
14 F	12 F	13 R	21 F (+)	19 F	23 F (−)	24 F	22 F (−)

99. Je me faisais une joie à l'idée de partir en vacances avec Patrice mais au dernier moment, il a changé d'avis. J'ai été très déçue sur le moment mais j'ai quand même décidé de partir. Et crois-moi je ne le regrette pas. Je suis au comble du bonheur.

La visite du Caire ne s'effectue pas sans qu'on éprouve un certain malaise devant la pauvreté des quartiers populaires. Cela dit, on va d'étonnement en étonnement. J'ai pu bien sûr admirer les pyramides et le musée mais le reste de la ville ne manque pas d'intérêt.

Cependant, la véritable aventure commence au sortir de la ville. Pour pouvoir la vivre à fond j'ai loué une petite voiture et j'ai décidé, non sans appréhension, de remonter la vallée du Nil jusqu'à Assouan. Je n'avais pas fait 50 km que la voiture est tombée en panne. J'étais furieuse. Et impossible de téléphoner à l'agence ! Heureusement, les gens d'ici sont d'une gentillesse extraordinaire. On m'a dépannée et même offert le thé… Mais le pire était encore à venir car la circulation sur les routes est quelque chose d'épouvantable. La nuit surtout, c'est l'angoisse permanente, etc.

100. **a.** a./7,14 – b/8,10 – c/5,16 – d/1,15 – e/6,12 – f/11,19 – g/13,17 – h/3,20 – i/2,18 – j/4,9.

b. Exercice ouvert.

101. **a.** Position du problème

«*Supposez que…*» n'introduit pas un raisonnement par supposition mais une situation possible à l'origine du problème qu'il faudra résoudre.

«*Mai, alors que…*» introduit la situation qui pose le problème.

Solution

L'auteur présente d'abord une solution qui paraît logique, celle du bon sens. Utilisation de «**puisque**» (cause) et «**c'est-à-dire**» (conséquence).

La deuxième solution ajoute au raisonnement le paramètre temporel : «supposez qu'il puisse jouer le point suivant» (il s'agit ici d'une véritable supposition logique dont tout le raisonnement va découler). Le raisonnement est construit avec des «si + imparfait» pour l'expression des suppositions. Pour l'expression des conséquences : conditionnel, *ainsi, alors, en d'autres termes*.

Il y a une faille dans ce raisonnement qui mélange deux points de vue (présent et futur).

b. Soit D, le chemin qui mène au dragon et R celui qui mène au château de Rosalinde.

Soit M le géant qui ment et V celui qui dit la vérité.

Si le chevalier pose la question à V, celui-ci transmettra la question fidèlement à M et, comme M ment, il montrera R.

Si le chevalier pose la question à M, celui-ci, qui ment toujours, demandera où est le chemin de R, et comme V dit la vérité il montrera R.

Le chevalier est donc sûr que le chemin qu'on lui montrera sera celui du château de Rosalinde.

(Ici, la notion de mensonge est discutable pour la question posée à M.)

18. LES FIGURES DE STYLE ET LES EFFETS DE SYNTAXE

102. 1. Style poétique (octosyllabe) – parallélisme des deux parties du vers – rime en [e]. Opposition de sens entre «rêve» et «réalité» (faire) – Idée de rareté, de réalisation de l'impossible.

2. Énoncé superlatif – contradiction apparente (Méditerranée/Suède) – deux images de la femme chargées de connotations.

3. Régularité et parallélisme des deux énoncés – rime en [o]. Idée de rareté, d'élévation (sortir de sa condition commune).

4. Phrase de type définition – absurdité du sens (humour) – Idée de pratique de fonctionnel et de gain d'espace.

5. L'effet est créé par la construction négative qui crée un sous-entendu.

6. Juxtaposition d'énoncés nominaux – jeu des sonorités poétiques – la publicité place l'objet et l'idée de voyage dans un univers poétique.

7. Phrase de type récit – jeu de mots sur le nom du magasin qui permet de visualiser d'une manière comique l'idée de réduction des prix.

8. Construction superlative et effet de répétition – jeu de mots approximatif sur Ford = fort – idée de puissance et de compétence – tautologie.

9. Énoncés nominaux – ambiguïté du sens – idée de rareté et d'exception.

10. Phrase de type impératif – jeu sur le double sens du mot «Boulanger» – absurdité qui retient l'attention.

11. Construction cliché (les jeunes ont la parole, etc.) – idée de mise en valeur.

12. Phrase de type récit – jeu de mots (la terre tourne, tourner rond = aller bien) – idée que grâce à la carte on n'a plus aucun problème.

13. Discours oral familier – absurdité due au «moins» – effet de surprise (on attend : «il y a mieux mais c'est plus cher» ou bien «il y a moins bien et c'est plus cher»). Grâce à cette construction illogique, le publicitaire fait passer plusieurs messages : la concurrence est moins bien, elle est plus chère mais aussi «la concurrence est absurde».

14. Construction superlative – tautologie – idée de qualité dans la tradition.

15. Allusion aux critiques et aux jugements sceptiques sur la construction européenne – appel à l'attachement aux régions – idée de proximité.

103. 1. C'est le rôle du metteur en scène que de diriger les acteurs.

2. C'est une grande habileté que de savoir cacher son habileté.

3. C'est une folie que de vouloir nager dans ce torrent.

4. C'est un excellent livre que celui de S. Japrisot.

104. 1. Ce qui me choque, c'est sa manie de toujours vouloir avoir raison.

2. Ce que je voudrais faire, c'est une bonne sieste.

3. Ce dont il a besoin, c'est de quelques jours de vacances.

4. Ce à quoi je réfléchis, c'est à ce qu'a dit François.

105. **a.** 1. En face de nous s'étendait une admirable pelouse…

2. Dans cette maison naquit un poète très célèbre.

3. À peine venait-il de sortir que vous êtes arrivés.

4. Peut-être obtiendra-t-il un avancement.

5. Dans les années cinquante apparaît le courant littéraire du nouveau roman.

b. 1. À peine était-il arrivé dans la salle de jeu qu'il se mit à jouer gros.

2. En vain essaya-t-il toutes les méthodes possibles.

3. Ainsi perdit-il toutes ses économies.

4. Tout au plus lui resta-t-il de quoi payer son taxi.

5. Aussi intelligents soient-ils, les hommes deviennent stupides quand ils jouent.

106. En 1962, la modification du mode d'élection… *fut approuvée* par les Français lors d'un référendum. Cette proposition *avait été faite* par le général de Gaulle. Auparavant, le Président *était élu* par les parlementaires. À partir de 1962, le Président *est élu* pour sept ans au suffrage universel.

En 1972, la réduction du mandat à cinq ans *est prévue* par le programme commun de la gauche. Cette modification *est* également *proposée* par le président Pompidou dans un message *adressé* au Parlement en avril 1973. Mais ce projet *est repoussé* par l'Assemblée.

L'idée de réduction *n'est pas reprise* par la gauche *arrivée* au pouvoir. Ce débat *n'est relancé* qu'en 1992, avec la perspective d'une nouvelle cohabitation. Plusieurs propositions *sont faites* : …

107. 1. *Il a été établi* que le poisson… *Il a par ailleurs été prouvé* que le poisson… *Il est dommage* que les Français… *Il est conseillé* d'en manger…

2. Lors de nos dernières fouilles, *il a été découvert*… *Il est probable* que d'autres vestiges… *Il est souhaitable* qu'un crédit…

3. *Il a été voté* un budget de 500 millions… *Il a été décidé* qu'un parking souterrain serait construit… *Il a été prévu* que la contenance de ce parking serait de 500 véhicules.

108. **a. Une tomate de génie :** jeu de mot (génie = intelligence – génie génétique = ensemble des caractéristiques génétiques). Utilisation de la structure : «un homme de génie».

Le Beaubourg du Danube : on donne au nouveau bâtiment le nom d'un édifice prestigieux connu (Beaubourg = Centre Georges Pompidou).

Le silence transféré : titre poétique. Le silence évoque la vie monacale.

En panne d'idées : utilisation du vocabulaire de la mécanique.

Les épousailles de la sciences et de l'industrie : utilisation d'épousailles (mariage) pour signifier une association, un projet de travail en commun.

Veillée d'armes au CNES : la veillée d'arme est l'attente nocturne des militaires qui sont prêts au combat. Le titre est expliqué par le sous-titre.

b. 1. La guerre fait rage entre le personnel de l'AGRA…

2. Les relations entre le Président et le Premier ministre sont à l'orage.

3. Trois bonnes fées se penchent sur le berceau de la future chaîne de télévision.

4. P. Vincent marque des buts. J. Legrand perd le match.

5. Rocard en tête de la course – Les actions Rocard en hausse.

c. Lamartine

«couronnés» : les bois entourent le sommet comme une couronne › le mont devient roi.

«le char vaporeux…» : allusion mythologique – «la reine des ombres» est la déesse lune. On l'imagine sur un char parcourant le ciel. La métaphorisation s'organise autour des idées de royauté, de mystère mais permet aussi des notations descriptives de couleur (sombre – crépuscule – dernier rayon – vaporeux – ombres – blanchit).

Flaubert

La première phrase est construite sur la métaphore du conducteur de char qui se joue des obstacles. Ce récit est appliqué à l'action du gouvernement (*char de l'État* – dirigé d'une main ferme et sage – parmi les périls). Il s'agit ici de clichés métaphoriques qui tournent au grotesque quand le char se promène sur la «mer orageuse».

Dans la deuxième phrase : *fleurir* (au sens de «se développer») et *«artères nouvelles dans le corps de l'État»* (double jeu sur «artères» = rue et vaisseaux sanguins et «corps» = corps humain et organisation). Ici encore la métaphore tourne au grotesque.

P. Éluard

Comme souvent chez Éluard la poésie naît d'une alchimie entre les éléments de la nature (la nuit – l'aube – la verdure – le soleil – l'horizon) et les éléments humains (cœur – chair – yeux – pensées – caresser).

109. **Figures de style**
Répétitions : L 1 (de nouveau) – L 14, 18, 20 (à l'heure où) – L 24, 25, 26 (la paix).
Énumérations : le discours tout entier est construit sur des effets d'énumération.
L 6 à 9 ; L 14 à 19 : ensemble des problèmes contemporains qui sont en relation avec la morale.
Inversion du sujet : elle permet une mise en relief du mot. L 15, 19, 24, 29
Interrogation : elle permet d'atténuer la force d'un engagement (L 19 à 24) ou de faire une transition (L 24).
Métaphores : il y en a peu. Le discours veut frapper par la seule force des mots simples. L 5 (dérouler) – L 15 (déferler) – L 17 (folies de l'intolérance) – L 17-18 (faire bon marché des droits de l'homme).
Amplification : L 11 (des millions et des millions) – L 29 (portera loin).
Gradation : c'est une manière d'organiser les énumérations L 6 et 7 – L 14 (tant – trop).
Parallélisme : L 2 et 3.
Évocation : L 8 et 9, la phrase nominale est une simple énumération de noms de lieux chargés de sens et d'histoire pour les catholiques français.
Chute finale : celle de la fin du discours est brève (merci). Celle de la fin de la phrase L 19 à 23 est plus percutante.

b. François Mitterrand place son discours sur le plan de la morale universelle. Ce faisant, il reste laïc mais souligne le fond commun éthique entre les catholiques et les laïcs. Il justifie sa présence au-delà des simples règles diplomatiques. C'est pourquoi son discours est fondé sur une énumération de valeurs universelles et de fléaux que la majorité s'accorde à combattre. Il n'entre dans le domaine religieux qu'à deux moments : lorsqu'il nomme le pape «Très Saint-Père» (mais c'est une convention diplomatique) et lorsqu'il évoque certains lieux chargés de religiosité (mais il se contente d'un commentaire esthétique sur la beauté de ces noms).

19. Savoir rechercher des informations

110. **a. Informations principales données par le texte «Les ruses des grandes surfaces»**
– Premier supermarché ouvert en 1957. Aujourd'hui : 800 en France. Un achat sur deux s'effectue dans un de ces magasins.
– Ce succès est dû à des techniques de vente très efficaces mises au point grâce à l'observation des réactions de l'acheteur (par sondages, caméras cachées, tests). Élaboration de stratégies de vente qui relèvent d'un savant calcul.
L'emplacement des produits dans le magasin. À l'entrée : produits superflus (pour susciter des achats impulsifs) – Les têtes de gondoles sont des lieux stratégiques – L'emplacement des produits sur les rayons a aussi son importance (on place à hauteur des yeux les produits non indispensables car c'est une incitation à l'achat) – La largeur d'exposition d'un produit n'est pas laissée au hasard (30 cm minimum).
Sollicitation par des prix attractifs : promotions, bonnes affaires, nouveaux produits (dans le magasin et par voie de presse). Le commerçant sacrifie seulement quelques produits.
Comportement général de l'acheteur : son mode et sa vitesse de circulation dans le magasin sont influencés par la disposition des rayons, la musique diffusée, etc.
Tout est fait pour que le supermarché soit un lieu de tentations auxquelles il est difficile de résister.

b. Plus on communique… : développement de type analyse, démonstration, exemplification – Inventaire des outils de communication – Analyse de l'élaboration de l'information – Critique de l'information médiatique – Problème de la diffusion des connaissances.
Expressionnisme allemand… : développement de type descriptif et historique. Description de l'exposition – Rappel historique sur l'expressionnisme allemand – Portraits de quelques artistes – Analyse de l'œuvre.
Les mystères de la mémoire : développement de type description – Explication – Physiologie et anatomie de la mémoire – Exposé des récentes recherches.
Comment sortir de la crise : développement de type explication – Analyse des causes de la crise – Propositions de solutions – Conséquences de ces solutions.
Aussi surprenant que cela puisse paraître… : exposé des raisons du besoin d'aventure – Inventaire des «marchands d'aventure» (nouveaux sports – agences de voyage, etc.) – Exposé des risques, des aléas que nous réserve la vie quotidienne.

À la fin des années cinquante… : développement de type historique, analyse sociologique – Portrait des lycéens (17/18 ans) des années 30/40 – Portrait des lycéens d'aujourd'hui – Analyse des modifications du comportement – Exposé des causes et des conséquences de ces modifications.

111. Notice de synthèse

Gauguin se détache nettement de l'approche réaliste et scientifique des impressionnistes. Selon lui, c'est le retour au primitivisme, au barbare, aux sources orientales et gothiques qui peut régénérer l'art. S'il utilise la palette de teintes pures des impressionnistes, c'est pour entreprendre un véritable travail d'expression des sentiments et des idées. La signification symbolique et poétique de l'œuvre compte plus que la représentation du monde extérieur.

Van Gogh va travailler dans le même sens. Sa peinture chaleureuse et passionnée dévoile les ardeurs, les élans, les chutes et les tourments de son âme. Aussi Van Gogh s'impose-t-il comme un précurseur de l'expressionnisme. Mais cette peinture pathétique et bouleversante n'en reste pas moins un modèle d'équilibre et d'harmonie, tant dans les formes que dans les couleurs.

112. (2) Certains de ceux qui ont été les plus farouches défenseurs des nouvelles technologies les mettent aujourd'hui en doute. L'informatique est un instrument puissant mais qui n'a rien résolu.

(3) L'instrument ne suffit pas. Ce qu'il transmet et la manière de l'utiliser doivent être repensés.

(4) (5) Échec de l'utilisation de l'ordinateur à des fins domestiques. Car la gestion d'un ménage est une tâche trop simple. Son utilisation se limite à quelques pré-réglages et aux jeux électroniques des enfants.

(6) La baisse des prix du matériel et son renouvellement incessant ont entraîné un ralentissement des achats. Les entreprises s'estiment suffisamment équipées.

(7) On est en train de démystifier l'illusion informatique : on prend conscience des limites de son utilisation, des coûts de formation.

(8) Cette suspicion frappe également les robots. Le geste humain s'avère quelquefois irremplaçable.

(9) L'informatisation de l'administration n'a pas rendu ce secteur plus efficace. En grande partie parce que les structures archaïques de l'administration sont incompatibles avec les nouvelles technologies.

(10) Mais ce ralentissement de la révolution informatique doit être relativisé. La crise économique et le pessimisme général en sont peut-être les principales causes.

(11) Thierry Breton invite à réfléchir non pas sur les prouesses technologiques mais sur une nouvelle manière de concevoir l'entreprise et le développement social en intégrant l'outil informatique.

113. a. • **Définition de l'argot**

L'argot est une langue qui s'est développée à la charnière du XIXᵉ siècle et du XXᵉ siècle dans les quartiers populaires parisiens. Son développement est parallèle à la langue courante que le locuteur d'argot doit posséder parfaitement. En effet, l'argot est une langue issue d'un travail créatif sur la langue courante.

• **Conditions de naissance et de survie**

Avoir une base sociale. La classe sociale qui, à la fin du XIXᵉ, a créé l'argot était une classe ouvrière parisienne fortement enracinée dans les quartiers. L'argot était pour elle un signe d'identification et d'affirmation.

Cette classe a disparu à partir de la deuxième moitié du XXᵉ siècle. Il n'en reste que quelques vestiges : prolétariat de l'immigration, prostitution, petite délinquance. Mais ces groupes sont coupés à la fois du quartier et de la langue courante qu'ils ne maîtrisent pas. Il n'y a donc plus de base sociale.

• **État de la situation actuelle**

– l'argot subsiste à l'état de vestige dans certaines expressions ;

– le verlan des jeunes procède du même désir de rupture et d'affirmation que l'argot mais il est exempt de créativité ;

– les créations argotiques sont rares car le français est moins bien maîtrisé par les jeunes ;

– la langue de la publicité n'est pas vraiment créative. Elle récupère des expressions et joue avec elles ;

– seul secteur potentiellement créatif : la technologie.

b. Maya : civilisation pré-colombienne dont l'histoire se déroule du Xᵉ siècle av. J.-C. au Xᵉ siècle après J.-C. et qui eut son apogée entre le IVᵉ et le IXᵉ siècle. Les territoires de ce peuple s'étendaient sur 325 000 km² à cheval sur le Mexique, le Salvador, le Honduras et le Guatemala.

La société maya est un agrégat de cités autonomes dont les deux pouvoirs sont la noblesse (le roi, sa famille et ses alliés) et le clergé. Loin d'être une classe de parias, le peuple se présente comme une société hiérarchisée (du domestique au riche propriétaire).

Le monde maya semble régi par la violence. Les cités sont perpétuellement en guerre et pour réclamer aux dieux la victoire, la pluie ou une bonne récolte, on leur offre de nombreux sacrifices, souvent humains.

Les Mayas ont néanmoins élaboré une civilisation très poussée. Bien qu'ils n'aient possédé que des technologies rudimentaires (ils ne connaissaient pas la roue), ils ont construit de somptueux édifices architecturaux et de vastes systèmes d'irrigation. Leur connaissance de l'astronomie étonne encore aujourd'hui. Ils utilisaient par ailleurs une écriture pictographique qui n'est pas encore totalement déchiffrée.

Les Mayas avaient quasiment disparus à l'arrivée des Conquistadores. Leur déclin reste une énigme pour les archéologues et fait l'objet de nombreuses hypothèses (guerres incessantes ayant épuisé le pays, démographie galopante, désastre écologique, etc).

114. a. Statistiques

Le tableau des taux de nuptialité montre une régression générale du nombre de mariages dans toute l'Europe depuis 1960. Cependant il existe des disparités.

La baisse des mariages affecte particulièrement les pays méditerranéens (à l'exception du Portugal où elle n'atteint pas un point). Pour l'Espagne, l'Italie et à un moindre degré la Grèce, ces résultats sont corrélés par les autres tableaux. Comme dans ces pays, très peu de couples vivent en cohabitation (hors mariage) et le taux de fécondité est faible. Pour la France, la réduction du nombre de mariages est compensée par les situations de cohabitation. La France arrive donc en deuxième position pour le taux de fécondité et le nombre de naissances hors mariage. Dans les mentalités, une naissance n'est donc pas forcément conditionnée par un mariage préalable.

La baisse des mariages est plus faible dans les pays du nord de l'Europe. On assiste même à une très nette reprise en Allemagne ou au Danemark.

Au Danemark, ce phénomène se complète par une augmentation des couples non mariés, ce qui n'est pas le cas en Allemagne. Si l'on observe pour ces deux pays le taux de fécondité et le nombre des naissances hors mariage, on peut conclure que le mariage n'a plus aucune incidence sur les naissances.

Seule l'Irlande (faible baisse des mariages, absence de divorces et de couples en cohabitation, meilleur taux de fécondité) reste dans la tradition.

b. Sondages

La mise en relation des tableaux met en valeur d'importantes contradictions :
– 57 % des Français pensent que le poids de l'État est excessif mais 75 % regrettent qu'il n'intervienne pas davantage pour aider les entreprises et accroître les protections sociales.
– 41 % pensent qu'il y a trop de fonctionnaires, mais entre 59 et 89 % pensent qu'il faut en recruter davantage.
– Il faudrait que l'État s'occupe des plus démunis (90 % d'opinion) mais en même temps 62 % sont favorables à la non-intervention de l'État.

Le sondage sur la sécurité est plus cohérent.

› Ou bien ces résultats sont inquiétants quant à la maturité politique des citoyens français (ils semblent vouloir «le beurre et l'argent du beurre»), ou bien il faut considérablement se méfier des résultats des sondages.

c. Dessin de presse

La réaction du public (ici, l'indignation) est totalement disproportionnée par rapport à l'importance de l'événement. Ainsi, le public est scandalisé par l'affiche du fabricant de vêtement Benetton qui représente un bébé à sa naissance (publicité choc) mais il délaisse complètement les journaux qui relatent une terrible guerre. On refuse de voir la réalité quand elle est brutale et douloureuse et on détourne ses sentiments (et souvent ses actions) sur des objets qui n'en valent peut-être pas la peine.

Titres d'articles : La fuite devant les réalités – Une société aveugle devant les vrais problèmes – On se trompe de cible.

20. RENDRE COMPTE DE L'ORGANISATION D'UN TEXTE

115. a. b. Compte rendu

Le viol d'une jeune fille dans un lycée de Saint-Ouen, l'incendie provoqué par des lycéens dans un autre établissement de la même ville et qui se solde par un blessé grave et plusieurs intoxiqués, un autre incendie dans un lycée d'Argenteuil qui détruit les dossiers de 900 élèves, toutes ces manifestations de violence ne sont pas propres à la région parisienne mais affectent aussi la province. Le phénomène n'est ni marginal ni lié à l'incapacité de quelques professeurs ou surveillants. C'est le signe d'une crise profonde du système éducatif.

On peut se demander si le renforcement de la surveillance et de la coercition suffira à résoudre un problème dont la cause est avant tout la faillite de l'école, associée à la réalité de l'enfer des cités, de la violence télé-cinématographique et de la permissivité générale.

L'école est en faillite parce qu'elle n'est plus un «sanctuaire du savoir». Si, dans le passé, la violence à l'école était un phénomène marginal, c'est parce que l'école était un lieu égalitaire de promotion sociale. Les élèves savaient que le travail, l'obéissance, la patience, rapporteraient une place dans la société. Ils acceptaient donc de jouer le jeu.

Trois éléments vont bouleverser ce fragile équilibre à partir de la fin des années soixante : la massification de l'enseignement, l'idéologie libertaire et l'ouverture de l'école sur la société. Les conséquences de ces bouleversements sont importantes.

D'une part, de nombreux élèves sortent sans diplôme du système éducatif et ceux qui ont un diplôme ne peuvent pas toujours le faire valoir sur le marché de l'emploi. Les lycéens ne croient donc plus à l'école comme vecteur de promotion sociale.

D'autre part, la société étant devenue laxiste, les aspects répressifs de l'école sont contestés (même si l'école à tendance elle-même à devenir permissive) et la contestation est d'autant plus forte que les lycéens sont plus âgés.

À cela s'ajoutent des tensions d'ordre ethnique (immigrés) ou clanique (racisme, skinheads).

La violence au lycée est donc bien la manifestation d'une révolte qui ne disparaîtra que par la restauration du prestige et de l'autorité de l'École.

116. a. Plan détaillé du texte

Origine de la notion de mise en scène (vers 1880)

Le metteur en scène est au service du texte de l'auteur. Il en est le traducteur et le maître d'œuvre. Grâce à son savoir et à sa sensibilité, il met en forme le sens et la force émotionnelle du texte. Il dirige les acteurs, conçoit l'espace de la représentation en fonction de sa lecture.

Il a donc un certain pouvoir face au texte. De l'usage qui est fait de ce pouvoir dépendent les trois conceptions de la mise en scène actuelle.

Les trois conceptions actuelles de la mise en scène.

Le metteur en scène médiateur. C'est la conception traditionnelle. De grands metteurs en scène l'ont illustrée : Antoine, Copeau, Dullin, Vilar, Planchon, Strehler, etc.

L'autonomie absolue de la scène. Il s'agit ici de fonder un art nouveau qui rejette tout texte préalable à la mise en scène (rupture avec la littérature). La création se fait uniquement dans et par un langage scénique spécifique construit avec des images, des mouvements, des rythmes, des mots, etc.
Deux voies possibles :
– celle qu'a suivie Robert Wilson : projection de rêves, de figures, d'images et d'objets, représentation qui ne renvoie qu'à elle-même ;
– celle qui prend pour instrument premier le corps de l'acteur. Elle a été initiée par Artaud et suivie par Grotowsky.

La voie médiane, compromis entre ces deux conceptions. (Le texte ne fait que la mentionner.)

b. Extrait du *Tiers-Instruit*

• Idée générale du premier paragraphe : les notions de génie et d'inspiration sont des mythes et l'invention est toujours le résultat d'un long travail.

• Le deuxième paragraphe reprend cette idée en l'appliquant à la création artistique et littéraire. Il s'agit d'une illustration du premier paragraphe. L'articulation se fait à partir du sens premier des mots «art» et «œuvre».

• Le troisième paragraphe développe encore la même idée. À partir de l'association travail/effort/effort physique, Michel Serres identifie les artistes à des athlètes et démontre par de nombreux exemples que la création va de pair avec la force physique.

• On est ici en présence d'un raisonnement circulaire (c'est la même idée qui est reprise à chaque paragraphe) et qui procède par analogies.

On pourrait imaginer d'autres paragraphes dans le même esprit :

– le travail suppose certaines régularités dans le rythme de vie : le créateur, loin de se disperser, suit un emploi du temps rigoureux ;

– le travail a des aspects répétitifs : l'artiste s'y reprend à plusieurs fois avant d'obtenir une création acceptable.

c. Articulation du texte

• Les deux premiers paragraphes (*Autrefois…/Aujourd'hui…*) font un tableau contrasté de l'immigration dans le passé et aujourd'hui.

• *Mais…* introduit une restriction concernant l'immigration aujourd'hui : tout le monde ne s'intègre pas. Il s'ensuit deux mentalités de l'immigré, donc deux catégories d'immigrés :

– ceux qui jouent le jeu de l'intégration et croient l'ascension sociale possible ;

– ceux qui se renferment dans leur ghetto et cultivent leurs racines (vie communautaire, religieuse, traditions, langue). La mise en avant de ces signes culturels vise surtout les autres immigrés.

• C'est ce deuxième aspect de l'immigration qui irrite certains Français (développement d'attitudes racistes).

• Face à ces attitudes de rejet, l'immigré qui cherchait à s'intégrer peut être tenté de rejoindre les autres (tentation de repli).

Compte rendu

L'immigration aujourd'hui n'a plus le même visage que dans le passé. Autrefois, Italiens et Polonais étaient attirés par le manque de main-d'œuvre. Le travail était un puissant facteur d'intégration et leurs enfants, qui fréquentaient l'école publique, étaient français. Aujourd'hui, l'immigration est culturellement hétérogène (Maghrébins, Turcs, Africains, Asiatiques). Elle ne correspond pas toujours à un besoin de la France parce qu'elle se produit dans une période de chômage (nombreux clandestins). Cependant, l'intégration continue : baisse de la natalité chez les immigrés, mariages mixtes, abandon de la langue et de la pratique religieuse, accession à la promotion sociale pour la moitié des enfants d'immigrés.

Le problème vient du fait que cette intégration ne se fait pas pour tout le monde. Face au groupe qui joue le jeu de l'intégration un nombre important de laissés-pour-compte a tendance à se replier sur sa culture d'origine et à cultiver ses racines (vie communautaire, religions, traditions, langue). Cette affirmation identitaire est surtout un appel à la solidarité des autres immigrés mais ce sont ces manifestations qui irritent certains Français et suscitent des réactions racistes. L'attitude raciste renforce le sentiment d'exclusion des laissés-pour-compte et entame les certitudes des autres. L'émigré qui s'intègre doit alors faire face à un double défi : combattre le racisme et pour cela affirmer la dignité de son milieu, lutter contre la tentation de rejoindre la communauté des exclus. Il s'ensuit des comportements incompris des Français comme ce jeune beur pratiquement intégré qui demande la construction d'une mosquée «pour son père».

21. DOMINER LES TEXTES

117. **Réponses aux questions**

• Nathalie Sarraute est un écrivain français contemporain qui, dans les années 50, a participé au mouvement du nouveau roman dont le but était d'inventer des formes romanesques adaptés à l'esprit de la modernité.

• Le lecteur peut être plus ou moins distant des personnages qu'il découvre. Il peut s'identifier à certains personnages, les prendre pour des êtres réels (on lit *Eugénie Grandet* comme si Eugénie avait réellement existé). Il peut aussi ne les considérer que comme des fictions littéraires et poétiques.

C'est l'éternel débat entre le réalisme et la littérature poétique, l'art «reproduction du réel» et l'art «transcendance et monde imaginaire».

• Dans le roman du XIXᵉ siècle dont les formes sont encore utilisées aujourd'hui, l'auteur essaie de nous donner une connaissance totale de ses personnages (tout au moins des personnages principaux). On remonte en général à leurs parents ou grands-parents, on nous fait le récit de leur vie (enfance, éducation, rencontres amicales et amoureuses). On nous fait leur portrait physique et moral. Nous savons tout de ce qu'ils lisent, pensent, mangent, boivent, font, de leur manière de s'habiller, de leur environnement (logement, etc.).

Tout nous est donné. Rien n'est laissé à notre imagination. Il y a de la part de l'écrivain une tentative quasi scientifique de description.

• Les personnages de Nathalie Sarraute n'ont aucune histoire, aucun contour précis. Seule, leur pensée nous est donnée. Tout ce que nous pouvons apprendre sur eux est glané au hasard de ces pensées et des pensées des autres personnages. Mais jamais le personnage n'est décrit et raconté comme dans le roman classique.

• Le nouveau roman est une tentative extrême de destruction des formes romanesques. Il n'a pas duré en tant que tel mais a profondément influencé la littérature de la fin du XXᵉ siècle. Les personnages de Modiano par exemple restent insaisissables. Ce sont davantage des êtres qui se construisent dans le roman que des photographies de créatures réelles.

• Dans l'extrait de la p. 80 du livre de l'élève la psychologie de Lafcadio n'est pas analysée mais donnée à voir à travers son monologue intérieur et ses actes.

• N. Sarraute développe là un jugement très contestable. Il est certain qu'une psychologie sommaire ne peut satisfaire le lecteur contemporain qui sait que les comportements humains sont extrêmement complexes. Il est certain aussi que le roman nous a souvent présenté des héros éloignés de nous. Mais l'adhésion du lecteur peut aussi être poétique. On se laisse fasciner par un roman comme par un tableau.

• L'après-guerre a suscité une idéologie pessimiste. Les valeurs auxquelles on croyait se sont effondrées. Les personnages de Beckett et de Ionesco ne savent plus ce qu'ils sont ni où ils vont. Il est normal que le roman soit frappé du même doute.

• La conception freudienne du psychisme et, d'une manière générale, la psychologie moderne ont mis en valeur l'extrême complexité de nos comportements. La littérature avait tendance à simplifier, à typer les personnages. N. Sarraute veut leur redonner toute leur richesse et leur complexité. Pour cela la description psychologique traditionnelle est inefficace car elle fige l'individu.

Il faut donc trouver d'autres formes (pour N. Sarraute ce sera une sorte de monologue intérieur). Joyce et Proust avaient déjà entrepris au début du siècle cette évocation de la complexité par l'exploration du souvenir et la recherche d'une réalité au-delà de la conscience.

• Les caractéristiques du personnage présenté par N. Sarraute sont : priorité au monologue intérieur – plus de cloisonnement entre les personnages (nous sommes en partie ce que les autres pensent de nous) – disparition de la trame romanesque (succession d'actions et d'événements dans le temps) au profit d'un mouvement de la conscience – disparition de l'idée de temps chronologique et régulier – disparition de la psychologie traditionnelle qui prétend expliquer les comportements.

b. • **R. Bofill** : architecte qui s'est inspiré des formes architecturales classiques (gréco-romaines).

La conception et la forme des villes se sont modifiées dans l'histoire en fonction :

– du degré de développement économique et commercial. Une société d'autosuffisance comme ce fut le cas au Moyen Âge n'a pratiquement pas de ville. Le développement du commerce au contraire crée une bourgeoisie qui s'installe dans les villes (à partir du XIVᵉ siècle) ;

– de l'état de sécurité du pays. Les agglomérations d'un pays constamment en guerre restent de tailles réduites, se serrent autour d'une forteresse et s'entourent de remparts ;

– de l'accroissement démographique (lié aux deux facteurs précédents). On peut être amené à construire dans l'urgence (comme ce fut le cas dans les années 50) des quartiers périphériques et des villes nouvelles ;

– des progrès scientifiques et techniques. Le visage de Paris a été profondément modifié au milieu du XIXᵉ siècle pour des raisons de salubrité. Depuis 1960, les villes se sont transformées en fonction de l'automobile : d'abord intégration

totale (création de larges voies, de ronds-points) puis intégration maîtrisée (parking, voies piétonnes) ;
– de la volonté esthétique des dirigeants.

Les solutions urbanistiques à la démographie des années 50 et 60
– construction de tours à la périphérie des villes ;
– construction de villes nouvelles de dimensions moyennes ;
– rénovation des vieux quartiers des villes ;
– éparpillement des logements sociaux dans les différents quartiers de la ville.

• Compte rendu
Pour Ricardo Bofill, le mal dont souffre la ville actuelle vient du fait que sa conception a été délaissée par les architectes et abandonnée aux promoteurs et aux urbanistes. La ville a donc actuellement deux visages.
– Soit celui de l'anarchie due à l'absence d'une politique globale qui conduit à construire au hasard des urgences et des fièvres spéculatives. On a ainsi pu assister à la construction d'ensembles non intégrés à la ville où les places et les espaces verts deviennent des parkings et des terrains vagues. Le tissu urbain n'est plus alors qu'un tracé de voies de communication. Les lieux de rencontre ont disparu et la ville est devenue invivable.
– Soit celui du rationalisme fonctionnel. La ville a été quadrillée en secteurs ayant chacun une fonction bien définie (industrie, logement, loisirs, etc.) et ces secteurs ont été séparés les uns des autres soit par le relief soit par les infrastructures routières. On a abouti à une ville tout aussi déshumanisée où les gens ne se promènent pas et n'ont pas de vie communautaire.
La solution pour R. Bofill consiste à rendre la ville aux architectes, c'est-à-dire aux créateurs. La ville doit être construite sur le modèle de la maison car au fond, c'est la maison commune aux habitants. Il faut certes tenir compte des réalités propres à la ville et à ses différentes fonctions mais intégrer aussi des paramètres esthétique, historique, rythmique, etc. La création (le dessin) de ce nouvel objet architectural que doit être la ville permettra selon Bofill de découvrir de nouveaux modes d'organisation beaucoup plus riches que ceux qui sont proposés par le fonctionnalisme.

118. **a.** Texte : «Les six commandements des Verts»
– L'argumentation
Dans un premier temps, l'auteur affirme que l'écologie est une idéologie de substitution au christianisme et au marxisme et que le mouvement écologiste rassemble des déçus de toutes origines (du nazisme au gauchisme).
Il entreprend ensuite la critique systématique des principales idées de la doctrine écologique. Le texte n'en développe que deux (le refus de la modernité et la recherche de la pureté) mais le sous-titre en laisse supposer quatre autres (l'idéalisation du passé, etc.).
Cependant, le texte est davantage un pamphlet qu'une argumentation objective et raisonnée. La critique des conceptions écologiques est fondée sur la caricature, la simplification, l'amalgame, etc. ; bref sur des procédés rhétoriques.

– Procédés rhétoriques et effets de style
L'auteur veut suggérer (en influençant le lecteur) que l'écologie est une idéologie non fondée sur des arguments scientifiques. Non seulement ce n'est pas une doctrine sérieuse mais elle peut être aussi dangereuse. Il utilise pour cela les procédés du pamphlet.

Les métaphores utilisant le vocabulaire de la religion : communier, sacrifier, une mystique, les commandements, les apôtres, etc. Il s'agit de faire passer l'idée que l'écologie est une religion.

L'amalgame : dans les énumérations du deuxième paragraphe (Philippe, Pétain, Heidegger, et Jünger n'ont jamais appartenu au mouvement écologiste qui d'ailleurs n'existait pas), dans le rapprochement entre les thèses de Rousseau et celles de Vichy. Il s'agit de laisser penser que l'écologie est une idéologie d'extrême-droite.

Les citations tronquées : celles de Rousseau et de Michel Serres sont séparées de leur contexte.

Les caractérisations péjoratives : Rousseau est qualifié de bilieux, de paranoïaque. Dire de lui qu'il est genevois et suisse le rejette dans l'étrangeté.

Les simplifications caricaturales : voir par exemple l'exposé de la doctrine de Rousseau.

L'humour : Michel Onfray essaie de faire rire de l'écologie (voir par exemple, le passage sur Rousseau herborisant)

Le sarcasme : Rousseau dénonce l'imprimerie mais fait commerce de ses livres. Michel Serres dénonce notre société mais s'installe à l'Académie française.

Il s'agit donc d'une satire «au vitriol» destinée à secouer quelques certitudes et à éveiller quelques méfiances. Le lecteur raisonnable ne se contentera donc pas de ces affirmations excessives (à l'emporte-pièce).

b. Extrait de *La Défaite de la pensée*
Compte rendu du texte

Dans cet extrait de *La Défaite de la pensée*, A. Finkielkraut démontre que notre société contemporaine s'est tout entière transformée à l'image d'une de ses composantes : la jeunesse, abandonnant les valeurs qui lui étaient propres (la réflexion, le discours, la pensée) au profit d'une culture jeune, certes séduisante, mais factice et illusoire.

L'auteur retrace les étapes de cet abandon et de cette métamorphose.

Selon lui, la jeunesse en tant que bio-classe (selon le mot d'Edgar Morin) n'est apparue que récemment dans l'Histoire quand les hommes ont cessé de passer directement de l'enfance au monde du travail, c'est-à-dire avec la scolarisation de masse des années soixante. L'adolescence, qui n'était jusqu'alors réservée qu'à quelques fils de bourgeois, est devenue une classe sociale autonome, abritée à la fois du monde parental et de celui de l'école.

Les jeunes se sont alors forgé une culture spécifique fondée sur des valeurs inverses de celles des adultes. Ils ont désormais leurs vêtements (le jean), leur littérature (la BD), leur musique (le rock) et surtout un mode de pensée et de communication qui se satisfait de sensations, de perceptions brutes et qui se méfie des mots et de la raison.

Ce qui paraît grave, c'est que cette culture, qu'Alain Finkielkraut n'hésite pas à qualifier de régression, a peu à peu fait tache d'huile sur le reste de la société. Le style jeune est désormais hégémonique et «la chasse au vieillissement est ouverte».

Alain Finkielkraut stigmatise avec véhémence ces adultes, qui dans tous les secteurs (politique, culturel, médiatique, religieux), font le complexe du «vieux» et qui, sous prétexte de se moderniser, adoptent des modes d'action sommaires et sacrifient leur intelligence aux modes langagières et aux clichés de pensée.

Pour étayer son propos, l'auteur donne deux exemples de cette désintellectualisation de l'action et de la pensée qui prend pour justification l'argument de l'efficacité.

Les grands concerts spectaculaires en faveur de la cause humanitaire réunissent certes des sommes fabuleuses mais ces sommes finissent par servir les dictatures qui sont la cause des maux qu'on veut combattre. N'eût-il pas été préférable d'analyser la réalité et de définir des moyens d'actions plus appropriés ?

Même l'église a succombé à la mode. Le prosélytisme du pape Jean-Paul II réunit des foules immenses pour de gigantesques manifestations qui tiennent du son et lumière. Mais le spectaculaire anéantit la signification, la réflexion et la véritable foi.

Deux exemples qui montrent bien que notre fin de siècle est l'âge de la défaite de la pensée et le règne d'une dérisoire «société du spectacle».

22. RÉDIGER UN COMPTE RENDU

119. a. Hiérarchiser

L'information clé qui domine tout le texte est la notion de ritualisation de l'amour courtois. Le compte rendu de ce premier paragraphe pourrait donc suivre le déroulement suivant :

1. L'amour courtois est un rituel parfaitement codifié.

Donner comme exemple l'anecdote d'Édouard III (résumée en une phrase). Montrer qu'il s'agit bien d'un rituel.

De cette anecdote, tirer les deux idées suivantes :

2. L'amour courtois présente un aspect ludique.

3. C'est une pratique fortement socialisée : l'environnement culturel invite le chevalier à observer ce code ; c'est même un devoir (pour une reconnaissance sociale).

b. Reformuler

– L'amour courtois réalise l'évasion hors de l'ordre établi

Au Moyen Âge, la rencontre entre deux jeunes gens, le mariage et la vie conjugale sont parfaitement réglementés par la société et ne laissent aucune liberté aux époux (en particulier à la femme). Le rituel de l'amour courtois va leur permettre de transgresser légalement cet ordre établi.

– L'amour courtois réalise l'inversion des valeurs naturelles

Le mariage n'est pas fondé sur l'amour mais sur l'intérêt de deux familles qui réunissent leurs richesses et leurs réputations. Le rituel courtois réintroduit la notion d'amour dans la rencontre entre l'homme et la femme puisque l'un et l'autre se choisissent et s'apprécient avant de se donner librement.

– L'amour courtois prend revanche sur les contraintes matrimoniales

Outre le fait qu'elle n'a pas la liberté de choix de son époux, la femme est interdite d'adultère et cantonnée dans un rôle de maîtresse de maison et de mère des enfants. L'époux, lui, n'a pas eu la liberté de choix de sa femme et, bien que l'adultère lui soit permis avec des prostituées, n'a jamais eu l'occasion de «conquérir» une femme.

L'amour courtois permet de compenser ces frustrations. Il donne à l'homme la possibilité de se réaliser dans une conquête et à la femme la possibilité de transgresser l'interdit d'adultère. Par ailleurs le rituel courtois met l'homme dans une position de mari trompé, position dont seule la femme pouvait souffrir dans l'ordre établi.

120. **Compte rendu du texte «Les impostures de la modernité»**

À travers une énumération infinie de réalisations artistiques récentes tout aussi incongrues qu'hétéroclites et qui suffiraient à sa démonstration, Jean-François Held s'interroge avec humour sur la valeur de l'art contemporain.

Les monochromes bleus d'Yves Klein, les deux bouts de bois à angle droit de Carl André, les lavabos de Gober et le verre dans lequel Ben Vautier a uriné... l'art contemporain est devenu un bric-à-brac d'objets farfelus qu'un discours ambigu et ésotérique essaie vainement de justifier. La seule raison de cet art, qui ne correspond plus ni a un travail ni a un savoir-faire et que seul un rare public d'initiés fréquente encore par snobisme, est finalement d'être là, pour tenter de masquer un vide absolu. Ces œuvres pionnières seront à coup sûr universellement reconnues dans un proche avenir. Les plus contestés des artistes du passé ont été appréciés après quelques années de purgatoire. L'art contemporain lui, attend depuis 75 ans un signe d'adhésion du public. Cette reconnaissance ne viendra jamais car, après avoir supprimé le sujet, la couleur, la forme, la toile peinte et le support, les artistes ont consommé la destruction de leur domaine dans une scandaleuse imposture.

Il y a une explication. Tout art «concrétise une idée du monde» (Kant). Il découle d'une accumulation de savoirs en prise directe sur l'époque. Or, l'artiste contemporain s'est coupé du monde ; un monde qui d'ailleurs voit le triomphe de l'individu, ne conçoit les relations humaines que dans leurs fonctions utilitaires, ne partage plus rien et rejette toute idée de transcendance. Dans ces conditions, affirme Jean-François Held, l'art ne peut plus exister et nous assistons à la fin de son histoire.

Pourtant, rien n'est totalement perdu. D'autres arts, comme le cinéma et la littérature ont su triompher des tentatives de destruction qu'ils ont subies (le nouveau roman, les films de Godard). Pourquoi les arts plastiques ne renaîtraient-ils pas eux aussi de leurs cendres ?

23. LA SYNTHÈSE DE DOCUMENTS

121. **a.** **Pour ou contre le spot publicitaire anti-drogue**

Compte rendu

Le passage à la télévision d'un spot contre la drogue a suscité de vives réactions. Jean Bergeret, qui s'oppose à toute campagne anti-drogue, estime qu'il s'agit là de «bricolage» et de «poudre aux yeux». La lutte contre la toxicomanie est une action de longue haleine qui doit être planifiée et qui doit débuter bien avant que l'enfant ne se trouve face au problème.

Georgina Dufoix répond que le spot n'est que l'élément spectaculaire d'une vaste opération sur le terrain. Selon elle, l'efficacité du spot télévisé vient de ce qu'il s'adresse à l'intimité en dehors de tout intermédiaire (association, école, médecin, etc.). Jean Bergeret pour sa part croit plutôt au contact humain direct et prolongé. Il estime par ailleurs que les publicitaires, malgré leur honnêteté, ne sont pas qualifiés pour aborder un tel problème ; leur inexpérience et leur maladresse ne pouvant qu'aboutir à une amplification du phénomène. Georgina Dufoix écarte ces réticences en montrant que le contenu du spot a été élaboré à partir d'observations psychologiques et sociologiques. Le message veut exorciser la peur de parler du problème et donner des arguments à ceux qui risquent d'être tentés en montrant que la drogue ne supprime pas la souffrance intérieure qu'elle prétend apaiser.

b. Articles sur Madonna

Compte rendu de presse

La présence de Madonna à l'émission «7 sur 7» est loin d'être passée inaperçue : huit millions de téléspectateurs, pas un journal qui n'ait manqué de relater l'événement. Et pourtant, tout le monde s'accorde à dire que dans une émission où il s'agit de réfléchir sur l'actualité, Madonna n'apporta rien, se contentant de faire ce pour quoi elle était venue : la promotion de son disque et de son album.

En fait, ce qui titille la presse, c'est le phénomène de son extraordinaire célébrité.

Yvan Audouard dans *Le Canard enchaîné* pose la question de son fabuleux succès mais s'en tire par une pirouette en avouant «qu'il s'en fout». Inutile de se fatiguer. Le personnage n'en vaut pas la peine. Daniel Schneidermann, dans *Le Monde*, s'attendrit un instant sur l'insignifiance et la vacuité qui se cache derrière le mirage de la vedette. Madonna serait une petite Cendrillon, une version féminine du docteur Faust, que la baguette magique d'un Méphisto des médias aurait propulsée au firmament des stars. Mais pour continuer à briller et à éblouir, elle est condamnée à inventer chaque jour un nouveau spectacle, à créer un nouvel événement. Ce soir-là, à «7 sur 7», elle arborait une dent en or. Et seule, cette dent comptait. Elle seule, scintillante sous les projecteurs, suffisait à créer l'événement, dérisoire et absurde message. Jusqu'où devra donc aller la petite Cendrillon dans le spectacle et l'exhibition ?

Jean Daniel, du *Nouvel Observateur* et Claude Imbert, du *Point*, lèvent le voile. Ce qui fascine les foules, c'est que Madonna a réussi la prouesse d'être à la fois celle qui exhibe son corps, ses fantasmes sexuels, ses rêves pornos et une star reconnue qui côtoie les grands de ce monde. Pour Claude Imbert, c'est un symbole, la suffragette d'un nouveau libertinage qui clame la disparition des valeurs chrétiennes et la conquête par la femme d'un érotisme jusque-là réservé aux hommes et que le féminisme des années 70 avait occulté. Mieux, c'est un modèle car en associant sa liberté sexuelle avec les valeurs de travail, d'ascétisme diététique, de spiritualité et de démocratie, elle élève l'érotisme au rang de valeur. Jean Daniel toutefois s'inquiète. Sommes-nous condamnés à choisir entre le puritanisme et l'érotisme débridé ? Et si le premier ne nous convient pas, notre époque n'aurait-elle rien de mieux à nous proposer que l'adoration du dieu Sexe ?

122. Élément pour une synthèse des textes sur l'aide au tiers monde

Introduction

Commentaire de la carte (doc. 5) : une partie importante du monde n'atteint pas l'autosuffisance alimentaire. Importance de l'aide.

Position du problème : l'aide au développement du tiers monde, telle qu'elle a été conçue jusqu'à présent, a échoué. Faut-il poursuivre dans le même sens ?

1. Critique de la politique d'aide au développement

– Échec du modèle (système bureaucratique socialiste). Voir doc. 3.

– Échec de l'aide financière (ne profite qu'à l'élite, incite à la corruption et au gaspillage). Voir doc. 3.

– Échec du projet d'industrialisation. Exposé des causes. Voir doc. 3.

– Critique de la politique d'aide alimentaire. Elle empêche le développement de l'agriculture dans les pays pauvres et ne fait que renforcer l'inégalité économique. Elle instaure une mentalité d'assisté (voir doc. 1 et doc. 2).

– Contre un arrêt brutal de l'aide. Voir doc. 3, deux derniers paragraphes.

2. Pour un développement de l'économie agricole dans le tiers monde

– Le marché agricole est négligé dans les pays du Sud (aucune aide, paysans taxés). Voir doc. 1.

– Conséquences de cette négligence (pas d'autosuffisance, migrations vers les villes, perte d'un savoir-faire). Voir doc. 1.

– Causes de cette négligence. Elle profite aux pays riches. Ils ont imposé l'industrialisation parce qu'ils en attendaient d'énormes profits. Voir doc. 3. L'aide alimentaire, sous des prétextes humanitaires, leur permet de continuer à surproduire. Voir doc. 1.

– Nécessité d'un développement de la polyculture. Voir doc. 1 et doc. 3.

3. Pour une évolution des mentalités

– Exposé des caractéristiques de la mentalité africaine (fatalisme, archaïsme, résignation, système de solidarité familiale, déterminisme magique qui rejette l'idée d'une responsabilité individuelle). Voir doc. 2.

– Pour une évolution des mentalités qui dépasse à la fois le repli sur les valeurs archaïques et l'occidentalisation. Voir doc. 2.

Conclusion

Ne plus tenter d'imposer un modèle occidental. Commentaire, doc. 4.

Mettre l'accent sur le développement de l'agriculture.

123. **Compte rendu des textes sur l'intelligence**

On pourra organiser la synthèse en trois parties

1. Intelligence et opinion publique (d'après les doc. 3 et 4).
2. Évolution de la notion d'intelligence (d'après les doc. 1 et 5).
3. Recherches actuelles sur l'intelligence (d'après les doc. 2 et 5).

Dans notre société contemporaine la cote de l'intelligence est en baisse. Un sondage paru dans *Le Nouvel Observateur* la place au quatrième rang des qualités nécessaires pour réussir dans la vie, après l'honnêteté, le courage, l'ouverture aux autres. Créer une œuvre d'art, devenir ministre, voire même écrire un ouvrage de philosophie ne demanderaient pas de capacités intellectuelles particulières. Certes, il en faut pour faire une découverte scientifique mais le même sondage ne place pas Pierre-Gilles de Gennes, prix Nobel 1991, au tout premier rang des personnalités les plus intelligentes. Il est supplanté par deux hommes qui apparaissent autant comme des personnalités médiatiques, des moralistes, des politiques que comme des scientifiques ainsi que par un animateur d'émissions culturelles à la télévision. Ce sondage témoigne d'une double tendance de l'opinion publique.

D'une part, une tendance de rupture avec une conception scolaire de l'intelligence très bien illustrée par le dessin humoristique de Bretécher. De mauvais résultats dans les disciplines scolaires ne sont pas forcément incompatibles avec un sens aigu de l'humour et une certaine finesse d'esprit. D'autre part, une volonté de dépasser une conception purement spéculative pour inclure dans l'intelligence d'autres aptitudes.

L'idée que le grand public se fait de l'intelligence est donc bien dans la continuité de la tradition de «l'esprit» français. L'homme intelligent, l'«honnête homme» du XXe siècle est à la fois cultivé, spirituel et éloquent. Mais ces qualités ne suffisent pas à assurer réussite et reconnaissance sociale. Le bon sens pratique et des exigences morales sont tout aussi importants.

Chez les psychologues et les philosophes, la définition de l'intelligence a considérablement évolué au cours des trois derniers siècles. Au milieu du XVIIIe siècle, c'est une aptitude à former des idées générales fortement liées à la parole et au raisonnement et par conséquent spécifiquement humaine (Charles Bonnet). Progressivement, les psychologues vont abandonner les critères de langage, de raisonnement pour étendre la notion à un ensemble de facultés d'adaptation de l'individu à son milieu et de modification des conduites (Auguste Comte, Alfred Binet, Édouard Claparède, Piaget) qui ne sont plus propres à l'Homme. Edgar Morin dote d'intelligence l'ensemble du monde vivant dans la mesure où même les plantes (pourtant dénuées de cerveau) font preuves de stratégies inventives pour résoudre certains problèmes. Loin d'être seulement une aptitude mesurée par les tests, l'intelligence est selon lui, une faculté de nature complexe qui précède l'humanité, la pensée, la conscience et le langage.

Cette idée de complexité semble bien être la caractéristique essentielle des conceptions actuelles de l'intelligence. Elle est susceptible en effet de prendre diverses formes. La spécificité de l'intelligence animale par exemple est de développer un art individuel. Le propre de celle de l'homme, c'est d'intégrer le langage et la pensée en devenant spirituelle et culturelle. En fait, chaque groupe humain, et en dernière analyse chaque individu développe une forme particulière d'intelligence. S'il s'agit bien d'une aptitude universelle, elle n'apparaît concrètement que sous des formes diverses et spécialisées.

La neurobiologie moderne explique cette diversité. Chacune des capacités de l'intelligence se travaille et se trouve modelée par l'expérience. Le cerveau, qui conserve une certaine plasticité jusqu'à la mort, est toujours susceptible d'être modifié. L'intelligence est donc sélective. Elle dépend de l'histoire de l'espèce et de celle de l'individu. Dès lors, rien d'étonnant si un excellent joueur d'échecs, ou un grand mathématicien se révèlent incapables de résoudre certains problèmes simples hors de leur domaine particulier.

On pourra se demander si une notion aussi changeante, aussi floue et aussi complexe peut servir de critère de valeur et de jugement. C'est sans doute pourquoi l'opinion publique a tendance à la démystifier et à la dévaloriser.

124. Textes sur le conte.
Plan détaillé de synthèse

Introduction (problème général posé par les quatre textes).
Tous sont des tentatives de réponses à la question de l'universalité et de l'intemporalité des contes. Comment se fait-il que ces histoires aient traversé l'espace et les âges sans être fondamentalement modifiées et que ce soit quasiment les seules formes culturelles à avoir conservé tout leur pouvoir ?

Le plan
Les réponses apportées par les quatre textes ne s'opposent pas mais se complètent. Seuls les textes 3 et 4 développent deux aspects de la même idée (le conte est le reflet des problèmes psychologiques auxquels tout enfant va être confronté). Ils doivent donc être traités conjointement. Les textes 1 et 2 apportent deux éclairages différents. Le plan pourra donc comporter 3 parties. Nous suggérons le déroulement suivant.

1. Le conte procède d'une humanisation des mythes religieux (synthèse du doc. 1)
Il résulte d'une déformation du récit mythique aristocratique. C'est parce qu'il rejette les pouvoirs de la divinité et la transcendance, parce qu'il émancipe l'homme des tutelles supérieures que le conte est devenu populaire. Il redonne à l'homme les pleins pouvoirs et porte par conséquent un message d'optimisme propre à toucher le plus large public.
2. Le conte est le reflet des problèmes spécifiques à l'enfance. Il a donc une valeur cathartique et pédagogique (textes 3 et 4)
C'est un petit roman familial où l'enfant retrouve le récit des difficultés qu'il va rencontrer. Le héros du conte fait l'apprentissage de l'amour comme de la haine, doit supporter des épreuves, fait l'expérience de la faute et de la culpabilité et triomphe finalement de ces obstacles en s'émancipant et en rencontrant l'être aimé (texte de Marthe Robert). En somme, le conte est une mise en scène des problèmes existentiels de l'enfance (les déceptions narcissiques, les conflits œdipiens, les rivalités fraternelles). Son intérêt et son pouvoir pédagogique viennent de ce qu'il simplifie ces problèmes en les mettant à la portée de l'enfance : univers nettement partagé entre le bien et le mal, typification des personnages, etc. C'est donc un lieu d'apprentissage de la vie (texte de Bruno Bettelheim).

3. Le conte donne le pouvoir au langage (doc. 2). À la différence du film ou d'autres formes littéraires, le conte ne fige pas la réalité. Domaine de tous les possibles, il fait constamment appel à l'imaginaire de l'enfant qui se trouve doté d'un pouvoir de création.

Conclusion : le conte parle donc aussi bien à l'enfant qu'à l'adulte. Chacun y trouve à la fois l'image de ses problèmes, une issue optimiste et la possibilité d'exercer librement son imagination. D'où sa résistance à l'érosion du temps.

Référence iconographiques

p. 30, Greg, *Pas de pitié pour Achille Talon*, Dargaud,
1975 – p. 50, Citroën – p. 75, Gustave Doré/
J.-L. Charmet – p. 115, Plantu, *Le Monde*, septembre
1991 – p. 141, CLM/BBDO – p. 149, *Sciences Humaines*,
n° 23, décembre 1992 – p. 149, *ÇA m'intéresse*, n° 139,
p. 118 – p. 152, Claire Bretécher, *Le nouvel
Observateur*, 14.5.1992

Iconographie : Atelier d'Images
Composition et mise en page : CND International
Édition : Corinne Booth-Odot
Fabrication : Pierre David

N° Éditeur : 10020434 - III - (36) - (OSB - 80) – Février 1994
Imprimé en France par Pollina, 85400 Luçon - n° 64694